Elvisa Kovačević

SPOZNAJA

19 JEDNOSTAVNIH
—— koraka ——
DA POSTIGNETE SVAKI SVOJ CILJ

Sretni su oni koji pronađu sebe!
Spoznaja je put do samospoznaje.
Uživate u otkrivanju.
♥ Elvisa K.

Elvisa Kovačević
SPOZNAJA - 19 jednostavnih koraka da postignete svaki svoj cilj

Urednik
Mehmed PARGAN

Izdavač
BMG Bosanska medijska grupa www.bmg.ba

Za Izdavača
Aida PARGAN

Recenzenti
Esad BOŠKAILO
Senada CVRK PARGAN
Ilijana LUČIĆ

Dizajn i grafička priprema **STUDIO STARDUST TUZLA**

Štampa
AMAZON

Elvisa Kovačević

SPOZNAJA

19 JEDNOSTAVNIH
koraka
DA POSTIGNETE SVAKI SVOJ CILJ

bosanska medijska grupa

Tuzla, 2017.

SADRŽAJ

Ponekad prođe cijeli život dok upoznamo sami sebe. Dok shvatimo šta nam to ustvari nedostaje, da budemo ono što zaista jesmo. Ponekad naše životne putanje imaju posebne krivine i raskrsnice, koje nas ipak na kraju odvedu do željenog cilja. Svi ti putevi su nama predodređeni i prije našeg postojanja, jer On zna najbolje.

Moj životni put bio je trnovit i taman, dok svjetlost iz lica mojih kćerkica nije obasjala moje srce i učinila da se moja želja za životom vrati u moje ruke. Hvala im!!! Mojim kćerkama, mojim cvijetnim pupoljcima, čijim je mirisom moja duša ispunjena. Hvala im što su rođene baš u „pravo" vrijeme, kada se činilo da u mom svijetu življenja više nije bilo nikakvog smisla. Hvala im, što su imale potrebu da budem njihov oslonac i onda kada su one bile moj najveći! Hvala im što su svojim nevinim životima iziskivale ulogu majke, koju sam im pružala i na taj način me spašavale od otrgnuća u nejasno, i da ostanem upravo svoja, i da budem ono što zapravo jesam. Da ih nije bilo, moja ishabana želja za životom bi se svela u neželjeno. Ali, njihove oči davale su mi novu snagu za ozdravljenjem. Ogromno hvala i mome mužu, mome životnom saputniku, čija podrška je imala ogroman uticaj da se podignem sa dna i poletim krilima sretne i zdrave ptice. I naravno, hvala Stvoritelju, koji je sve to tako uredio.

Elvisa Kovačević

OBEĆANJE

Ovu knjigu sam napisala iz želje da sa drugima podijelim svoj put do uspjeha i otkrijem šta je meni pomoglo da doživim lično ispunjenje i raskoš. Nudim vam 19 koraka da oživite ono najbolje u sebi i ostvarite svaki svoj cilj. Neka ova ponuda pomogne i vama da pronađete i spoznate sebe kao neograničenu energiju mogućnosti.

U ovom trenutku pred vama je mogućnost da znatno poboljšate kvalitet svoga života i svega što radite. Možete ostvariti neostvareno i srušiti samopostavljene granice. Ne morate se pomiriti sa onim što jeste, već možete dostići nove granice ostvarenja.

Zapamtite, iako u to sada ne vjerujete, vi možete živjeti svoj san... Uživati u potpuno drugačijem stepenu uspjeha. Ne morate otići na drugi kontinent, da bi se to dogodilo. Garantujem da niste dosegnuli svoj puni potencijal. Bez obzira kako želite mjeriti svoj uspjeh, činjenica je da ste dotakli samo površinu onoga što ste ustvari u mogućnosti ostvariti. Kad dođe dan da sklopimo oči, znam da će nam biti važno da se ne kajemo kako smo iskoristili svoju šansu ovdje.

Svi smo barem jednom u životu osjetili da manje vrijedimo. Vidjeli smo se u ogledalu i osjetili svoju nedovoljnost. Na mnoge to ostavi negativan dugogodišnji trag, ponekad i zauvijek. Bilo je i prije nas mnogo ljudi koji su doživjeli životna razočaranja i nemile događaje. Međutim, neki od tih ljudi su najpoznatiji ljudi današnjice.

Istovremeno, imate ljude koji su rođeni u bogatim porodicama ili su rano stekli bogatstvo, ali ih danas nema na ovom svijetu zbog predoziranja drogama ili su pak oduzeli sami sebi živote. Kako to da osoba koja je rođena u siromaštvu ili je doživjela ogromnu ljudsku bol izađe iz svega i sagradi svoj život na najvišem nivou (danas ih poznajemo kao najuspješnije i najbogatije ljude na svijetu), a oni koji su sve imali dostupno na dlanu nisu uspjeli da prevaziđu životne krize i završili su svoje živote prerano?

Razlika između ovih ljudi je bila u tome kakva su značenja dali događajima iz svoga života.

Značenja kontrolišu naš život!

Bez obzira gdje se nalazite na vašem životnom putu, čak i ako trenutno imate stvari lijepo poredane, sigurno znate da može bolje, da u životu ima prostora za više. U tom slučaju nužno je načiniti korake, djelovati upravo u onoj sferi života u kojoj hoćete još više uspjeha, još više zadovoljstva, gdje želite da osjetite potpuni bliss (blaženstvo) i ispunjenje!

Iako je ljudsko biće obdareno svime potrebnim da ovaj život vodi na najbolji mogući način, mnogi ne koriste sve darove koje imaju.

Svi imamo želju da budemo prihvaćeni i voljeni upravo onakvi kakvi jesmo. I to, ne samo od strane drugih već i od nas samih.

Pa zašto je onda tako teško doći do toga?

Zašto mnogi ne smiju dozvoliti ni sebi, ni drugima, da im vide pravo lice ispod maski posla, porodice, šminke, materijalnih stvari, statusa?

Odgovore na pitanja: zašto ne smijete dozvoliti sebi da budete viđeni u pravom svjetlu sa svojim imperfekcijama; zašto je to tako teško i kako ustvari doći do lične slobode itd., spoznat ćete ovdje. Ova knjiga je polako pisana i brisana punih pet godina. Ovo su važne životne lekcije, skup dugogodišnjih izučavanja, traženja sebe i praćenja želje za ispunjenim životom. Tragala sam za svojom ličnošću i prihvatila svoju nesavršenost.

Čitajte s namjerom da saznate više, prvo o sebi, a zatim i o ovom, tako dugo pisanom, tekstu. Ovo je zapravo izučeno umijeće življenja, koje vodi do lične slobode, možda i vaše.

Da li ćete doći do svoga cilja, da li će vaš horizont i pogledi na život biti širi kada završite sa čitanjem ove knjige, zavisi od toga na kojem ste niovu svijesti i kojoj tački gledišta.

Otkrijte i spoznajte boljega sebe i svoje sposobnosti koje ste do sad upotrebljavali u životu. Otkrijete i one sposobnosti koje do sad niste upotrebljavali, a život bi vam se umnogome ispunio kada biste ih počeli upotrebljavati.

Moguće je da nakon čitanja ove knjige dođete do zaključka kako je vaš život potpuno pogrešno postavljen i da je vrijeme za neke značajnije modifikacije.

Tek kada sam shvatila da moram sama poduzimati određene akcije, modificirati svoj život, primijetila sam pozitivne promjene na putu ka potpunom ispunjenju.

U ovoj knjizi ćete dobiti jasne strategije:

- kako eliminisati stara ograničena vjerovanja i razmišljanja;
- kako preuzeti kontrolu nad svojim akcijama i reakcijama;
- kako biti u harmoniji sa sobom i svijetom oko sebe;
- kako promijeniti značenje bolnim iskustvima;
- kako spoznati šta se krije iza svake naše akcije i reakcije; šta se treba dogoditi da postanete glavni i odgovorni urednik svoga života; nekoliko životnih lekcija koje su meni pomogle, i dan-danas mi pomažu da živim ispunjen život.

***

Sve što um nije u stanju procesuirati,
što usta nisu sposobna izgovoriti, tijelo će manifestovati.
Pat Allen

Bilo je to nekada davno, kada je šestogodišnja djevojčica smeđih očiju, plave kose i sitnog tijela otišla na upis u školu. Prestretna, u najljepšoj garderobi koju je tada imala, sa nestrpljenjem i radošću dočekala je taj dan. Odavno je maštala kako će poći u školu i učiti o svemu. Radovala se druženju i izletima koje će škola donijeti. Novim poznanstvima. Igri i učenju.

Ali, njena sreća je bila kratkoga vijeka. Kada je došao red na nju da obavi upis, osobe koje su bile zadužene za registraciju djece pogledale su je nekim neobičnim pogledom, koji nije bio prijatan. Čak se činilo da je u njihovim očima žaljenje. Osjetila je neugodnost u tom prvom susretu sa ljudima od kojih je očekivala više. Oni su trebali stajati na početku tog života, koji se trebao odvijati izvan porodice. Očekivala je radost i podršku, da napravi te prve korake.

Nakon samo nekoliko trenutaka oni su se jednoglasno složili da krhka djevojčica ne može biti upisana u školu. Morat će sačekati još jednu godinu!

„Neuhranjena je" - kazali su sa ironičnom sigurnošću, a njihovi pogledi su govorili više od tih riječi.

Djevojčica je to osjetila. Neobjašnjiva je nelagoda prostrujala njenim tijelom. Nije to bilo prvi put da se osjećala nedovoljnom. Šta više, bio je to osjećaj koji joj se javljao često. Njeni roditelji su bili razvedeni i zbog tog nedostajanja roditelja, njoj se činilo da joj je stalno nedostajala druga polovica ljubavi, pažnje i razumijevanja.

U tim vremenima razvodi nisu bili tako česti kao danas.

Taj prvi susret sa ljudima, na ulasku u novi život, bio je samo početak dugogodišnjeg osjećaja nedovoljnosti i nepripadnosti.

Kada je konačno sljedeće godine krenula u školu bila je jedino dijete u razredu čiji su roditelji razvedeni. Djeca su je čudno gledala. Možda je to ona sebi samo umislila, jer je znala da nije kao druga djeca.

Slušala je često razgovore starijih žena u susjedstvu. One ne bi krile svoje negodovanje i oštre kritike prema ženama koje nisu u braku a imaju djecu. Naravno, to se odnosilo i na njenu majku.

Koje to dijete voli da čuje negativno o svojoj mami? Nijedno, naravno!

Ponekad nisu morale ništa ni reći. Pogledi koje je djevojčica osjećala na sebi, definitivno su potvrđivali da je ona, dijete bez oca, bez oba roditelja u svome životu, u njihovim očima manje vrijedna, da nije dovoljna. Nažalost, čvrsto je usvojila to vjerovanje.

***

Ako se ovako nešto dogodi zreloj osobi, efekat sigurno neće biti isti, jer zrela osoba ima kapacitet kognitivnog razmišljanja i lako se zna nositi s osjećajima slične prirode. Međutim, djeca nemaju tu sposobnost u tim godinama.

Djeca od rođenja do sedme godine su kao spužvice, upijaju svijet oko sebe onako kako ga vide i osjećaju, a najviše zasnivaju svoja vjerovanja na osjećajima. Emotivni događaji posebno lako i duboko postanu upisani u nervni sistem. Od sedme godine žive to što su pohranili u svoju podsvijest.

Nebitno da li je to istina i da li je izvor njihovih osjećaja i vjerovanja obična šala ili potpuna neistina, oni su je doživjeli tako. Nervni sistem ju je zapisao tako u tijelu, mozak pohranio u podsvijest i to je sada njihova istina.

U mnogim slučajevima to može biti potpuna neistina ili obično ponavljanje nekog, na činjenicama neutemeljenog, vjerovanja (koje su čuli od okoline, roditelja, društva), ali to ustvari postaje nesvjesni program koji nakon čestog ponavljanja u njihovoj svijesti dobije status istine.

Mi smo proizvod usvojenih, nametnutih, obično ograničenih vjerovanja i viđenja života naših najbližih i sredine, u kojoj smo odrasli. Činjenica je da toga nismo dovoljno svjesni.

Vjerovanja male djevojčice su ostala s njom do trideset treće godine. Tada je konačno shvatila kojim putem i na koji način treba ići kroz život, a to se dogodilo kada je doživjela potpuni slom koji ju je na kraju doveo i do trijumfa. Priča o maloj djevojcici je moja priča, a možda i priča nekog vama bliskog.

Moj početak: sklupčana i bespomoćna, ležala sam na podu

Našla sam se tako jednoga dana skoro smotana u klupko, na podu moje spavaće sobe. Nisam nikada mogla ni zamisliti da neko može biti tako očajan, a živjeti u Americi.

– Čemu ovaj život vodi? – bilo je glavno pitanje u mojoj glavi. Imala sam 33 godine, divnu porodicu, muža, ništa mi nije falilo, bar je tako izgledalo izvana, a ustvari, falilo mi je sve. Ali zašto?

Već sam provela duži niz godina u ovakvom, slobodno mogu reći, bespomoćnom stanju. Posjećivala sam mnoge ljekare i tražila lijek za moje fizičke bolove. Međutim, lijeka mi nije bilo jer nisam uopće imala dijagnozu. Ja sam bila sasvim zdrava (po njihovim pretragama)!!!

Bilo mi je žao moje djece, koja su već počela da trpe zbog moga stanja. Znala sam, ako nastavim ovako, oni neće imati majku. Odrastat će bez istinske ljubavi, koju samo majka ima za svoju djecu. Ko će im pomoći kroz život i dati savjet kada im zatreba? Ko će im svadbe opremiti i pomoći im pri izboru haljina? Da nije bilo njih, ja bih se u tom trenutku sigurno predala. Ostat ću zauvijek zahvalna mojim dragim pahuljicama i dragom Bogu, pa mi ih je podario.

Bila sam na važnoj životnoj raskrsnici: ili ću se mijenjati ili ću biti promijenjena. Moj mozak se već počeo mijenjati. Usljed konstantnog nezadovoljstava i ljutnje bilo je teško kontrolisati misli i emocije koje su uništavale moje tijelo.

Oduvijek sam čekala da mi neko drugi da upute i kaže kako se nešto radi, da dobijem dozvolu za početak. Ovoga puta sam izgleda predugo čekala. Nikoga nije bilo da mi kaže kako i šta da radim. Onda se sjetim: – Hello! Pa, Google!

Ah, pa naravno, najkompletniji savjetnik svih vremena.

I moj put je tada započeo.

Slijedi mnogo korisnih informacija i savjeta o dugo izučavanim tehnikama i provjerenim principima namijenjenih ličnoj transformaciji. Mogu vam promijeniti cijeli život, ali pod jednim uslovom, da ih implementirate u svoj život. Garantujem vam da mogu biti prekretnica svega.

Svako od nas ima mogućnost da sagradi savršen život. Ali, mi moramo poznavati principe i zakone po kojima život funkcionira. Bez razumijevanja ovih zakona i bez želje da ih naučimo, mi glumimo ignorantne ljude, koji imaju razloga da krive život za svoje neuspjehe.

Uzmite za primjer zakonitost: uzrok i posljedica = svaka akcija ima reakciju.

Svaka naša radnja ima posljedicu. Nije racionalno posijati mrkvu, a očekivati da iznikne kruška. Nemoguće je raditi nešto negativno a dobiti pozitivan rezultat. Ovdje se ne radi o pozitivnom razmišljanju, iako ima velikog uticaja na nas, radi se o djelovanju, jer neće se ništa promijeniti samo od sebe, čak i uz pozitivno razmišljanje, ako nema našega djelovanja.

Koliko vremena, suza, neprospavanih noći, bolesnog tijela i duha je potrebno jednom čovjeku da zastane i preispita svoje korake, postupke i vjerovanja? Koliko dugo jedan čovjek može živjeti u svojoj crnoj jami, bez pokušaja da se izvuče iz nje?

Koliko drugih osoba treba da doživi isto ili slično, samo zato što jedan čovjek nije imao snage ili nije imao hrabrosti da stane i pogleda veću sliku? Da pogleda u svoj strah i sve ono za šta očito zna da nije dobro, ali se još nada. Ili se možda čak i ne nada više, već je jednostavno prihvatio ono što jeste, bez pokušaja da bilo šta promijeni. I sve zato što je čvrsto vjerovao da je nemoguće promijeniti išta. Do sada.

Ne više. Od ovog trenutka sve se mijenja, od ovog trenutka nema više samosažaljenja. Nema krivljenja ni sebe ni drugih. Nema više crnih misli ni ružnih snova. Nema ni gubljenja vremena na izgovore.

Ovo je taj trenutak u kojem sam spremna da kažem: uzimam stvari u svoje ruke i radit ću šta je potrebno, samo da dovedem svoj život na viši nivo zadovoljstva.

Upravo takav trenutak meni se desio prije nekoliko godina. Nadam se da je ovo vaš!

Ovo je priča mnogih nas. Ni jedan život nije ravna linija, već je sastavljen iz uspona i padova.

Pažljivo iščitajte lekcije koje donosi ova knjiga i učinite svoj život ljepim. Neka on bude dar koji ćete svakoga jutra prihvatiti i biti sretni što ste ga dobili.

Zamislite mogućnost da, kada završite s čitanjem ove knjige, odgonetnete tajnu svog postojanja!!! Ne garantujem da hoćete, ali to je vrlo moguće. Zamislite, kako bi sve drugačije izgledalo?

Postoji formula za ispunjen život, život koji zaslužuje svako od nas, i vi je upravo držite u rukama. Slobodno se nasmiješite iz srca zbog ove spoznaje.

Ako tražiš od drugih da te ispune, nikad nećeš biti ispunjen.
Duke Matlow

Meni je trebalo dugo da dođem do odgovora, da pronađem rješenje ispunjenja. I sada, kada sam se ispela na vrh planine, nikako mi nije jasno i ne mogu sebi objasniti kako sam i zašto propuštala prilike i dozvoljavala sebi da budem tako dugo zavedena svojim nesigurnim umom.

Odagnala sam svoje strahove i mišljenje da sam manje vrijedna od drugih i da nikome nije važno šta mislim.

Skoro deset godina sam na putu lične izgradnje. To je proces stalnog preispitivanja i jačanja. Ponekad sam, u svojim naletima slabosti i samokritike, mislila da sam mentalno spora. Pitala sam se, kako to da mi se opet ponavljaju iste negativne misli i emocije, kada znam da je to samo redoslijed informacija u mozgu i da ga vrlo brzo, s par koraka, mogu promijeniti (Podijelit ću s vama te korake poslije).

Tako su godine prolazile, polako, u mojoj nesigurnosti i strahu. U uvjerenju da to što imam reći nije dovoljno i da nikome ne može pomoći da promijeni svoj život.

Mislila sam: na kraju krajeva, ko sam to ja da bih mogla utjecati na nekoga ili na nešto?

Ali, moja želja je bila jaka i uporno sam išla naprijed. Izučavala sam psihologiju i radila na sebi, uporno i bez prestanka. I tako godinama. Moje stanje, moj mozak, moje misli i način na koji sam djelovala, počeli su se mijenjati polako, ali sigurno.

Gubila sam ljude oko sebe, jer oni nisu bili spremni za promjenu, nisu bili spremni da prihvate moje promjene niti su željeli mijenjati sebe. Odjednom više nismo imali o čemu pričati. Ja sam bila zainteresovana da uzmem više od života, spremna za nove mogućnosti koje su mi bile dostupne, a oni su i dalje bili na istom nivou razmišljanja i djelovanja.

Nije uvijek bilo lako, ali vremenom sam se navikla i shvatila da je i to dio života. U tom procesu sam, također, shvatila da je cijeli život zapravo jedno neprestano učenje. Izazovi sa kojima se suočavamo posebno su važni za naš rast, našu spoznaju i ispunjenje. Zahvaljujući njima mi ponekad zastanemo, pogledamo dublje u svoju dušu. Suočeni sa sobom postajemo tako bolja verzija sebe.

A na početku su izazovi za nas poput neželjenih gostiju. Želimo da ih nema. Međutim, kasnije shvatimo da su oni neophodni u životu za osnaživanje duha, za naš rast.

Trebalo je mnogo vremena da ova istina postane važna u mom životu, da dobije smisao. Danas sa sigurnošću mogu reći da je svaki izazov koji sam imala u životu bio poziv na rast i da je to ustvari jedini način da dosegnemo puni potencijal i iskusimo moć u sebi, koja se javi samo onda kada je teško.

Definitivno, sve ove lekcije su bile vrijedne učenja.

Shvatila sam: u putovanju je smisao. Život je svakodnevno putovanje!

Većina ljudi uči samo kada mora, što je velika greška. Život je put koji u većini slučajeva nema putokaza. Na tome putu lako je izgubiti se, posebno ako niste od onih koji imaju sposobnost da idu kroz nepoznato s radoznalošću, već ih i najmanja prepreka izbaci iz takta.

Nepoznato nas vodi ka ličnoj spoznaji. Koliko smo u stanju da se nosimo sa nepoznatim i kako reagujemo na nepoznato određuje gdje ćemo stići. Međutim, jedno vrijeme se mora ići nepoznatim ulicama, prije nego spoznamo gdje idemo.

Ustvari, trebamo se naučiti da svojom voljom izlazimo iz ugodne i poznate zone, čak i onda kada i ne moramo. Tako ćemo biti spremni za sve što život donosi, kada nam život predstavi događaje koji su potpuna nepoznanica i koji su naizgled strašni, pa i nemogući za prevazilaženje.

Mi nismo učeni od malih nogu da je život putovanje, a ne destinacija. Da moramo dozvoliti sebi uživanje u putovanju. Inače ćemo završiti kao i mnogi poznati, bogati ljudi, koji su imali sve, koji su došli do svojih glavnih ciljeva, ali pošto nisu uživali u procesu, žurba ka cilju ih je učinila mizernim i jako nesretnim. Ljudima, koji i pored svih miliona, nisu mogli zadovoljiti svoju dušu. Oni su na neki način zagušivali svoj bol, što ih je na kraju skupo koštalo. Neke čak i života.

Mnogi i danas vjeruju da novac može kupiti sreću! Ali, svako ko je došao do nekog svog velikog cilja, reći će vam da taj trijumf ne traje dugo i da je to prolazna sreća. Čim dođemo do toga mozak nam razmišlja šta je sljedeće? Šta treba osvojiti? Koji je to vrh?

Jednostavno, to je ljudska priroda. To je uredu ako smo u stanju uživati u tim putovanjima i ne ovisiti o rezultatu ili ishodu putovanja.

Jedno je sigurno: oni koji ovo shvate na vrijeme i idu kroz život svjesno uživajući u vremenu koje im je dato ovdje, imaju šansu da odu odavde zadovoljni. U suprotnom, bez obzira koja bogatstva dosegnu, moguće je lično nezadovoljstvo, koje se manifestuje najčešće u fizičkim bolovima i mentalnom izazovu.

Vjerujem da ćete prepoznati važnost i kvalitet informacija koje dijelim s vama ovdje, ali, ako ne budete zastali i odgovorili na pitanja, i posvetili pažnju procesima, ovo će samo biti još jedna dobra knjiga koju ste pročitali.

Pasivno čitanje vam neće moći donijeti ništa osim dobro utrošenog vremena.

Nije ključno pitanje: može li osoba promijeniti svoj život?

Suština je u tome: koliko bilo koja osoba zaista želi promijeniti svoj život?

Upravo sada, u ovome trenutku, vi ste sposobni da doživite ogromno poboljšanje, u svim sferama života.

Teško možete i zamisliti rezultate koje možete ostvariti, ako to želite. Vi još uvijek niste dosegli svoj pun potencijal, niti ste blizu toga.

Bez obzira kako želite mjeriti uspjeh, vjerujte mi, vi ste samo dotakli površinu onoga što ste u stanju ostvariti. I nemojte se iznenaditi što ovo ponavljam, moram to činiti, jer želim da me zaista čujete u dubini svoje duše. A znam da znate da je ovo istina.

Kako to znam? Iz ličnog iskustva.

Šta je svrha života i postojanja?

Nakon skoro deset godina traženja rješenja, neprestanog učenja i upornog pokušavanja da zagušim i prevaziđem onaj glas – nisi dovoljna, nisi sposobna, nisi školovana, nisi ovo-ono, konačno, sada znam.

Cijeli život nam se svodi na htijenje i težnju da budemo neko i nešto drugo, nešto što nismo, jer nam ono ko smo nikako ne izgleda dovoljno. To je jedna od najvećih zamki modernog doba.

Dovoljni smo mi itekako, ali kada bismo to svi znali, onda se ne bi moglo upravljati nama na načine na koje to sada rade: vlasti, mediji i sistem.

Dok mi provodimo život u traganju za načinima kako da se oslobodimo nametnutog straha i stida, neko ubire plodove koji pripadaju i nama.

Postavlja se pitanje: zašto mnogi imaju osjećaj nedovoljnosti i nisu u stanju vidjeti svoj potencijal?

Zato što nam se to ponovilo stotinu puta na razne načine, tako da je već upisano u naš nervni sistem i teško ga se osloboditi. Sve one spoznaje i uvjerenje ko smo, nisu dovoljni, jer nemamo adekvatne podrške od voljenih ljudi oko sebe, a ne vjerujemo da možemo sami.

Takav odnos ljudi oko nas ne znači da oni ne misle najbolje o nama, već jednostavno ni oni sami nisu bili hrabri, niti su dizani u nebo, tako da i ne znaju niti efekat, niti posljedicu toga.

Bilo da ste imali sličnu sudbinu kao ja ili ne, sigurna sam da ako sad čitate ovu knjigu znate da uvijek ima bolje i da želite doći do toga. Ne mora ni značiti da uopće imate neke izazove, vaša želja za znanjem i boljim životom je jedan od najljepših ljudskih kvaliteta i želim vam se zahvaliti što sada čitate ovo. Svako od nas doprinosi svojom energijom globalnom energetskom stanju na Zemlji i važno je da svi učinimo svoj dio i da imamo pozitivan vibe (vibraciju) u svom srcu, koji se širi gdje god dođemo.

To je tvoja cesta, i samo tvoja.
Drugi mogu hodati s tobom, ali niko ne može hodati za tebe.
Rumi

Godine provedene u nezadovoljstvu proizašle su iz moga neznanja kako da se nosim sa svojim emocijama i kako da prepoznam svoje vrijednosti, koje su bile zagušene negativnim životnim iskustvima.

Negativna životna iskustva, odnosno moje viđenje tih iskustava, upravljalo je mojom stvarnošću. A niko mi nije rekao da to ne mora biti tako i da sa malo znanja i vještine mogu imati idealan život. Ali, tome nas ne uče od malih nogu. Vjerovatno bismo svi živjeli sretno i zadovoljno kada bismo bili sposobni da kreiramo život po svom šablonu. Ovako nas je lakše kontrolisati i manipulisati s nama, kada smo ranjivi i nesigurni u sebe, u svoje vrijednosti. Ali, svemu dođe kraj. Kao nikada do sada obični ljudi su prepoznali ovu diverziju i došli do novih saznanja, koja su do sada bila čuvana u tajnosti. Potrebno je samo implementirati ih u svoju svakodnevicu.

Uspjela sam otkriti zašto radimo to što radimo i na osnovu toga pobijediti dugogodišnju depresiju, osloboditi se dugogodišnjih negativnih vjerovanja i ubjeđenja i svjesno kreirati svoj novi život. Taj uspjeh mi je dao inspiraciju da napišem ovu knjigu, u nadi da će pomoći i vama u sagledavanju svoga života iz jednog drugog ugla. Da će vam pomoći da zakoračite u njega s novorođenom snagom, kao nikad do sada.

Tehnike koje vam nudim ovdje, učila sam u zadnjih nekoliko godina s raznim naučnicima. Posebno važan je bio susret i učenje sa Tony Robbinsom, jednim od trenutno vodećih savjetnika u svijetu u oblasti psihologije uspjeha. Značajno su mi pomogle i lične realizacije koje su doprinijele ovom materijalu...

Ako i vi tražite načine kako promijeniti svoj život nabolje, kako se osloboditi negativnog razmišljanja i djelovanja, kako ozdraviti vaše tijelo i um, popraviti veze, živjeti punim plućima, osjećati radost samo zato što ste tu, izgraditi život izobilja i još mnogo toga što vodi ka ličnom zadovoljstvu i životnoj harmoniji – nastavite čitati – u rukama vam se nalazi materijal koji je spasio i promijenio milione života, zajedno s mojim.

Slijedi 19 koraka koji vam mogu pomoći da ostvarite svaki svoj cilj.

Prvi korak

PROCES OSLOBAĐANJA

– *Prepoznavanje djeteta u sebi i puštanje na slobodu*

Ljudi su, u svojim očima, postali manji od makovog zrna, dok u javnosti žele pokazati da to nije tako. Čovjekova najveća boljka je osjećaj manje vrijednosti. Sa tim osjećajem je suočen, sa njim živi i traži načine da bude drugačiji. Takva osoba je uvjerena da će takav odnos prema njemu, kao manje vrijednom, imati i u društvu. Zato ona u društvu glumi nekoga drugoga, galami, osuđuje, određuje i negoduje, pokazujući snagu i autoritet, koji mu u životu ustvari nedostaju.

Onog trena kada osoba prepozna u sebi pogrešne načine djelovanja prema sebi i okolini, tada otpočinje važan proces oslobađanja. Kakvog oslobađanja?

Oslobađanje je ***prvi i glavni*** korak ka kreiranju novoga sebe, slobodnog od ograničenja, strahova i svega što vam ne dopušta da imate još bolji i ispunjeniji život.

Vrijeme u kome živimo i današnje društvo uče nas da nam vanjski svijet bude prioritet. U trošenju energije na vanjsku manifestaciju sebe, prema društvu, naš unutrašnji svijet nama samima ostaje nepoznanica. Ako tragamo za istinom onda moramo znati da bi unutrašnji svijet trebao imati našu potpunu pažnju.

Sve probleme svijeta započeli su ljudi koji su imali potpunu diskonekciju sa sobom. Njihovo lično nezadovoljsvo i jad, učinili su ih surovim ljudima.

Svako nezadovoljstvo i svaka ružna ili tužna riječ, čak dok smo bili i u majčinoj utrobi, upisana je u našem nervnom sistemu. Na bazi toga danas organizujemo život (ovo su tzv. nevidljive podsvjesne blokade). Naravno, postoji razlika od čovjeka do čovjeka, a ovisno o tome sa kolikim bolom se ko nosio kroz život. Stoga, dok god se ne vratimo u rano djetinjstvo i ne damo ljubav i pažnju onom ranjenom, povrijeđenom, odbačenom, neprimjećenom, zapostavljenom ili jednostavno neshvaćenom djetetu u nama – nemoguće je prevazići prepreke.

Mnogima će biti teško da ovo shvate. Ako ste od tih ljudi, upitajte se: zašto stalno vraćate staru sliku; zašto niste u stanju pobijediti sebe i konačno uraditi to što već dugo želite i ponavljate da hoćete; zašto vam se sve to odjednom dogodi, a onda iznenada i bez razloga upadnete u neku emotivnu krizu gdje sve izgleda crno; zašto ne možete da oprosite iako želite, ali ta emocija ne želi da napusti vaše tijelo i dalje vas boli; zašto lako reagujete u pojedinim situacijama iako ste sebi već rekli da vas to neće nervirati (ali, čim se takvi osjećaji pojave, imate isti impuls); zašto ne želite da uopće idete duboko u korijen nekog dugogodišnjeg problema; zašto imate osjećaj niže vrijednosti iako nemate vanjskih dokaza za to; zašto u drugima možete vidjeti ljepotu, ali ne u sebi; zašto imate tolike strahove: šta će neko reći, šta će biti ako uradim ovo ili ono; zašto niste u stanju probati (pa šta god bude) biti zadovoljni s tim ishodom; zašto čak i kada znate da ste u krivu ne želite da popustite, itd.

Cijela ova knjiga je ispunjena objašnjenjima i odgovorima na ova i slična pitanja. Sada ću samo reći, dati okvirni odgovor na sva gore postavljena pitanja: zato što ste ograničeni nevidljivim emocijama, poprimljenim tokom djetinjstva, baš kao ona mala djevojčica koju sam spomenula na početku knjige.

Da biste se oslobodili zaključanih stvari u podsvijesti, neophodno je doći do njih svjesno i uraditi procese oslobađanja.

Ljudi će uraditi bilo šta, bez obzira kako bilo apsurdno,
da bi izbjegli suočavanje sa svojom dušom.
Carl Gustav Young

Ovo je jedan od najboljih procesa ikad i po meni najvažniji, da bi se moglo ići naprijed i osloboditi se nevidljivih ograničenja. Nauka je dokazala da je sve što smo doživjeli i osjetili u periodu kada smo bili djeca, pa sve do rane mladosti, upisano u našem nervnom sistemu i po tom kodu danas djelujemo.

Prije svega potrebno je prisjetiti se djeteta u sebi i sebe u ranoj mladosti, da bismo mogli otkriti sistem vjerovanja po kojem djelujemo danas. Tzv. unutrašnje blokade su ustvari identiet koji smo usvojili, odnosno samo svoju spoznaju o sebi, upravo u periodu od ranog djetinjstva pa sve do rane mladosti. Ovo se može lako otkriti ako se vratimo u prošlost i identificiramo koje smo vjerovanje imali tada o sebi.

Tu vam može pomoći (ako se podsjetite trenutno) koju priču sebi ponavljate i po kojoj organizujete život? (nisam dovoljna, nemam ljubavi, nisam sposobna, preteško je, itd.)

Koja je vaša najveća bol?

Ako imate nešto neriješeno ne idite dalje dok ne odgovorite na ova pitanja?

Za mene je to bio osjećaj nemoći da išta promijenim, a vezalo se za to što se nikad nisam osjećala dovoljnom.

Na šta pomislite često a negativno je? (npr. nemam dokaza svoje sposobnosti)

Ovdje se krije vaša nevidljiva prepreka: šta ste doživjeli kao mali ili u ranom djetinjstvu. Koje mišljenje ste imali o sebi i zbog čega?

Kada ste odgovorili istinski na ova pitanja, sigurno ste se sjetili djetinjstva i odakle je potekla vaša današnja ograničena priča o sebi.

Mi danas djelujemo po vjerovanjima koja imamo pohranjena u našoj podsvijesti, a ona su stečena s tačke gledišta djeteta.

Iako danas kognitivno znamo kako bismo mogli doći do željenog, ipak nas nešto uporno sputava i sabotira. To su tzv. unutrašnje blokade. Ustvari, to je ono vjerovanje o sebi iz djetinjstva. Kad uradite ovaj proces, njime zapravo kreirate svoj novi identitet.

Zašto je ovo bitno? Zato što ćete onda biti u stanju poduzimati korake koje želite kao odrasla osoba, a ne s tačke gledišta djeteta.

- *Vježba oslobađanja*

Vježba oslobađanja je proces oslobađanja djeteta u sebi, tj. ranjenog dijela naše ličnosti, koji nam više ne služi. Ovaj proces ne zahtijeva puno od nas, osim volje da to želimo. Da bismo proveli ovu vježbu potrebni su vam olovka i papir, mir i tišina, te bar 30 minuta vremena.

Trebate napisati pismo malome/oj sebi, bez obzira koliko vam to bilo čudno, vjerujete mi i krenite sa mnom na ovaj važan put oslobađanja. Ova knjiga će u nekoliko jednostavnih koraka pomoći da se oslobodite i ispunite.

Ako ste spremni uraditi ijedan proces iz ove knjige ovaj je neminovan i najvažniji.

Prvo se obratite sebi imenom koje ste imali u djetinjstvu. Možda je to nadimak ili bilo koje ime kojim su vas zvali, a veoma ste ga voljeli. To ime treba da osjetite u sebi, da se povežete s prošlošću i sa djetetom u sebi.

Počnite pismo malome/oj sebi! (Ovo je samo primjer, vi koristite svoje riječi i ono što smatrate da je za vas važno. Bitno je da slijedite ovaj proces).

Draga!? Prošlo je mnogo godina od kad smo bili mali. Puno se stvari promijenilo, ali jedna nije, ti si još uvijek duboko u mom srcu. Sjećam se, dušo moja, kada si bila mala, kao da je to jučer bilo. Sjećam se svega i dobrog i lošeg. Sjećam se tužnih trenutaka i dana kada si osjećala da te niko ne voli, da nemaš to što želiš i sjećam se kada si mislila da će sve biti drugačije kada porasteš.

I jeste, sve je drugačije dušo moja mala. Ja sam sada odrasla osoba, spremna i opremljena da se suočim sa svime što mi život donese. Drugo su bila ona vremena kada smo bile nemoćne i ranjive. Sada ja znam da mogu i nije mi potrebna potvrda moje vrijednosti. Mi smo ti sada, dušo moja, u najmanju ruku hrabre lavice. Pa po-

gledaj samo iza nas, pogledaj šta smo sve ostvarile. (Porodicu, male i velike uspjehe: škola, prijateljstva, lični standard i sl. Napomena: ovdje izlistajte sve svoje uspjehe, bez obzira kako mali bili.)

Sva ona iskustva koja smo doživjele, naši porazi i osjećaji nedovoljnosti (izlistajte svoje osjećaje iz djetinjstva) su jednostavno bili dio našega puta. (Navedite svoja lična iskustva koja ste smatrali bolnim.)

Svi oni dani koje smo provele nesretne su također morali da se dese. Da nisu, ko zna kako bi sada život izgledao. Nikad se ne zna. Da smo se rodile u nekoj imućnoj porodici možda bismo sada već bile otrovane bogatim životom i ko zna šta se moglo desiti još. Jedno stoji, imale smo djetinjstvo kakvo smo imale i da nije bilo tako ne bismo ni sada bile ovakve. Ja ti mogu reći iskreno da sam veoma ponosna na nas. Zaista jesam. Ponosna sam na naš karakter i moralne vrijednosti, kao i na našu iskrenost, ljubav koju imamo za druge i ovaj svijet. Ponosna sam što se nismo predale i odustale od svega. (Izlistajte zašto ste sve ponosni na sebe.)

Ako ovo niste nikada prije radili za sebe, ređajući niz osobina i postupaka na koje ste ponosni, to će u vama aktivirati motivacione centre u mozgu i odmah ćete se osjećati bolje. Pored toga, nije li vrijeme da date sebi ono što očekujete od drugih sve ovo vrijeme? Evo prilike, izlistajte sve i najmanju sitnicu uz koju možete biti ponosni na sebe.

Pišem ti ovo pismo jer ti se želim zahvaliti za sve ove godine, dušo moja mala. Ti si se uvijek trudila da me zaštitiš i da me učiniš vrijednom. Znam da si pronalazila načine kako si znala i umjela, tako mala i nesigurna. Za mene je to bilo glumljenje u društvu i pokušaj pokazivanja vlastite perfekcije.

(Izlistajte na koje načine ste se pokušavali učiniti većim, mada ste cijelo vrijeme i dalje osjećali nedovoljnost ili šta je već bio vaš bol tada.)

Znam da si se uvijek trudila da se osjećamo voljeno, mada smo ponekad dolazile do tog osjećaja pogrešnim putevima. (Kao osjećaji depresije, materijalnog i lažnog sjaja.)

(Bez obzira koliko vam čudno zvučalo mi razvijemo osjećaje depresije u pokušaju da zadovoljimo neke od glavnih ljudskih potreba, a to su ljubav i konekcija. U nastavku ćete naučiti još nešto o potrebma svakoga čovjeka.)

Hvala ti dušo moja za sve, hvala ti od sveg srca. Znaj da ja to nikada neću zaboraviti. To će uvijek biti dio nas. Ali sada je došlo vrijeme, ljubavi moja, da se rastanemo. I ne, nemoj misliti da ću te ostaviti, ne daj Bože, nikad te neću ostaviti. Ti ćeš uvijek biti čvrsto zagrljena u mom srcu, ovo jednostavno znači da meni više ne treba tvoja pomoć.

(Ta pomoć je ono što sada ne volite kod sebe, npr. bježite od stvarnosti, sabotirate se, korisite negativne načine da promijenite stanje/ da učinite da se dobro osjećate, iako znate da to nije dobro za vas).

Ja sam sada, ljubavi moja, kao što vidiš, spremna i sposobna, opremljena svime što je potrebno da nastavim ovaj život, hrabro i jasno, a ako mi šta i zatreba ništa ne brini, ima Viša sila, ona je uvijek tu, da mi pomogne i izvede me na pravi put.

Ti ljubavi moja mala sada trebaš da uživaš i da se ideš igrati. Da, igrati! Budi ono što jesi - dijete, veselo i radosno, bez posebnog razloga, kojemu su igra i zabava glavni cilj.

Sada je kraljica (dajte sebi neko moćno ime/ ime nekog junaka kojeg volite) *tu i od sada ja upravljam našim životom. Nema više osjećaja nedovoljnosti i niže vrijednosti. Kraljica, kao i svaka druga kraljica, zna šta joj je činiti i koristit ću svoju moć da od života uzmem sve ono najbolje.*

(Neophodno je da identificirate ko ste i kako sebe vidite danas, kao jaku osobu, spremnu da preuzme komandu. To je poruka koja se mora poslati djetetu u nama, onom nesigurnom dijelu nas.)

A ti, dušo moja, idi i igraj se. Uživaj ljubavi moja mala i znaj da sam ja uvijek tu za tebe i nikad te neću ostaviti ni zaboraviti. Volim te najviše na svijetu, dušo moja mala.

(Dok ovo pišete vidite sliku sebe kada ste bili mali i primijetite da govorite tom djetetu iz vašeg snažnog sadašnjeg bića.)

Osjetite svoju snagu sada i kao takvi (mentalno) zagrlite to dijete/sebe, poljubite i nježno pogledom pošaljite u neku cvjetnu baštu, prepunu leptirova, kao i drugih stvari koje djeca vole. Vidite ga kako veselo skakuće ka toj ljepoti i osjetite radost za njega.

Oprostite se mentalno od tog djeteta i svega negativnog vezano za njega. Osjetite olakšanje i suze radosnice za to dijete. Konačno je slobodno od svih negativnih životnih iskustava.

Od sada nećete biti žrtve podsvjesnih procesa iz djetinjstva. Slavite, plešite, skačite, osjetite u tijelu olakšanje i radost ove slobode i zapamtite to: nikada više ne nasjedajte na staru priču iz djetinjstva.

U narednih nekoliko sedmica pratite kada se pojavi ponovo to dijete tj. osjećaj koji ne želite (umor, ljutnja, nesigurnost, strah, osjećaj manje vrijednosti itd). Uglavnom sve ono što se do sada vrlo često ponavljalo, a ne želite te osjećaje. Doslovno popričajte s tim osjećajem, kao s malim djetetom koje pokušava da vas zaštiti na način koji najbolje zna, a to može biti nešto od gore navedenog ili šta je vaš neželjeni osjećaj.

Ne ignorišite ga i ne nasjedajte na njega, priđite mu s ljubavlju i novom snagom/identitetom odrasle, hrabre osobe, koja ste danas. Svaki put kad ovo uradite demolišete onaj identitet djeteta/nesigurnosti i sl. i jačate svoj novi identitet.

Ako se ovaj korak ne uradi pravilno prolongira se i proces spoznaje, zbog čega se ne mogu promijeniti neke stvari, stoga ne idite dalje ako niste uradili ovaj korak kako je i objašnjen.

Vjerujte, vaša duša će vam biti zahvalna za to. Ovako možete prekinuti bilo koji negativni, emotivni redosljed djelovanja, zauvijek. Važno je naglasiti da ne bi trebalo biti teško ovo raditi, posebno zato što znamo ishod.

Sva naša ograničenja su posljedica našeg odrastanja i vjerovanja koja smo usvojili o sebi još kao mali. Bez tih ograničenja, mi smo slobodni ljudi, u stanju da ostvarimo sve moguće što ljudski um osmisli.

Zaista mislim da se stvari trebaju dogoditi upravo sada! Ne poslije, ne sutra, ne kada se dogodi ono, ne kada ostvarite ovo. Ništa poslije, samo sada!

Život se ne živi poslije – on se živi sada!

Sada možete odlučiti da će ova knjiga biti prekretnica u vašem životu. Ako tako odlučite, svaka sljedeća knjiga, koju budete čitali, bit će usmjerena ka poboljšanju specifičnog područja vašega života, a ne dodatno traganje za problemima, koje možete uz ovu knjigu riješiti jednom za svagda.

Jedna odluka može promijeniti vaš život, sada.

Od ovog trenutka sve može biti drugačije, samo ako čvrsto odlučite i ako ne budete sumnjali da se to može desiti.

Sumnja je jedna od najvećih životnih varalica. Stalno se vraća i vara nas, nudi lažne i neprovjerene priče, želi da nas prepadne i zavara, te čini sve da ostanemo na istom. Kažem vam i vjerujte mi, jer će vam kasnije biti žao ako me ne poslušate sada, bit će vam žao ako se predate bilo kakvoj sumnji, odnosno ukoliko nastavite sumnjati u sebe i svoje sposobnosti.

Ako do sada niste imali nekoga u svome životu da vam ovo kaže, ili ako jeste, a i dalje sumnjate i bojite se načiniti korake ka svojim snovima, neka vam ja budem lekcija. Ja sam provela pola života sumnjajući u sebe i svoje sposobnosti. I kada bi mi neko rekao da nešto dobro radim, što je inače bila rijetkost, nisam im vjerovala. Bila sam se predala sumnji.

To je trajalo sve dok nisam počela slušati životne priče najuspješnijih ljudi danas. Skoro svako od njih je imao neku žarku želju u sebi, želju da ne ostane gdje jeste i to im je pomoglo da nastave, čak i kada su odbijeni stotinine puta. Recimo kao poznati glumac Silvester Stalone – znate da je on napisao priču Roki? On je bio početnik glumac, napisao je tu priču i išao od vrata do vrata. U tom trenutku niko nije bio zainteresovan za njegovu priču. Niko nije smatrao da bi od nje bio dobar film. Bio je odbijen više od stotinu puta. Ostao je bez posla i skoro je bio beskućnik. Čak je prodao svoga psa za 50 dolara, jer ga nije mogao hraniti.

Ali, nije odustajao. Kako i zašto, to samo on zna.

Svako od nas treba imati svoj odgovor, imati svoje zašto, i kada je teško i kada izgleda nemoguće, naše zašto će nam pomoći da nastavimo.

Stalone je na kraju našao kupca za svoju priču i to pod uslovom da on glumi u filmu. Psa je otkupio nazad za 15.000 dolara. I po čemu ga danas zna cijeli svijet? Upravo po filmu Roki.

Da je tada odustao, da nije imao svoje zašto, mi vjerovatno ne bismo nikada ni čuli za njega. A i svijet bi bio siromašniji za izvrsne filmove u kojima je on glumio.

Moj mentor i učitelj Tony Robbins, je kao vrlo mlad morao nalaziti načine da se suoči sa problemom koji je imala njegova majka, u to vrijeme alkoholičarka. Počeo je tražiti savjete u knjigama, tragati za rješenjem kako se nositi s takvim ljudima. Htio je prije svega zaštiti sebe, svoju mlađu sestru i brata. Sa 14 godina je već znao puno o psihologiji i savjetovao je svoje vršnjake.

I dan-danas uvijek spominje tu priču i zahvalan je što ga je život tada natjerao da traži te savjete, jer ne bi bio to što jeste da nije tada bio primoran da traga za rješenjem. Njegovo zašto je bilo preživljavanje, opstanak, bilo je *pod moranje*. To i jeste najveći razlog koji natjera ljude da se mijenjaju – kada nešto moraju.

Ako ne moraju poduzimati akcije, ljudi ostaju privrženi svojim navikama. Ako im data situacija ne prijeti velikim opasnostima ili čak smrću, ljudi se teško odlučuju da poduzmu velike korake promjene.

Istina, svaka promjena zahtijeva više rada nego što to zahtijeva pomirenje sa postojećim stanjem, ali zato su posljedice promjene neizmjerive, kao što ste mogli vidjeti iz ove dvije priče.

A ovakvih je priča beskonačno mnogo.

Šta će to biti vaša sretna priča? Šta je to što će vam pomoći jednoga dana i što će vrlo skoro ispričati vašu priču? Šta je vaše zašto?

- Čovjek je kao rijeka koja teče

Mi smo kao rijeka koja teče. Uvijek idemo istim pravcem, osim ako se ne dogodi neka velika promjena i tada budemo prinuđeni promijeniti tok svoga života.

Da bismo mogli promijeniti tok života moramo proširiti svoje vidike. Potrebno je nešto novo da dođe u život, kako bi se podržala promjena njegovoga toka. Treba napraviti veći kanal, a to znači proširiti našu svijest i izgraditi sopstveno uvjerenje da u životu uživamo.

Tvoja podsvijest uvijek pokušava potvrditi tvoje vjerovanje.

Njen posao je da ti dokaže da je tvoje vjerovanje tačno.

Ali, moramo znati da ona ne može misliti sama za sebe. Ona crpi sve ono što je već posađeno u njoj. Spram tvojih uvjerenja ona kreira tvoju realnost.

Napraviti promjene, to znači proširiti svoja vjerovanja o sebi i životu.

Mi trebamo stalno podsjećanje da je jedini način da promijenimo svijet zapravo naše mijenjanje iznutra. Do sada smo pogrešno mislili, te predugo i bez smisla čekali da se stvari promijene na zapadu ili na istoku, da ekonomija bude bolja, čekali smo da dođe proljeće, dok se desi ovo, dok ono... Ako ne uđemo svjesno u proces kreiranja svoga dana, on će biti kreiran za nas upravo iz naše podsvijesti. A tu se krije sve što smo pohranili tokom života. Posebno ono što je bilo vezano jakom emocijom. Ti događaji su trajno upisani u naš nervni sistem. Zato ljudi i danas proživljavaju neke traume, iako su se one dogodile prije mnogo godina.

Dakle, neophodno je doći do svoje podsvijesti i osloboditi se zauvijek negativnosti pohranjenih u njoj. To je strpljiv i odlučan put ka unutra tj. k sopstvu.

Taj put zahtijeva kompletnu našu pažnju i svakodnevnu posvećenost. Cijela knjiga je usmjerena ka tome. Nastavite otkrivati dalje.

Drugi korak

DOZVOLITE SEBI DA IZAĐETE IZ USTALJENOG/ NAVIKNUTOG NAČINA ŽIVOTA

- Izlazak iz sigurne zone

Dogovorite se sa sobom sljedeće:

Da bismo ostvarili bilo šta u životu, na nivou koji nama odgovara, moramo to istinski željeti. Moramo znati razloge zbog kojih je to ostvarenje pod moranje na našoj listi ostvarenja.

Moramo biti voljni ući u nepoznato i nesigurno polje, ponekad i vrlo neugodno za nas.

Moramo biti spremni na poraz. Čak i sa jednom dozom uzbuđenja gledati na poraz iz drugog ugla, da bi bili u stanju vidjeti korist u tome.

Moramo znati svoje lične vrijednosti i vrline i gajiti ih nesebično: istrajnost, vjeru, strpljenje, ljubav, hrabrost, odlučnost... Koje su vaše lične vrijednosti i vrline?

Moramo biti istrajni i nepokolebljivi, tu će nam uvijek pomoći vjera, vjera u Stvoritelja, Višu Silu, koja nam je dala život, zdravlje i um. I samim tim nas osposobila sa svime što je potrebno da idemo ka željenom cilju.

Moramo izaći iz okvira svakodnevnice i ustaljenih ograničenja, bilo ličnih ili od strane okoline.

Moramo biti voljni suočavati se sa rizicima u životu.

Treba naučiti slušati vlastite osjećaje i intuiciju, prepoznati stvaraoca u sebi i nikada ne zaboraviti da ste jedinstveni i vrijedni ljubavi i sreće.

Moramo očekivati najbolje i biti odlučni.

Moramo naučiti plesati sa strahom. U situaciji kad je strah vrlo dominantan i naprosto nas učini nepokretnim, moramo smoći snage i napraviti bar jedan korak. Tada ćemo osjetiti da je strah tu da nam pomogne da ne napravimo pogrešan korak.

Moramo sklopiti sporazum sa sobom i poštovati svoju riječ. Naša riječ predstavlja kreativnu moć u nama. Riječ je najmoćnije oružje koje ljudsko biće posjeduje, može stvoriti najljepši san ili uništiti sve oko nas.

Moramo prestati uzimati sve k srcu. Šta god da se dogodi u našoj okolini, šta drugi rade, osjećaju, misle ili kažu ne smijemo uzmati lično. Što znači, moramo vjerovati u sebe.

Moramo uvijek učiniti sve što možemo. Treba imati na umu da ono što možemo uraditi neće biti isto u svakoj situaciji. Ako uvijek dajete sve od sebe nikada nećete morati sebe kriviti, a ako sebe ne krivite nećete morati patiti od osjećaja krivice, stida i nećete kažnjavati sami sebe.

I glavno, i po meni najvažnije, jeste da ne smijemo unaprijed stvarati pretpostavke i predrasude, iako smo veoma skloni tome. Često stvaramo pogrešne pretpostavke, pogrešno shvatajući stvari, ljude i njihova ponašanja ili izogvorene riječi. Pretpostavljamo da naši partneri znaju šta mi mislimo i želimo. Stvaramo pretpostavke da drugi misle onako kako mi mislimo, da osjećaju onako kako mi osjećamo, da žele ono što mi želimo, da ih ispunjava ono što nas ispunjava i tako u nedogled. Čitava drama nastaje kada toj pretpostavci stvaramo i druge pretpostavke.

Mogli ste primijetiti da sam puno korisitla riječ moramo. Razlog je, jer zaista moramo! Moramo se natjerati da prevaziđemo ustaljeno i pobijedimo strah. Pobijedimo onaj dio nas koji nas uvijek vraća na staro.

Svako može hodati po žaru ako je vatra u njegovom srcu jača od vatre po kojoj hoda.
Elvisa Kovačević

Ako uvijek radimo stvari po istom, ne možemo očekivati drugačije rezultate.
Albert Einstein

Uistinu, kada prođe dosta vremena shvatimo koliko smo pogrešno radili stvari nadajući se da će se promijeniti. Ja, a i svaki drugi učitelj će vam reći: ne gubite vrijeme i ne čekajte, jer ako želiš bolji život, zahtijevaj OD SEBE VIŠE.

Radi više na sebi i kada si umoran, i kada je nezgodno, i kada je kiša, i kada ti nema nikoga da kaže: – Bravo!

I kada misliš da je nemoguće, i kada si sam. Samo nastavi, jer već znaš da ono staro vjerovanje, koje bi te do sada uspjelo primorati da popustiš ili pak odustaneš, nema više mjesta u tvom životu. Nema mjesta za samosažaljenje, sumnje, strahove... Nema mjesta za bilo šta što umanjuje tvoju svjetlost i neda ti da dođeš do svoje željene destinacije, da uzmeš sve što ovaj život pruža.

Dakle, ništa se neće i ne može promijeniti ako čovjek to ne dozvoli sebi, ako se ne usudi da izađe iz naviknutog i počne raditi stvari drugačije.

Prosto je nemoguće.

Možete li ovo primijetiti u svom životu kao istinu?

- Izlazak iz sigurne zone

Teško je promijeniti život, svoje osjećaje i navike, danas postoje mnogi elementi promjene, poput hodanja po žaru i druge radikalne vježbe, koje pomognu i ubrzaju taj put. Ako to ne učine odmah, one stvore nove neurokonekcije neophodne da se osoba oslobodi naviknutog, bez ikakvih hemijskih supstanci.

Nekome izlazak iz njegove zone ugodnosti može zahtijevati mali napor, npr. da se obuče drugačije, da promijeni stil, da obuče nešto što nije do sada, da kaže što mu je već dugo na srcu, da promijeni način kako pije kafu ili kada se budi, da se usudi prići osobi koje se plaši na neki način i sl. Dok za nekoga, da bi izašao iz svoje ugodne zone trebaju da se dogode neke veće stvari. To zapravo znači da takve osobe već rade stvari koje su izvan njihove ugodne zone. To su obično ljudi koje mi zovemo trill seekers ili ih jednostavno u bosanskom jeziku zovemo otkačeni ili slično. U mnogim slučajevima zovemo ih i mnogo pogrdnije. A, ustvari smo ljubomorni jer znamo da mi nikad ne bismo smjeli nešto takvo uraditi. Ali, ti ljudi mijenjaju sve što je moguće u okviru kapaciteta jednoga čovjeka.

Ti ljudi osvajaju planine, bave se ekstremnim sportovima, uveliko istražuju sebe i svijet, usuđuju se na avanture i hoće poduhvate od kojih ne očekuju drugu vrstu uspjeha, osim vlastitog zadovoljstva ponajviše, mada je mnogima to i glavni izvor zarade.

Kod nekih ljudi postoje pravila i principi. Uvijek se zna zašto i kako, zna se u koliko sati, tako da možete biti sigurni da u njihovom životu nema iznenađenja nikave vrste. Međutim, kod tzv. trill seekera nikada ne znate šta će uraditi sljedeće, u kakvu će se avanturu upustiti, bilo poslovnu ili privatnu.

Često se vraćam na svoj primjer. Do prije nekih pet-šest godina nisam smjela sama spavati u kući. Bojala sam se i vjeverice na grani. Onda sam otišla na seminar koji je organizovao moj mentor. I na taj način sam tražila neko rješenje, želeći da popravim svoje stanje. Nisam u tom trenutku znala šta me tamo čeka. To je bio drugi seminar ličnog razvoja u mom životu. Bilo je logično da odem i uživo vidim Tonija, jer sam već bila počela svoj trening savjetnika sa njim.

Kada sam došla tamo, imala sam šta i vidjeti. Bio je to poseban doživljaj. Čovjek je doslovno mašina. Petnaest sati je na pozornici i ima energije za bataljon vojske. Nevjerovatna ljudska snaga i karizma. Na kraju prvog dana imate opciju hodanja po žaru. Kao i mnogi oko mene bila sam prestravljena od pomisli da hodamo po žaru.

Međutim, mi smo na seminaru bili pripremljeni na razne načine, psihički. I preko žara smo mentalno prešli prije nego smo uopće napustili salu, kako bismo krenuli vani, gdje se fizički hodalo po žaru.

Sjećam se, kao da je jučer bilo, oko mene je bilo 5.000 hiljada ljudi koji su pljeskali, pjevali, neki su se gurali naprijed dok smo išli prema vatri. Bili su spremni, neustrašivi. Mene je obuzimao veći strah dok smo se približivali i dok sam čekala da dođem na red. Mislila sam da neću moći prijeći, bila sam uvjerena da ja to ne mogu. Strah me je cijelu obuzeo. Odjednom sam vidjela da uskoro dolazim na red.

Naravno, imala sam mogućnost da izađem iz toga reda. Ali, vjerovala sam da će me to boljeti više od bilo kakve opekotine. Odlučila sam ipak prijeći preko žara, pa šta god da bude. Znala sam da ako to ne uradim, osjećat ću se kao najveći gubitnik, a toga mi je već bilo dosta. Nisam to htjela osjetiti baš tu, gdje je okruženje bilo hipnotično, inspirativno i ohrabrujuće.

Sada, dok ovo pišem, vjerujte da sam zastala i zahvalila se Bogu, za tu odluku donijetu tada. Da je nisam napravila, ko zna gdje bih danas bila.

- Žar ispod nogu prešao je u moje srce i oslobodio moju skrivenu snagu

Trenutak u kojem napravimo odluku, oblikuje našu sudbinu.
Tony Robbins

Zaista je tako. To je bila moja najvažnija i najljepša odluka, koju sam ikada sama napravila. Poslije nje moj život više nije bio isti. Prešla sam preko žara! Prešla uspješno i bez opekotina. Preko pravoga žara. Ispod nogu je bila prava vatra, a ja sam po njoj koračala. Osjećaj je bio neopisiv. Odjednom mi se javila snaga. Osjetila sam moć i polet. Mislila sam, samo nebo je granica. Ali, shvatila sam i to, ta snaga nije tada rođena – ona je bila u meni, skrivena. To je bio samo način da je oslobodim iz sebe, da snaga bude slobodna, kao kada se pusti ptica iz krletke.

Kada čovjek osjeti taj polet odmah proradi i mašta. Oslobode se snovi koji su dugo gušeni i skrivani. Sada sam maštala, govorila sam sebi kako želim biti kao Tony. Kako ću to znanje i ličnu snagu donijeti mome narodu.

I, to se obistinilo tri godine poslije. Obavila sam veoma zahtjevan trenig na Havajima i dobila zvanje eksperta koji je kvalifikovan da prevede druge preko žara. I, evo nas danas tu. Sve je kao divan san.

To je, što se mene tiče, divan san. Možda će neko pomisliti i drugačije, svako ima pravo na to, na svoje mišljenje, stav, izbor. Ali, ja sam naučila da nikome ne dopustim da kvari moj san. Dugo mi je trebalo da svoj san ostvarim.

Niko nema pravo kvariti nečiji san. Ali ima pravo sanjati svoje snove.

U mom slučaju se pokazalo - jedna odluka kroji sudbinu.

Šta vi možete uraditi? Šta će vas izvesti iz vaše ugodne zone?

Pokušajte odgovoriti na sljedećih nekoliko pitanja:

- Koje stvari smatrate neugodnim?

- Kako biste se osjećali kada biste ih dozvolili sebi?

- Da li postoji neka stvar koja je neugodna, a ako je počnete raditi osjećat ćete novu snagu i ličnu moć?

Pomislite samo koliko ste sretni. Niste u strahu u kojem sam ja bila kada sam donosila važne odluke, niti vam gori pod nogama, kao meni onda. Iako, nakon toliko iskustva, naučila sam da kada gori pod nogama, tada sam odlučnija i izvjesnije nalazim rješenje.

Evo ideja: zamislite da vam gori, te da ćete, ako ne odlučite sada, izgubiti nešto veliko u svome životu, da ćete se osjećati kao najveći gubitnik, da ćete se kajati, da će vas to boljeti. Samo zamislite, osjetite tu bol, bol – ako sada ne odlučite promijeniti život na bolje.

Eh, kada ste osjetili kako boli – pa niste ludi da to sebi uradite, je l' tako?

Sada, ovoga trena, napravite novu ohrabrujuću odluku koja će vas poslati u visine života.

Treći korak

MOĆ NAMJERE

- Pet stvari koje će osigurati Vaš uspjeh u jednom danu

Prvi korak ka nečemu jeste vaša odluka da nećete ostati tu gdje ste.
J. P. Morgan

Tajna promjene je da fokusiramo svu svoju energiju,
ne na ono što je bilo, već na izgradnju novog.
Sokrates

Izbor koji ste napravili, zapravo to ste vi. Svaki vaš izbor definiše vas, govori o vama ono što vi zapravo jeste. Pri tome, svaki korak koji napravite daje vam novu šansu. On je poput nove kamene ploče, kojom je popločan vaš put ka budućnosti.

Sada ste korak bliže da kreirate novi početak svog najboljeg života.

Dan kada sam odlučila pronaći lijek za moje emotivne probleme, bio je prekretnica. Zaista, jedna odluka je dovoljna da usmjeri naš život nabolje.

Da bismo uradili bilo šta u životu, pa i onu najmanju stvar, npr. ustati iz kreveta, prvo trebamo imati namjeru da to učinimo. Svaka naša radnja slijedi poslije namjere da to učinimo. Ovaj koncept je tako jednostavan, ali je zapostavljen kod većine nas. Sve što uradimo u jednom danu je posljedica namjere koju smo imali prethodni dan ili noć prije spavanja. Imali smo namjeru ustati, spremiti se (dugo smo namjeravali šta ćemo obući narednoga dana i sl.) otići na posao, vratiti se, planirali smo ručak, večeru, izlazak ili šta god da se radi u vašem životu u jednom danu. Uglavnom većinu tih radnji ste morali prvo imati kao namjeru, planirati, pa ste ih tek onda izvršili.

Možda do sada niste primijetili važnost namjere. Ali nikada nije kasno da to shvatite i da uvijek ispred sebe imate namjeru i cilj.

Jeste li namjeravali raditi na sebi? Dostići to što želite, a nemate?

Da li ste namjeravali naći način da se oslobodite onoga što imate, a ne želite ga?

Niko od nas ne bi otišao na posao rano ujutro da ga ne vežu obaveze i planovi, da nema namjeru koju će ostvariti odlaskom na posao. Sve što zacrtamo, što je naša namjera, uglavnom i uradimo, posebno ako imamo ličnu korist iz toga. Pri tome smo razmišljali kako ćemo to izvesti, koju dobrobit ćemo imati, koji osjećaj kada to uradimo. A sve je to bila mapa za mozak tj. uputstvo koje će nas dovesti do toga. Što znači, naš um je vrlo poslušan kada mu se da konstruktivno uputstvo.

Imate li namjeru učiniti svoj život boljim, ostvariti svoje snove, dobro se osjećati i izgledati?

Namjera je sila koja nas vodi do stvaranja. Tvoja namjera kreira misli, misli kreiraju akciju, a akcija je moć ostvarenja.

Šta mislite kakve su razlike između namjera, noć prije, u glavi najuspješnijih ljudi, a kakve onih koji žive male živote tj. životare ? DRASTIČNE!

Da bismo uopće bili u stanju početi raditi stvari za koje trenutno nemamo garanciju ishoda ili dobrobiti, iako vjerujemo da eventualno postoji velika mogućnost za zadovoljstvo, trebamo postati ovisnici seretonina (hormona koji nas čini zadovoljnim/sretnim), a evo najlakšeg načina.

Da li ste znali da kada vi učinite nešto dobro ili ljubazno za nekoga (bez očekivanja naplate), serotonin se otpusti u vašem mozgu. To je hormon koji farmaceutske kompanije u vidu hemijske supstance stavljaju u tablete protiv depresije, a koji pomaže ljudima da se osjećaju dobro. Istraživanja su pokazala vrlo zanimljivu činjenicu do koje se došlo prilikom istraživanja i posmatranja ljudi koji čine dobro drugima. Ne samo da su oni imali veliki otpust serotonina u mozgu, već i oni kojima je bila upućena ta namjera. I što je još zanimljivije, ljudi koji su bili samo posmatrači tog događaja, također su iskusili isto, samo u manjim količinama.

Pa zar to nije fenomenalno? Zato smo toliko uzbuđeni i zadovoljni kada podijelimo sa nekim humanu priču ili video.

Znači, za početak jednostavno imajte namjeru i plan da ćete biti sretni – sjetite se samo voljenih lica i osjetite zahvalnost što ih imate, tu vam je uvijek zagarantovana automatska sreća.

Imajte namjeru da budete zgodni, uspješni, smireni i šta god je vaš cilj i držite tu namjeru na umu. To će biti mapa za mozak, da vas odvede do koraka/radnji ka tome.

Uvijek imajte na umu vaše idealno JA. Ako vam se dogodi situacija u kojoj se ne osjećate baš smireno, zastanite za sekundu i sjetite se šta bi vaše idealno JA uradilo u tom trenutku i ponašajte se tako. I nemojte mi samo reći da je to neizvodljivo. Sjetite se da ste sebi dali riječ i poštujete je. Sjetite se kada ste morali reagovati drugačije jer je neko pozvonio na vrata. Dakle, ponovo imajte namjeru da živite svoje idealno ja.

Ponekad to nije lako, posebno ako ste okruženi negativnim ljudima i događajima. Tu vam treba serotonin.

Da bismo imali serotonina bez hemije, u našem životu trebamo davati sebe za nešto što je veće od nas. Neka organizacija, zajednica, trebamo volontirati. Tada dozvoljavamo sebi da sjajimo punim sjajem. Kada naša obaveza davanja sebe nečemu, što nam neće trenutno dati ništa osim osjećaja zadovoljstva, postane veliki dio nas, to će biti lični uspjeh. A sami znate da se taj osjećaj ne može ničim platiti ni kupiti.

Uspjeh i sreća su produkti ličnog zadovoljstva. Uspjeh počinje iz našeg uma.

Kad smo inspirisani tada smo u mogućnosti da kreiramo i ostvarujemo. Također trebamo imati namjeru da izbjegavamo ljude i događaje koji nas ne čine ispunjenim.

Nekad su to čak i najbliži. Nađite načina da umanjite negativne frikcije među vama – naravno imajte namjeru. Uvijek očekujte više od života. I zamislite to što želite da već vidite u svome životu. Nekada je bilo smiješno pomisliti da će ljudi moći sjediti u limenoj kutiji i letjeti u zraku, no, danas bi svijet bio nezamisliv bez toga, kao i bezbroj drugih stvari koje smo nekad mislili da su neizvodljive. Moć namjere je sila koja pokreće na akciju i djelovanje.

Zamislite kako bi vaš život mogao izgledati za mjesec, za pet mjeseci ili godinu dana, kad biste svakoga dana imali namjeru da uradite nešto za što znate da će vas dovesti do vašeg cilja?

Želite napisati knjigu, smršati, naučiti svirati neki instrument, postati yoga instruktor, osloboditi se nečega, ili... Sve to je vrlo moguće sa vrlo jednostavnim korakom: treba upotrijebiti moć namjere.

Moj život nikada ne bi bio ono što je sada da nisam jednog dana čvrsto odlučila da želim promjenu. Rekla sam: sada želim živjeti drugačije, a ne onako kako sam živjela do sada.

Moja namjera da se mijenjam bila je ustvari moćna sila koja je pomogla da se desi proces promjene. Znate, nije se lako promijeniti.

Da li vi čvrsto želite da se stvari promijene? Ili samo želite?!

Znajte da ne postoji niko drugi ko će to učiniti za vas. Svi dođu i odu za svojim životom i što prije shvatite da niko osim vas ne može učiniti vaš život boljim, tim prije ćete početi. Ne gubite energiju na čekanje.

Red, rad i disciplina su ustvari vaši najbolji prijatelji.

- Nekoliko stvari koje će osigurati vaš uspjeh u jednom danu

* Noć prije napravite mentalnu listu za naredni dan, na kojoj ćete navesti šta želite ostvariti u tom danu.

* Čim se probudite osigurajte svoje mentalno i fizičko stanje nekim vama važnim ritualom, molivom, meditacijom, yogom, fitnesom...

* Odmah poslije toga i zdravog doručka uradite prvi zadatak sa liste. Poželjno je da odaberete najteži.

* Nastavite kreirati uspješan dan sa preuzimanjem sljedećeg zadatka na vašoj listi.

Ja sam sve ovo radila nakon što sam se oslobodila svih fizičkih bolova i uredila svoj život onako kako želim. Prestala sam pušiti i definitivno osjetila da sam slobodna do kraja života. Bila sam spremna da sebi kažem da su moje stare rane samo dio prošlosti i da se neće nikada vratiti. A i kako bih drugačije, ja sam profesionalac.

Bila sam uvjerena da je tako, ali dogodilo se iznenađenje. Ponovno sam počela razmišljati kao ranije i koristiti stare načine djelovanja. Ne znam kako se to dogodilo. Mislim da je imalo veze s činjenicom da sam počela pisati ovu knjigu i da sam koncentraciju usmjerila na tu aktivnost. Također, odjednom sam bila u očima ljudi zbog svog posla. Sve to je uticalo da se stari program i strah vrati.

Ponovno sam počela pušiti i osjećati se usamljeno, kao da je sve što sam naučila bilo uzalud.

To me je toliko pogodilo, jer sam ja mislila da sam već očvrsla, da neću nikada više pasti u valove rijeke negativnosti.

Bila sam toliko razočarana i spremna odustati od svega što sam sanjala. Pitala sam se: u čemu je smisao svega?

Kada ne mogu sebi pomoći, kako ću pomoći drugima. To je u meni često govorio onaj stari nesigurni program.

Sreća moja pa sam tada imala savjetnika, jer da nisam vjerovatno bih se vratila skroz u staro stanje. Povratak na niže nivoe je veoma lak. Puno je lakše vratiti se nego se boriti protiv sebe, odnosno protiv ustaljenog programa.

Sjećam se dobro, kad sam to sve rekla mom savjetniku, on se toliko nasmijao i uvjerena sam, da je bio ispred mene, a ne na telefonu, sigurno bih ga lupila prvom dostupnom stvari.

Govorim mu svoju patnju, a on se kida od smijeha! Bila sam tako ljuta!

Tada mi je rekao:

– ***Dušo moja, nema kraja. Kraj je smrt!!! Sve ostalo je putovanje! Ako misliš da nećeš imati problema, to je problem! Život nikad ne prestaje biti izazov, samo smo mi sad opremljeni da se nosimo s njim.***

Rekao mi je da izađem iz glave tj. te priče i da se vratim u srce. Tu je uvijek toplo i sve se riješi brzo. Naravno, to sam i uradila, jer sam ga plaćala 250 dolara za 30 minuta savjetovanja. I definitivno je pomoglo. A da me nije tako skupo koštao taj savjet, sigurno ga ne bih ni uzela. Jer dok god nas nešto ne košta, mi tolerišemo problem.

Vratila sam se k srcu. Trebate li vi možda učiniti isto?

- Nemoj samo napustiti prostor

Držati u sebi ljutnju prema nekome, isto je kao da pijete otrov, a očekujete da vaš neprijatelj umre od toga.
Mahatma Ghandi

Svaki čovjek ima želju da bude sretan, zadovoljan i da ima dovoljno sredstava za solidan život. Međutim, kada pogledamo oko sebe, teško je shvatiti kako i pored ovakve inteligencije još nismo u stanju da imamo takve živote.

Sve smo izumili, ali još nismo našli rješenje kako da dođemo do toga. Šta mislite zašto je tako?

Moje mišljenje je: zato što još uvijek nismo pronašli sebe.

Mi smo negdje ispod. Ispod svih nametnutih pravila, ograničenja i uvjerenja – tu se nalazimo. Slobodni i sretni, baš ovakvi kako nas je Bog dao. Onoga trena kada se oslobodimo svega toga, kada se oslobodimo stega i tereta, tada počinjemo živjeti punim plućima. Vi ste jako blizu, ako ne već i na cilju.

Ovaj je korak posebno važan. Jedan je od najvažnijih, jer ima mnogo uticaja na naš karakter, na naše viđenje samih sebe. Određuje način kako osjećamo sebe. Ima duboko urezanu misao o našem identitetu i kako vidimo sebe kad nas niko ne gleda.

Često nam život predstavi neke situacije i neke ljude tako da se osjećamo potpuno bespomoćno da išta uradimo ili pak smatramo da neće biti koristi ako bilo šta i pokušamo. Međutim, ako ne ostanemo u prostoru, ne možemo zasigurno znati šta je, ustvari, moglo biti.

Mnogi izaberu da izađu iz prostora, sobe, veze, razgovora ili izazova, onda kada je najvažnije da ostanu. Izaći iz prostora je lako. Lakše je nego ostati i vidjeti sebe u pravom svjetlu tj. u bolu ili nelagodnosti, koji je bio izazvan prostorom.

Znamo šta znači izaći, ili drugim riječima rečeno – pobjeći. Udaljiti se od toga što je izazovno i zahtijeva da se naše hrabro ja pojavi i postavi ispred toga sa čim smo se susreli. U tim trenucima, kada odlazimo, možemo vidjeti pravoga sebe, svoje mane, slabosti i vrline. A ako ostanemo, možemo vidjeti svoju pravu moć, snagu i vrline. Ali te snage nema ako odemo.

Jeste li ikada bili zapanjeni nekom situacijom kada su muškarac ili žena zauzeli odbrambeni stav i uspostavili svoju moć onda kada im je bilo najteže?

Sigurna sam da jeste. Vjerujem da ste mogli primijetiti svu ljepotu čovjeka upravo tada. Mogli ste se diviti toj snazi ili istrajnosti. Nije li to nešto najljepše što čovjek može doživjeti, da oslobodi svoju snagu?

To je neophodno svima nama, da sakupljamo male pobjede i trijumfe. Iako je ovo divna vrlina, kod ljudi je ne viđamo često, jer se mnogi povuku, napuste prostor kada zagusti.

To je ustvari bježanje. Bježimo da ne osjetimo... Bježimo da ne čujemo ili da ne kažemo nešto, zbog čega bismo mogli zažaliti... Bježimo, jer je bol preveliki da bismo ga dozvolili sebi (uglavnom smo tu nekada bili)... Bježimo jer ne znamo kako da se postavimo ili ko zna zbog kojeg razloga smo odlučili to. Ponekad ni sami ne znamo zašto bježimo, već to jednostavno samo uradimo, jer je u pitanju automatska reakcija, odnosno naviknuto stanje.

Ali, ako smognemo snage i ostanemo, odnosno ako ne napustimo prostor, tada dobijamo moć i dozvoljavamo pravome sebi da izađe na svjetlo dana. Tada pokažemo onom nejakom dijelu nas, djetetu u nama, da smo mi sada odrasli i da se znamo nositi sa situacijiom, bez obzira kakva ona bila. Tada počnemo graditi u sebi identitet pobjednika.

Znam da je ovo lakše čuti nego uraditi, ali nagrada je prevelika i šteta je da se propusti. Na drugoj strani poraz je preveliki, da bismo ovako nastavili.

Nije lako ni izići iz prostora i ostaviti taj razgovor ili osobu. Postavimo sebi pitanje: da li je to zaista ono što smo htjeli uraditi ili smo izašli zato što nam to daje novu značajnost, koju smo i iščekivali, a nismo je dobili u postojećoj situaciji u tom prostoru.

Ili smo izašli zato što ne znamo kako se postaviti, kako se suočiti sa problemom. Nebitno je. Bitno je da smo svjesni da taj odlazak ne donosi željeni ishod.

Ako nismo ništa riješili, promijenili, zvanično ostavili iza sebe ono loše, onda smo samo prolongirali i svoje nezadovoljstvo i oslobađanje od toga što nam je smetalo.

Neko mora biti hrabar i voditi stvari, pokazati da je pravilna komunikacija najvažnija ljudska vrlina i da samo tako idemo pozitivno naprijed. Čak i kada to ne izgleda tako u datom trenutku, ako smo uradili stvari za dobrobit sebe ili drugih, sigurno ćemo uskoro biti sretni što smo uspjeli ostati u prostoru i kada nam je bilo neugodno.

Benificije su prevelike i mnogo ih je da bismo ih sve navodili ovdje. Gore sam već navela njih nekoliko.

Zapamtite ovo: niko sem vas nije dovoljno kvalifikovan da se susretne sa onim što je u vašem prostoru, jer to je vaš prostor.

Niko sem vas ne može znati bolje šta je potrebno učiniti u tom trenutku. Niko sem vas ne može živjeti vašu sudbinu, sudbinu koju je vaša duša izabrala da iskusi na ovome svijetu.

Vi ste potrebni! Ne napuštajte prostor! Strpite se i stanite u to što vas treba da budete tu. Stanite u svoju moć i uzimite kontrolu nad svojim životom. Samo kukavice napuštaju prostor bez borbe.

Moram se vratiti na onaj trenutak u mom životu kada sam htjela napustiti prostor, odustati od sebe i onda se nešto desilo, što mi je pomoglo da se pokrenem i da sama odem na Google i potražim lijek protiv depresije. Zauvijek sam zahvalana Bogu za taj trenutak.

Ja sam uvijek imala konekciju s Bogom, iako nisam bila puno u vjeri. Od malih nogu sam imala osjećaj bogobojaznosti. Pazila sam šta ću da uradim da me Bog ne kazni. Uvijek sam davala maksimum gdje god je trebalo. Sjećam se dana u kojima bi mi moj ego rekao jedno, a znala sam da ne smijem to sakriti, jer me bilo strah Boga.

Vjerujem da mi je zato Bog i pomogao kad mi je najviše trebalo.

Imate li vi konekciju s Bogom, sa višom silom? Imate li se „za šta uhvatiti"?

Važno je da imate tu slamku, šta god da je to za vas. Ako je nemate, a niste jaki i ne stojite čvrsto u svom karakteru i svojoj koži, lako će vas život pokolebati.

Na kraju krajeva, naš život je naša odgovornost i čim prije ovo shvatimo i preuzmemo potpunu odgovornost za sebe, sve se mijenja!

Zamislite da je svaki dan vaš zadnji dan (ne daj Bože) i s tim živite svaki dan. Mislite li da ćete sebi dozvoliti da vam išta stoji na putu, ako znate da je kraj!?

Sumnjam.

Svaki atom u vama će se boriti da opstane i doživi nešto. A to vam je dragi moji Bogom dat dar za borbu. On će se aktivirati kada ste odlučni.

Četvrti korak

RAZUMIJEVANJE GDJE SMO

- Ljudi su odgovorni za svoja lična iskustva.

Sve što ljudski um može zamisliti i vjerovati – može i ostvariti.
Napoleon Hill

Mnogi ljudski problemi mogu biti riješeni kada sebi razjasnimo smisao svojih vjerovanja, te vrijednosti i svrhu svoga postojanja. Odnosno, kada napravimo stratešku odluku i poduzmemo specifične korake ka rješavanju svojih problema. Problemi se efektivno rješavaju kada osoba ima povećan lični razvoj, odgovornost i kontrolu nad svojim emocijama, ljudskim potrebama, svojim odlukama i kada ima jasan cilj u životu.

Ključ samokontrole leži u našoj mogućnosti da razumijemo i kontrolišemo (što je Abraham Maslow, napoznatiji psiholog dvadestog stoljeća razvio, a Tony Robbins nazvao tim imenom) šest ljudskih potreba koje su vodeća snaga koja određuje ljudsko ponašanje. Razumljivo je da je svako ljudsko biće specifično na svoj način. Činjenica je da svi dijelimo mozak i nervni sistem koji funkcioniše skoro isto kod svakoga čovjeka. Svako ljudsko biće, bez obzira da li bio pastir ili kralj, ima iste potrebe (bazirano na nauci) iza ovih šest glavnih.

Ovih šest ljudskih potreba su praktičan način za identificiranje šta ljudima treba i šta ih sprječava da budu sretni. Svako ljudsko ponašanje je vođeno potrebom da zadovoljimo jednu ili više od ovih šest glavnih potreba. Kad se nešto dogodi u našem životu mi potaknemo reakcije kroz unutrašnji proces. Ovaj proces uključuje misao koja uključuje fizologiju tj. držanje tijela, fokus, ustaljeni govor i strukturu vjerovanja, a sve to kreira značenje. Iz ovog značenja kojeg smo stvorili, bazirano na našim ličnim vjerovanjima, proizvedemo emociju, a i iz ove emocije mi odredimo ponašanje spram tog događaja. Iz svega ovoga dobijemo rezultat tj. naš lični zaključak i s tim u vezi odredimo našu reakciju.

U većini slučajeva sve ovo se dogodi kao nesvjestan proces tj. kao ustaljeni način našeg mentalno-fizičkog djelovanja.

Što znači, možemo doživotno biti zaglavljeni u vjerovanje koje smo proizveli po svom modelu svijeta, bez dodatnih činjenica i provjeravanja tačnosti istih.

Ljudi su unikatni i imaju posebne mogućnosti da prevedu ili razjasne svijet mimo svojih pet čula. Zato što možemo mjeriti ovih pet čula, miris, okus, osjećaj, sluh, dodir moramo se naučiti kontrolisati ih.

Ljudi su odgovorni za svoja lična iskustva.

Ne može niko učiniti da se vi osjećate na određeni način. Činjenica je da mi osjećamo ono što radimo. Ako osoba kaže: –Tužan sam, – ona ustvari pravi tugu. Drugim riječima, te osobe koriste svoje tijelo, disanje, facialne mišiće, svoj glas, govor i svoju strukturu vjerovanja – na način koji ih čini tužnim u tom trenutku. Pored toga, ovaj osjećaj može biti promijenjen u trenutku kada osoba ima neodoljiv ili nesavladiv razlog da to uradi i dovoljno alternativnih modela svijeta tj. načina kako gledati na stvari.

Razumijevanje i svjesno korištenje ličnog alata ima kapacitet da brzo eliminiše ponašanja koja nisu povoljna za dobrobit osobe. Dodatno razumijevanje sebe i svojih redoslijeda će pomoći u stvaranju novih navika, razmišljanja i osjećanja.

Svako od nas ima mogućnost da izabere šta će misliti, vjerovati i osjećati, bez obzira na prošla ustaljena vjerovanja. U trenutku kada promijenimo svoju viziju i shvatanje značenja određene pojave, u nama se kreira doživotna transformacija naših iskustava.

Unutrašnji mir nastaje onog trenutka kad ne dozvolimo drugoj osobi ili događaju da ima kontrolu nad našim emocijama na negativan način.

Značenje vodi do emocije, a emocija vodi do akcije ili reakcije. Svaka akcija/radnja je uglavnom ustaljena kod svakog pojedinca i ona će proizvesti konkretan verbalni ili neverbalni efekat.

Stalna akcija vodi ka stalnim rezultatima. Stalni rezultati stvaraju put u našim životima, koji nas na kraju dovede do destinacije, naše lične sudbine. Promjenom načina na koji procesuiramo informacije, evaluacijom značenja, mi mijenjamo izvor naših iskustava, umjesto da mijenjamo ponašanje, što je ustvari samo odraz problema.

Možete li već uvidjeti važnost poznavanja ovih procesa, kao i koliko se problema nepotrebno dogodi, jer ljudi nisu svjesni svega ovoga?

Pokušavati napraviti promjene u svom ponašanju, a da pri tome ne posvetimo pažnju pitanju: kako smo dali značenje nečemu u našem životu – potpuno je pogrešno, kao kada pijemo tablete protiv depresije, a nismo došli do uzroka tog stanja.

Stvaranje ohrabrujućeg značenja je način da transformišemo nečije iskustvo iz bola u zadovoljstvo. Moramo zapamtiti da uvijek imamo tu opciju da pronađemo takvo značenje u svakoj situaciji.

Bol je rezultat obeshrabljenosti koju smo razvili u sebi. Rezultat je iluzornog gubitka. Umjesto da smo razvili odanost da pronađemo ohrabrujuće značenje.

Svako ima u sebi resurse za promjenu, ali ovi resursi možda trebaju biti usmjereni ili zakačeni za novi kontekst da bi osoba mogla postati ohrabrena i ispunjena. U pronalaženju zadovoljstva mnogi traže načine kako da dođu do željenih ciljeva, kao što su novac, veze, pozicije i duhovnost. Ponekad nas sva ova vozila ipak ne dovezu do ispunjenja. Značenja koja zakačimo za ova „vozila" daju nam višu sigurnost, značajnost, raznovrsnost, ljubav i konekciju, rast i doprinos, i na kraju odrede stepen našeg zadovoljstva.

Kvalitet naših života ovisi o kvalitetu emocija koje iskusimo kao i o načinima koje izaberemo da dođemo do istih.

Sve što vidimo, osjećamo, evaluiramo i iskusimo je filtrirano kroz emocije koje osjećamo u tom trenutku.

Često su ljudi angažovani tako da imaju ponašanja koja narušavaju ili uništavaju ono što oni i sami istinski cijene, samo da bi zadovoljili svoje potrebe.

Najjača sila u ljudskoj ličnosti jeste potreba da ostanemo dosljedni svom identitetu.
Tony Robbins

Ako promijenimo identitet, tada možemo kreirati trajne promjene.

Identitet je skupina vjerovanja o sebi, obično razvijena u ranom djetinjstvu.

Bol, sam po sebi, ne može biti dugotrajan, ali zadovoljstvo može. Moramo povezati zadovoljstvo sa onim stvarima koje će nam služiti najviše. Ovakav model koristi bol da podstakne promjene.

Da li sada, nakon što ste pročitali ova pravila, bolje razumijete sebe i načine po kojima organizujete život? Šta biste mogli promijeniti?

Neophodna je unutrašnja promjena da bi čovjek promijenio svoj vanjski svijet i da bi počeo drugačije poimati život. Mora uslijediti promjena viđenja sebe i vjerovanja o sebi. Doslovno, mora se usvojiti novi identitet.

- Uradite ovo i zagarantovali ste sebi uspješnu godinu

Prije svega, sretna vam ova godina!

Možete li primijetiti da ove riječi nemaju nikakvog efekta na vas. Ne uzbuđuju vas. Nema ništa zanimljivo kad kažemo: sretna nova. A zašto kada je poruka pozitivne prirode?

Ako suosjećate sa ovim i ništa vam ne znače ove riječi, znači da inače ne očekujete puno od nove godine i da do sada niste svjesno kreirali vaše ishode iz godine u godinu. I vjerovatno niste na kraju godine ubirali plodove vašeg rada, jer ih nije ni bilo. Ako možete osjetiti poruku onda ste vjerovatno jedni od rijetkih koji svjesno planiraju svoj život.

Ako ovo sada čitate, čestitam vam, jer se nalazite u rijetkih 10 % populacije ljudi koji su svjesni da samo ono što posiju to će i požeti, te da pažljivo odabirete vaše usjeve, što govori da ste svjesni kreator svoje svakodnevnice. Pa u to ime, neka vam ova 2017. godina donese najljepše plodove!

Da osigurate uspjeh (šta god to značilo za vas) u ovoj godini, evo nekoliko jednostavnih strategija, koje kada se implementiraju ruše sve mostove.

Jeste li ikada pokušali doći na neko nepoznato mjesto bez putokaza? Kako je izgledalo to putovanje: predugo, puno skretanja, nerviranja i sl. I šta ste uradili na kraju? Da li ste stali i tražili putokaz ili ste potpuno odustali od tog putovanja, jer je izgledalo nemoguće doći do te destinacije s informacijama koje ste posjedovali.

Ako ste već odlučili da postignete određeni cilj, ma šta da ste stavili pred sebe kao zadatak, poslušajte nekoliko savjeta. Naprimjer, ako želite smršati; želite više novca ili ljubavi; želite biti slobodni od nekih ograničenja; želite da se osjećate kao da vam je 25 godina; želite više intimnosti i razumijevanja itd. Ili jednostavno želite da se probudite zadovoljni, bez ikakvog posebnog razloga, prosto zato što ste živi. Pratite ove putokaze koje ću vam pokazati. Ako ih pomno pratite oni će vas garantovano dovesti do željene destinacije.

Ključ svega je svijest.

Moramo biti svjesni gdje se nalazimo sada. Gdje smo u ovome trenutku i šta je potrebno učiniti da se premosti prostor između onoga gdje smo sada i gdje želimo biti na kraju ove godine. Šta trebamo početi raditi da bismo se kretali u tom pravcu? Šta prestati?

Napišite sebi jasne ciljeve za ovaj mjesec. Napišite ciljeve za tri mjeseca i to će biti dovoljno za početak. Kada ovo ostvarite uspješno, s uzbuđenjem ćete nastaviti dalje planirati aktivnosti do kraja ove godine.

Po kojoj filozofiji radite stvari, po njima će biti određen i njihov ishod. Da li uporno ponavljate stvari na isti način, a očekujete drugi rezultat? Morate znati šta će vas dovesti do cilja, koje misli, fitnes, koja pravila... Znate u čemu ste dobri i samo umnožite to: snaga, vjera, istrajnost, prijatelji, šta trebate naučiti, ko bi vam mogao pomoći u tome?

Gledajte stvari kakve jesu, ali nemojte ih vidjeti gorima nego što jesu. Često se dogodi da ljudi hoće da pođu sa tačke a, pa preskoče automatski sve do tačke z. Naravno, takva putanja je teška i čak neizvodljiva, tako da ljudi u tom strahu odustanu od svega i pomire se sa mjestom gdje su sada. Iako im je vrlo neugodno, barem im nije strašno, jer nema neizvjesnosti. Jer nema šanse da padnu dublje.

Nikad nemojte prestati tražiti nove solucije. Za svaki problem postoje barem dvije.

Pristupite vašem izazovu kao da glumite glavnu ulogu u filmu koji se zove Moj život. Šta rade glumci kad se spremaju za neku ulogu? Istraže sve o toj ulozi i onda se stave u ulogu te osobe. Da? Ponekad nije lako, ali pos'o je pos'o. Što se mora, nije ni teško! Znate da većina glumaca nakon nekog filma zavoli vještinu koju su toliko mrzili prije nego su morali da je nauče. I ne samo to, mnogima postane sastavni dio života. Tako da, nemojte misliti da nešto niste u stanju prije nego date sve od sebe da to učinite.

Percepcija, odnosno način na koji gledate na život i ljude, odredit će šta ćete uraditi. Ako mislite da su poraz ili neuspjeh sramota, a ne način da naučite šta nije dobro za sljedeći put, osuđeni ste na poznato stanje, a to znači nikad nećete znati šta je moglo biti da ste odabrali drugi put.

Postavite sebi ova pitanja: Kako izgleda vaš film? Šta te kreirali? S kim ste? Kako izgledate? Kako se osjećate? Šta ste postigli? Gdje putujete? U čemu uživate...

Nije teško ostvariti svoje snove, vjerujte mi! Ne kažem ni da je lako, ali kada znamo da je ostvarenje snova vrijednije od svega što novac može kupiti, onda ka svome cilju trebamo ići odlučno, jer nas čeka veliki životni dobitak. Ako mi ne vjerujete pitajte bilo koga ko uživa u plodovima svoga rada.

Vaša duša će vam biti zahvalna.

- *Volja za bolje sutra*

Nije važno koliko puta si pao, važno je koliko puta si ustao i nastavio dalje.
Silvester Stalone

Volja za bolje sutra. Ako ovo nemate, onda ste blokirani i treba vam stručna pomoć da se oslobodite. Ako je imate, onda znate da je sve moguće, znate da je ključ vašeg života u vašim rukama i zove se – akcija/djelovanje/radnja. Možete dobiti najbolji savjet na svijetu (možda je ovo baš taj), ali ako ostanete pasivni i ne pomjerite se s mjesta, pa jasno vam je da ćete se osjećati još gore nego prije ovoga čitanja. Dovoljno ste pametni i znate da oni koji djeluju strateški i prave planove, mogu očekivati i rezultate.

Na kraju, ja iskreno vjerujem da svako od nas već zna šta mu je činiti, i znam da postoje te nevidljive čini, unutrašnje blokade, koje nas sprječavaju da se pokrenemo i počnemo raditi to o čemu maštamo, ali vjerujte mi da te blokade imaju slabost – njihova slabost zove se akcija.

Svakoga puta kada se natjerate i uradite nešto što već dugo odlažete, vi ste pokazali svome mozgu ko je šef. Tako, nakon nekoliko puta, kao i svaku drugu vještinu koja se ponavlja, mozak prihvati kao naviku. Ako vam treba podsjećanje, samo se sjetite koliko ste puta pokušali voziti bicikl ili plivati, pisati, vezivati pertle i sl.

I pored svega ovoga, treba vam jedna, najvažnija osoba u vašem životu – vi.

Trebate se pojaviti svaki dan u svome životu. Potpuno, odano posvećeni svojim ciljevima.

Peti korak

ZNATI ŠTA SPRJEČAVA OSOBU KA NAPRETKU

- Tri redosljeda koja vam kontrolišu sve

Putovanje od hiljadu milja počinje sa jednim korakom.
Lao Tzu

Šta određuje i kontroliše kvalitet života jedne osobe?

Neko je napisao: „Strah je lažni dokaz koji izgleda stvarno".

Osobu u kretanju prema naprijed sprječava upravo strah.

Strah može uništiti našu psihu i učiniti nas nepokretnim, nesposobnim da poduzmemo bilo šta. Svako od nas iskusi strah u toku života: strah od odbijanja, strah od neuspjeha/ uspjeha (kako ću podnijeti pritisak), strah od ljubavi ili gubljenja ljubavi, strah od samoće ili strah od nepoznatog. Ustvari, većina nas osjeća kombinaciju ovih strahova tokom života.

Strah je tvrdokoran, duboko urezan u svako ljudsko biće. Ništa ga ne može spriječiti da bude prisutan u nama. Tajna je naučiti koristiti ga, umjesto da on koristi nas.

Dok svi mi doživljavamo razne strahove, postoje dva koja su univerzalna za sve ljude:

- nisam dovoljan;
- neću biti voljen.

Pored straha (svjesnog ili nesvjesnog) važno je znati da ima još faktora koji sprječavaju osobu da se kreće ka napretku.

Sve što mi radimo ili ne radimo, a trebali bismo, kontrolišu značenja koja asociramo sa događajima u našem životu.

Mi smo kontolisani svojim ličnim pogledom na svijet – vjerovanjima i vrijednostima koje smo kreirali.

Npr. dvije osobe mogu doživjeti isti događaj na različite načine. Jedna misli: „Bog me kažnjava, sve mi se ruši", a druga misli: „Bog me iskušava da ojačam i izgradim se. Da nije bilo ove situacije ne bih nikad spoznao svoju snagu".

Razlika između ovih mišljenja je drastična. Ona, ne samo da će odrediti kako će ove osobe nastaviti svoj život nego i kakav kvalitet će njihov život imati zbog toga.

Kada u određenoj situaciji uspostavimo značenje svako od nas će uspostaviti svoj specifičan redosljed emocija koje asociraju na to značenje, kao i način na koji ćemo se odnositi prema njemu.

Različitost značenja koje dodjeljujemo konkretnoj situaciji je neograničena. Sva značenja su vođena našim ličnim redoslijedom emocija.

Svi imamo svoje ustaljene načine kako reagujemo na određenu pojavu. Npr. svi znamo ljude sa kojima volimo provoditi vrijeme, zato što oni uvijek djeluju vedro i pozitivno, tako da se i mi osjećamo dobro u njihovom prisustvu.

Također, znamo ljude koji su uvijek iznervirani, tužni ili ljutiti. Obično nam u njihovom prisustvu nije baš najuzbudljivije. A evo zašto je to tako, odgovor je jednostavan: ljudi su naviknuti da budu takvi. Sretni ljudi su uvijek sretni, a nezadovoljni uvijek nezadovoljni. To je jednostavno redoslijed neurokonekcija koje imaju u mozgu. Može im se čak i dogoditi na trenutak da osjete i vide zadovoljstvo u svom životu, ali će ga vrlo brzo suzbiti, jer u njihovom poimanju svijeta to nije normalan osjećaj i bit će vraćeni u poznato stanje.

Naše tijelo je kontrolisano našim mozgom, tj. šta god mozak misli tijelo to počne da osjeća.

A nakon dužeg ponavljanja ovih emotivnih redoslijeda tijelo ih prihvati kao normalnu pojavu i onda je veoma teško promijeniti sebe i navike.

Mozak i tijelo usko surađuju i ako ubijedite jedno u nešto, drugo vam neće lako dopustiti te promjene.

Naučnici su dokazali da su tijelo i um najoptimalniji kad postoji suglasnost među njima.

Ako znate ljude koji uvijek rade što kažu ili uvijek djeluju isto, bilo pozitivno ili negativno, jasno vam treba biti da ti ljudi imaju suglasnot tijela i uma, i da bez problema i napora idu u određena stanja. Bilo da su to stanja u kojima oni žele biti ili ne, ona su naviknuta i nije ih lako promijeniti.

Zato su sretni ljudi bez razloga sretni, a razočarani se razočaraju i kad pada kiša.

Sve što ponavljate, svjesno ili nesvjesno će postati istina vašem tijelu i umu.

Sjećam se situacije kad smo tek došli u Ameriku. Radila sam tada u robnoj kući „K mart“. Bila je subota, veoma prometan dan, a ja sam trebala da idem u goste kod nekih naših ljudi na party.

Pošto sam bila druga smjena, planirala sam oko šest sati popodne reći menadžeru da se ne osjećam dobro i da me pusti. Kada me pusti, planirala sam otići na party.

Međutim, kad sam ga pitala rekao je da nema šanse da odem ranije, jer smo jako zauzeti. Poslao me u kafeteriju da se malo odmorim i morala sam nazad na posao.

Naravno, bila sam uporna i još nekoliko puta ga pitala. U tom procesu pretvaranja zaista sam počela osjećati bolove u stomaku i izgledati uistinu bolesno.

Nakon dva sata, menadžer me pustio kući.

Sjećam se da je moj muž došao po mene. Jedva sam ušla u vozilo. On je mislio da se šalim jer smo ispred te radnje, međutim, bol je bio toliko stvaran da nisam mogla vjerovati šta se dogodilo. To je bilo prvi put da sam se pravila kako sam bolesna i zaista se u tijelu manifestovalo ono što je mozak mislio.

Je li se vama nekad nešto slično dogodilo?

Nemojte zaboraviti da je mozak dirigent tijelu. Nikada nemojte to zaboraviti. Jedna misao može učiniti da lebdite od sreće, a druga da se osjećate kao da je svemu kraj. Misli stvaraju emocije, emocije hemijsku reakciju u tijelu.

Evo kako možete uvijek biti kontrolori svojih emocija. One su vođene redoslijedom tri modela koje sam naučila od mog mentora Tony Robbinsa.

Prvi je: Fiziološki redoslijed - kako koristimo tijelo (disanje, pokret, stav).

Drugi je: Redoslijed fokusa: na šta se fokusiramo. O čemu mislimo, to ćemo i osjetiti.

Treći je: Redosljed govora/značenja - čim smo upotrijebili riječi povezane sa našim iskustvom, bit će promijenjeno i značenje tom doživljaju.

Evo, sada, ovoga trenutka možete se uvjeriti u značajnost ovih modela. Odlučite da se želite osjećati fantastično, ako već niste.

Šta je potrebno da biste se osjećali fantastično?

Potrebno je da imate u glavi jednu misao koja vas diže, pokreće, nešto što vas raduje. Možda se samo trebate sjetiti nekog starog trenutka kada ste bili u ovakvom stanju.

U kojem položaju vam se nalazi tijelo kada se osjećate fantastično?

Ramena gore, glava gore. Disanje duboko i čisto. Možda plešete, možda skačete, možda pjevate... Uglavnom radite sada ono što vas čini takvima da se osjećate fantastično.

I, treća stvar koja je neophodna da budete u stanju u kojem želite jeste: koje značenje ste dali ovom trenutku, ovoj situaciji, da biste se osjećali fantastično?

Život je lijep → jednom se živi → sve je moguće kada je čovjek zdrav → ja imam sve što mi treba→ volim da uživam u svakom trenutku...

Značenje koje dajete trenutku ili događaju diriguje kako se osjećate u datom trenutku.

Ako ste sada ovo isprobali, sigurno ste uspjeli značajno promijeniti svoje stanje. Možda ne u potpunosti, jer nekad je potrebno više prakse, ali vam garantujem da možete u svakom trenutku kontrolisati svoje emocije i događaje, ali pod uslovom da postanete odani sebi i koristite ova tri modela. Njema ćete zagarantovati sebi željeno stanje tijela i uma.

Kada ovo uspijete, kada ste u stanju da u roku od nekoliko trenutaka promijeniti svoje stanje, tada imate najvažniji ključ u svojim rukama i ništa vas ne može spriječiti da idete ka napretku.

Dakle, osobu ka napretku sprječavaju *nekontrola* nad sobom, nad svojim akcijama i reakcijama, te *neznanje* da sve može vrlo lako promijeniti, promjenom svoje fiziologije, fokusa i značenja.

Šesti korak

ZAŠTO LJUDI RADE TO ŠTO RADE?

- *Šest glavnih ljudskih potreba*

Ljudsko ponašanje teče kroz tri glavna izvora: žudnja, emocije i znanje.
Platon

Po hijerarhiji pravila poznatog američkog psihologa Abrahama Maslowa, (www.simplypsychology.org) koju je predstavio 1943. godine, a po dugogodišnjem radu mog mentora Tony Robbinsa (www.habitsforwell-being.com) i njegovom razumijevanju ljudskog ponašanja i testiranja tih pravila na milionima ljudi širom svijeta, našli smo odgovor – zašto ljudi rade to što rade!

Iza svake odluke je pokušaj da zadovoljimo jednu od glavnih ljudskih potreba.

A to su:

- sigurnost;
- raznovrsnost;
- značajnost;
- ljubav/konekcija;
- rast/razvoj;
- doprinos.

Prve četiri potrebe za svakog od nas su fundamentalne, a zadnje dvije čuvaju tajnu ljudskog ispunjenja – one se zovu duhovne potrebe.

Sve ove potrebe možemo zadovoljiti u: pozitivnom, negativnom ili neutralnom.

Ima jedan kuriozitet: mi nismo svjesni ovog procesa. Mi zapravo nismo svjesni dešavanja brojnih procesa, posebno ako ne želimo biti svjesni. Pri tome, mnogi od nas također nisu svjesni da ustvari i ne žele biti svjesni!

E sad, ko se izgubio nek se vrati.

Ljudi koji ne žele misliti o bilo čemu drugom osim o svom ličnom bolu ili nezadovoljstvu, također imaju u sebi nesvjestan proces zadovoljavanja ljudskih potreba – naravno u negativnom smislu.

Kada držite neku misao u glavi ili je nosite na duši, npr. vaša majka je bez vašeg znanja i odobrenja prodala zemlju za koju ste vi smatrali da pripada vama u nasljedstvo, vi krivite majku i krivite osobu koja je kupila tu zemlju. Osjećate se prevarenim tj. odlučilii ste iz nekog vama poznatog razloga da se osjećate tako, iako možda niko nije imao namjeru da vas prevari.

Pored toga, osjećate da ste manje vrijedni jer se majka nije posavjetovala s vama i tražila vaš savjet. Činjenica može biti nešto sasvim suprotno od onoga što vi mislite, ali vaš fokus ide u negativnom pravcu, bez obzira što ste možda dobili adekvatno objašnjenje za sve to. Vi se i dalje držite svog prvog uvjerenja, koje je nastalo onog trena kada ste tek načuli šta se dogodilo.

Taj osjećaj, koji se aktivirao u vama kada ste tek saznali informaciju krije tajnu svega. To nije novorođeni osjećaj u vama. On je veoma star, ali se aktivirao s tim iskustvom, kada ste čuli šta se dogodilo. Korijen tog osjećaja je sigurno još u ranom djetinjstvu, ali je pohranjen u podsvijesti i najvjerovatnije se javi često u određenim situacijama.

Uglavnom, situacije imaju taj isti okidač ili trigger. Kao što ste reagovali prvi put kada se dogodila slična situacija, možda je i tada bila ista emocija, isti ton, slika, zvuk i to što ste osjetili. Znači, vaša čula su zapamtila ovaj događaj i sada reaguju impulsivno svaki put kada se pojavi dovoljno stimulansa za to.

Dakle, osoba koja se osjeća povrijeđeno od strane majke, ona ustvari uopće ne brine o toj zemlji, samo ju je taj događaj trigirao da reaguje.

A šta ustvari stoji iza toga kada vam se nešto oduzme bez vašeg znanja ili odobrenja? Stoji vaš osjećaj validnosti, vrijednosti, samopouzdanja ili šta vam je već bilo oduzeto u jednom trenutku koji je ostao duboko upisan u vaš nervni sistem i sada reaguje svaki put kad se pojavi dovoljno stimulansa.

Posebno ako je ključni događaj bio propraćen visokim emocijama, onda je okidač sigurno isti. Isto reagujete, iste emocije doživite, iste riječi se ponavljaju i ako možda niste u datom trenutku reagovali na određen način, jer ste možda bili dijete ili nije bilo mogućnosti, sada kao odrasla osoba nećete sebi dozvoliti da neko gazi po vama. Ovoga puta reagujete odbrambeno, često veoma odbrambeno iako ste svjesni da ne biste trebali tako, ali džaba, ne možete sebi pomoći i zaustaviti se, dok god se ne izgalamite, isplačete, možda čak i fizički reagujete, a sve to u želji da zaštitite ono što vam je u jednom trenutku bilo oduzeto, vjerovatno dok ste još bili mali. Potreba da imamo značajnost je ogromna i mnogi će rizikovati sve da je zadovolje, nažalost često na negativne načine.

Ovaj proces neće prestati sve dok osoba ne nauči više o sebi i ne spozna šta je to njoj potrebno da bi zadovoljila svoje potrebe pozitivno, a to je poznavanje ovih šest glavnih ljudskih potreba.

- Sigurnost

Neistražen život nije vrijedan življenja.
Sokrates

Svako od nas treba stabilnost, hranu, krov nad glavom i druge materijalne resurse, koji nam daju sigurnost u životu.

Sigurnost dobijamo iz znanja.

Kada izučavamo, kada se zdravo hranimo, sigurni smo da ćemo biti zdravi. Isto kao kada imamo redovnu fizičku aktivnost. Ljudi koji su duboko u vjeri zadovoljavaju svoj osjećaj sigurnosti uvjerenjem da su na pravom putu. Kad žena održava domaćinstvo na zavidnom nivou, to je njena sigurnost. Idemo na posao da bismo zadovoljili sigurnost, jer ćemo zaradom osigurati stabilnu egzistenciju.

Sve što radimo, radimo da dobijemo zadovoljstvo ili da izbjegnemo bol.
Tony Robbins

Šta je potrebno nekome da bi se osjećao sigurnim? Ne postoji obrazac, jer to zavisi od osobe do osobe. Za jednu osobu saznanje odakle će im doći sljedeći obrok je sasvim dovoljno da bi proizvelo u njoj osjećaj sigurnosti, dok drugoj samo million dolara u banci može zadovoljiti osjećaj sigurnosti.

Žena koja stalno održava kuću čistom tako zadovoljava svoju sigurnost. Možemo reći da je to pozitivan primjer. Negativan primjer zadovoljavanja sigurnosti može biti prekomjerno čišćenje ili prekomjerno uzimanje hrane, kako bi se stvorio osjećaj sigurnosti. Kada ljudi nemaju dovoljno pozitivnih načina da zadovolje svoje potrebe oni nađu bilo kakav način. Obično onaj koji ne iziskuje mnogo napora. Dok jedemo, u tom trenutku smo zadovoljni. Mentalni proces koji se tada odvija jeste: ugodno mi je, nema nikakve opasnosti, ukusno je i što je najvažnije ne mislimo na problem. Na problem koji je ustvari i bio krivac što smo uopće tu. Mi smo koristili hranu ili bilo koju drugu supstancu, ili negativnu naviku, kao način bježanja od problema.

A može li se pobjeći od problema?

Vjerovatno ste mogli primijetiti da ne može, uvijek se vraćamo po još jednu cigaretu, ili piće, ili hranu ili shoping i sl. Šta vi koristite kao bježanje od problema?

Ako ovo prepoznate možete zaustaviti taj redoslijed.

Dakle, rekli smo da postoji: pozitivno, negativno i neutralno. Neutralno je kada ove radnje radimo u granicama normale.

Postoje mnogi načini da zadovoljimo sigurnost na pozitivne načine. Važno je prepoznati u sebi načine na koje to radimo. Ako pripadamo nekoj zajednici, što je pak jedan od najboljih načina da se osjećamo sigurnim, tada imamo osjećaj pripadnosti, što svaki čovjek istinski i želi. Tada znamo da vrijedimo i da smo važni nekome. Još ako pri tome doprinosimo na neki način toj zajednici, onda imamo potpuno zadovoljstvo.

U Sjedinjenim Američkim Državama su provedena istraživanja o mogućim uzrocima dugovječnosti, tamo gdje ljudi žive prilično dugo, imaju prosjek od 85 do 93 godine i više. Jedan od glavnih razloga dugovječnosti, prema ovom istraživanju, je što većina tih Amerikanaca pripada zajednicama. Oni imaju dosta druženja i skoro svi, na određen način, doprinose zajednici. Redovno obavljaju vjerske obrede, organizuju zabave, sakupljaju donacije, volontiraju na načine na koje mogu. Neki samo stoje ili sjede u invalidskim kolicima na vratima i dijele listiće, ali ih to čini važnim, odnosno sigurnim i zadovoljnim. A to su glavni osjećaji potrebni za dug život.

Znate da nema ništa gore nego kad mislimo da smo sami, da nas niko ne treba.

- *Sigurnost u negativnom kontekstu*

Osoba koja uzima alkohol ili bilo koje druge rekreacione droge zna da će sebi u trenutku konzumacije promijeniti stanje i osjećati se drugačije. Iako mi nismo svjesni da je to što radimo naš način zadovoljavanja sigurnosti, to je činjenica koja je u nauci istražena i potvrđena. Mi sve što radimo, radimo da bismo zadovoljili svoje lične potrebe: sigurnost, raznovrsnost, značajnost, ljubav/konekciju.

Osoba koja je pušač kaže: – Sve mi uzmi ali cigare mi ne diraj!

Zašto je to tako, iako je ta osoba svjesna da je pušenje za nju veoma štetno? Zato jer joj cigareta zadovoljava njene glavne potrebe.

Kada je neko pod stresom, naravno ako je pušač, to je prvi izlaz, jer kada zapalimo cigaretu automatski mijenjamo stanje i sasvim se drugačije osjećamo. Promijenimo fokus misli, jer svjesno udišemo nikotin tj. promijenimo disanje. Svaki put kada udahnemo duboko mozak otpusti hormone za smirenje (serotonin). Imamo osjećaj da nismo sami iako ustvari jesmo.

U svakom slučaju u tom trenutku nemamo fokus na ono što nas je iznerviralo, jer nam se ove druge radnje odvijaju dok pušimo. Promijenili smo stanje, znači radimo nešto novo, imamo iluzornu sigurnost u tom trenutku da nismo sami i promjena disanja nas čini zadovoljnim.

Sa jednom cigaretom smo zadovoljili svoje tri glavne potrebe: sigurnost, u smislu – podsvjesno znamo da u tom trenutku ne prijeti nikakva opasnost; raznovrsnost – nešto novo se dešava, što nas ne čini stresnim i imamo osjećaj konekcije sa samim sobom.

Svaki put kada radimo nešto što nam zadovoljava tri ili više glavnih potreba, to postaje ovisnost. Imajte na umu da se ovaj cijeli proces razmišljanja odvija na podsvjesnom nivou.

Isto je sa konzumacijom alkohola i droga. Pod njihovim uticajem dolazi do promjena stanja, drugačije se osjećamo, radimo novu radnju i imamo osjećaj da na taj način imamo dobru konekciju sa samim sobom. Zato ljudi mogu satima sjediti sami i piti.

Još jedan vrlo čest primjer zadovoljavanja sigurnosti u negativnom jeste stanje depresije.

OK! Znam šta mislite, da je ovo glupost!

Međutim, dozvolite da vam objasnim. Iz ličnog iskustva znam da je to tačno.

Padanje u stanje depresije se dogodi kada nismo našli pozitivne načine da zadovoljimo svoje ljudske potrebe. To je način da dobijemo pažnju i ljubav drugih, samosažaljenje (tj. konekciju sa sobom) i da imamo osjećaj značajnosti, jer depresija je ipak validna bolest.

Osoba koja je depresivna ne želi svjesno da bude u tom stanju, ali to je jedini način za koji ona zna da je siguran da zadovolji njene potrebe. A taj način ili načine je pronašao naš kreativni mozak, čiji je posao da nas spasi i čuva na sigurnom.

Nažalost, mi nismo uopće svjesni tog procesa. Naš mozak je našao najlakšu rutu da nas dovede do mjesta gdje ćemo da iskusimo tj. zadovoljimo svoje glavne ljudske potrebe. Uistinu je tačno da nismo svjesni svoje nesvijesti. Tu izjavu slušam od malih nogu, ali je nikad do sada nisam razumjela u potpunosti. Ova izjava nam je nekada data na znaje ali u potpuno pogrešnom kontekstu.

Bez obzira što mi svjesno ne želimo da se osjećamo tako, duboko u našem nervnom sistemu je ugraviran redoslijed emocija koje će odrediti naše ponašanje, a sve to da bismo zadovoljili i osjetili ove najvažnije potrebe svakog ljudskog bića, pa bilo to i u negativnom kontekstu.

Koliko puta ste svjesno sebi rekli: – Neću više pušiti, piti, nervirati se, jesti previše itd.

Da biste na kraju zatekli sebe kako to ponovno radite? Vaša podsvijest vas je odvela do ustaljenog redoslijeda ponašanja.

Koliko puta vam se dogodilo da idete na posao, ili bilo gdje kuda ste prošli više puta i dođete do tog odredišta, a da niste ni primijetili put. Čak se i ne sjećate detalja puta. Jednostavno ste stigli tu bez razmišljanja. Objašnjenje je: sve je zaključano u podsvijesti, sve što smo nekada vidjeli, čuli, osjetili... Sve je tu. U mnogim slučajevima imamo veliku korist od toga. Ne moramo ponovno učiti kako da pričamo, hodamo, vozimo bicikl, plivamo itd. Ali isto tako je zaključano i sve negativno, što smo ikada vidjeli, što smo čuli i osjetili. O podsvijesti i njenim funkcijama ću pisati u drugom odjeljku, gdje ću vam dati više pojašnjenja.

Kad postanemo svjesni svoje nesvijesti, moći ćemo vidjeti gdje se ustvari nalazimo!

Glavne riječi za sigurnost su: udobnost, bezbjednost, stabilnost, predviđanje...

Ako uvijek morate znati šta, kako, koliko, odakle i sl. to je pokazatelj da veoma cijenite sigurnost. Ako ne volite da probate nove stvari, iskušenja, učenje, to je potreba da imate sigurnost. Također, to znači da se veoma čvrsto držite svojih pravila, a to u mnogim slučajevima ograničava vaš rast.

Kad stvari krenu teško u životu, šta vam pruža sigurnost? (porodica, zdravlje, vjera, prijatelji...) Dok god imate bar neku sigurnost lakše je nositi se sa iskušenjima.

Na koje načine sebi stvarate osjećaj sigurnosti?

Jeste li sigurni u sebe i da li radite stvari za koje znate da će vas dovesti do lične sigurnosti: zdravlje, fitnes, finansije, veze, ili ste izabrali lakši put i uvijek završite u prošlosti, gdje ste sigurni da nije bilo dobro i još ponavljate tu priču. Imate zasigurno ljude i događaje, koje možete da krivite za svoje neispunjenje?

Odgovorite na ovo pitanje da biste mogli vidjeti šta trebate eliminisati i šta biste mogli dodati u svoj svakodnevni život što će vam omogućiti upravo taj važni osjećaj sigurnosti.

- *Raznovrsnost*

Ljudi imaju potrebu za promjenom stanja, kako fizičkog tako i emotivnog. Zato ne možete konstantno raditi istu radnju. Naša potreba za raznovrsnošću tj. promjena stanja kako se osjećamo i šta doživljavamo je ogromna. Zato nam pomažu razni stimulansi, fizička aktivnost, zabava, hrana, mijenjanje mjesta i društva, kao i emocije. Različita emotivna stanja: zadovoljstvo, sreća, ljutnja, tuga, nezadovoljstvo...

S obzirom da želimo u životu biti sigurni, neophodno je da nam se događaju nove stvari, u suprotnom život postane dosadan i robotski. A to je nešto što ljudski um ne voli.

Raznovrsnost je potreba za novim iskušenjima koja će vježbati naš emotivni i fizički domet.

Naša tijela, naš um i naša psiha zahtijevaju neizvjesnost, vježbe, raznolikost i iznenađenja.

Čak i ako imamo doživotne zalihe omiljene hrane doći će vrijeme kada ćemo poželjeti nešto novo. Naše emotivno i psihičko stanje će se promijeniti sa nečim novim.

Svi mi cijenimo raznovrsnost iz različitih razloga. Raznovrsnost je kod različitih ljudi različitiog stupnja, ali je bez izuzetka apsolutno svi trebamo.

Možemo tražiti raznovrsnost na mnogo načina, kroz osjećaj ličnog zadovoljstva, kroz nove poduhvate, nove obaveze, projekte, izazove, odvraćanjem pažnje sa problema ili određene situacije, premještanjem namještaja po kući, konzumiranjem hrane itd. Nekim ljudima je dovoljno da zadovolje raznovrsnost gledanjem filma, dok drugi, da bi bilo zadovoljni određenom dozom raznovrsnosti moraju se popeti na najviši vrh planine ili se natjecati u opasnim sportovima.

Svi smo različiti, tako da u nedogled možemo ići sa ovim nabrajanjem različitih pojava koje u ljudima izazivaju osjećaj zadovoljene raznovrsnosti, ali jedno je sigurno: glavni izvor raznovrsnosti i najlakši za trenutno ostvarenje jesu problemi. Bilo da su realni ili su izmišljeni od strane našega uma, kojem je bilo dosadno. Kada imamo probleme kao argument ne moramo nigdje ići, presvlačiti se, šminkati i poduzimati bilo šta da bismo zadovoljili raznovrsnost.

Kada stvari ne idu kako smo planirali, kada krenu drugačijim tokom, to je neizvjesnost/ raznovrsnost, a ako ste osoba koja mora uvijek imati sigurnost, onda je to problem i vjerovatno vas i najmanja sitnica izbaci iz takta.

Kakvu ste raznovrsnost iskusili i kakvoj pribjegavate u svakodnevnom životu? Pozitivnu ili negativnu?

Jeste li pročitali nešto novo, išli na fitness, napravili neki poseban obrok, proveli kvalitetno vrijeme sa porodicom, pospremali stan itd. Ili ste podsvjesno odabrali jedan od najlakših puteva do raznovrsnosti – probleme? Tim vozilom se najprije stiže do cilja, ali to je najlošiji put.

Kao i ostale potrebe i ovu možemo zadovoljiti na tri načina: pozitivno, negativno ili neutralno. Možemo prošetati ili nazvati neku dragu osobu ili izazvati svađu sa nekim ko je trenutno prisutan. Možemo provesti kvalitetno vrijeme sa porodicom, a možemo tražiti greške u njihovom ponašanju. I jedno i drugo je zadovoljavanje potrebe za raznovrsnošću.

Nažalost, u današnjem vremenu najsigurnije je zatvoriti se u kuću. To i nije tako loša ideja, ali taj potez će omogućiti našem umu da iscenira neku uglavnom negativnu priču, koja će biti dovoljna doza raznovrsnosti za taj dan ili dane. Ili konzumirati nešto što će nam upotpuniti potrebu.

Glavne riječi za raznovrsnost su: strah, nestabilnost, promjene, raznolikost, haos, osvježenje, žudnja, otpuštanje nečeg, napor, neizvjesnost, problem, kriza...

Razmisli, da li postoji mogućnost da osjećaj neizvjesnosti ustvari služi kao tvoja raznovrsnost? Možda zato i ne poduzimaš akcije?

Spoznaj svoje ustaljene načine na koje ti zadovoljavaš raznovrsnost i da li bi ih mogao promijeniti u pozitivno?

- Značajnost

Svako od nas ima potrebu da se osjeća posebnim, važnim ili potrebnim na određeni način. Ljudi će tražiti značajnost kroz dostignuća i uspjeh, tako što će tragati za odobravanjem od drugih, ili čak odavanjem počasti samome sebi.

Kada se ljudi osjećaju beznačajnim oni sebe učine značajnim tako što postanu ljuti, depresivni, bolesni ili počnu uzimati neke supstance koje će ih učiniti da se osjećaju značajnim.

Naravno, ne bih da se naljute kada ovo pročitaju oni koji trenutno imaju neko od ovih stanja. Jer, kada sam ja prvi put ovo čula bila sam veoma ljuta. Nisam željela da budem bolesna ni depresivna, niti sam to svjesno radila – tako da nisam odobravala takvo tumačenje moje depresije.

Nastavite čitati, obećavam da će vam ovo biti mnogo jasnije kad pročitate sve.

Također, mogu upotpuniti ovu potrebu paradoksalno tj. kad drugi prepoznaju značajnost njihovog osjećaja beznačajnosti. Ili veličinom i kompleksnošću njihovog problema.

Važno je napomenuti, za mnoge ljude bespomoćnost je njihova jedina moć da zadovolje svoje potrebe.

Svako od nas ima potrebu da se osjeća željenim i voljenim, potrebnim i validnim.

Kada smo bili bebe svi smo trebali da osjetimo da smo broj jedan. Ako ste imali braću i sestre natjecali ste se sa njima za ljubav i pažnju. I ponašali ste se na određen način, bili prepoznatljivi po tome u porodici. Ponašali se kao pametni, šlampavi, tvrdoglavi ili pak bili mili i poslušni kao naprimjer ja – jedno od ovog smo sigurno bili. Ova potreba za identitetom je još uvijek u nama.

Potreba da se osjećamo posebno, da budemo važni, u neku ruku je formirala ko smo danas.

U pozitivnom smislu značajnost nas navodi da podižemo svoj standard. Možemo se osjećati značajnim kad pomažemo drugima, kada izgrađujemo sebe, značajni smo kao roditelji dobro odgojene djece, a možemo se osjećati važnima i kad uništimo nekoga ili nešto. U svim slučajevima, značajnost dolazi kroz upoređivanje nas sa nekim. Uvijek postoji ta referentna tačka na koju se odnosi naša usporedba. Bitno je nju odabrati i dobro je definisati, jer ona određuje pravac u kojem ćemo se razvijati i biti sve važniji i značajniji.

Prvi primjer koji mi pada na pamet je ogovaranje drugih. Pretpostavljam da ćete se složiti da je prilično zastupljeno takvo ponašanje kod ljudi. U trenutku kad ogovaramo ili krivimo drugu osobu, o bilo čemu da se radi, mi imamo osjećaj značajnosti. Iako to nije najbolji način da imamo osjećaj značajnosti mnogima je ustaljena i vrlo često najlakša ruta.

Ako se previše fokusiramo na značajnost imat ćemo problema da ostvarimo konekcije sa drugima. Jer konstantno upoređivanje navodi nas da gledamo razlike, a ne šta imamo zajedničko sa tim ljudima.

Neki ljudi se fokusiraju na značajnost u negodovanju prema samima sebi, u vidu niskog samopoštovanja, niske vrijednosti, sumnjajući jesu li dovoljni ili ne. Očekuju od drugih da ih podignu na viši nivo.

Odrasli, kao i djeca, imaju svoje ustaljene načine kako da zadovolje ovu potrebu: kroz prohtjeve, negodovanje, odbojnost, arogancijom, stilom oblačenja, šminkanja, izazivanja problema, žaljenjem, dobrim ponašanjem i uspjesima, izučavanjem i usavršavanjem, penjanjem na najviši vrh planine ili pak imanjem najvećeg problema. Sve ovisi koliko težimo ka ovome i koliko nam fali značajnosti u životu.

Glavni izvor značajnosti za neke ljude je pripadnost, ako pripadaju određenoj grupi, bilo da je u pitanju zajednica ili banda/gang. Mnoga djeca iz narušenih brakova završe u bandama jer tako imaju osjećaj značajnost koju nisu bili u stanju zadovoljiti u porodici. Ako dijete iz razrušenog doma završi u ovakvoj ili sličnoj situaciji, ono zadovoljava sigurnost (konačno negdje pripada), ima važnost jer su oni pod određenim imenom, načinom oblačenja i ima konekciju sa istomišljenicima. Također, zadovoljava raznovrsnost pošto njima nije ustaljen redoslijed života. I kao što sam već spomenula ranije, svaki put, kada sa nekim ponašanjem ili stanjem, zadovoljimo tri ili više glavnih potreba, postanemo ovisni o tom ponašanju ili emociji.

Neki ljudi imaju osjećaj beznačajnosti na random mjestu, ali zato kada dođu kući, svojim negativnim ponašanjem prema ukućanima, kritikuju ili umanjuju vrijednost članova porodice, jer nisu uspjeli upotpuniti potrebu za značajnost na poslu.

Žene koje nisu u stanju da zadovolje ovu potrebu u pozitivnom smislu, ako se ne osjećaju vrijednima, cijenjenima, uspješnima, najlakše je zadovolje u negativnom kontekstu. Kroz kritikovanje sebe, drugih, okolnosti itd. I ako taj proces negativnog razmišljanja potraje duže vrijeme, njihova značajnost se manifestuje u fizičkom bolu.

Dokazano je da misli aktiviraju emocije, bilo pozitivne ili negativne (ovisno o čemu razmišljate) tako da, bez obzira koliko one ne žele biti bolesne svjesno, njihova podsvijest ima ustaljeni put da zadovolji ovu potrebu, kroz bol, na fizičkom tijelu. Glavni razlog svih problema u svijetu danas je taj što ljudi ne znaju dovoljno izvora da zadovolje ovu potrebu u pozitivnom smislu. Razlog svih ratova je usko vezan za značajnost lidera.

Glavne riječi za značajnost su: ponos, važnost, uspjeh, perfekcija, evaluacija, disciplina, natjecanje.

Kako vi zadovoljavate svoju značajnost? (uspjeh, fitness, familija, depresija, bol)

Šta biste mogli unijeti u svoj život što će vas učiniti da se osjećate značajnim?

Zapamtite, vi ćete se osjećati beznačajnim, kao i svaka druga osoba koja nije uredila svoj život onako kako je zamislila i smatra da to nije ni moguće. Međutim, kako niko od nas neće sebi dozvoliti pripisivanje krivnje niti će lako poduzeti korake ka rješavanju problema, ova potreba će se zadovoljiti u negativnom. Tako je lakše. Ne treba se raditi na sebi, ustajati rano, ići na fitnes, učiti šta je potrebno da se izgradi taj biznis ili šta je već bio cilj... Krivnja i osuđivanje će također biti najlakši put da se takva osoba osjeća važnom u tom trenutku.

Dodat ću još i ovo: dok god sam čekala od drugih da mi daju značajnost bila sam nesretna. Kad sam postala odgovorna za sebe, osjetila sam ličnu značajnost koju do tada nikad nisam dobila izvana.

- Ljubav i konekcija

Svako živo biće traži i nada se ljubavi. Svako od nas treba konekciju sa drugim ljudskim bićima. Ova potreba je srž našega postojanja. U ovom smislu ljubav je glavni instinkt za preživljavanje, bez obzira ko smo.

Prepreka do ljubavi jeste u tvom ubjeđenju i traganju za odgovorom kako zadovoljiti osjećaj ljubavi. A kako doći do tog osjećaja su tvoja lična pravila, tvoj put kako prepoznati i cijeniti ljubav i svoje sposobnosti da primiš/prihvatiš ljubav.

Sve ovisi o pravilima koja smo postavili da zadovoljimo svoj osjećaj ljubavi.

Da li su vaša pravila za ljubav prestroga? Šta se mora dogoditi da vi osjetite ljubav?

Neki ljudi rijetko osjete iskrenu ljubav, ali imaju druge načine da osjete povezanost sa drugima u zajednici, kafani, na radnom mjestu.

Da li ti osjećaš ljubav u svom životu ili si se pomirio i prihvatio samo povezanost/konekciju?

Mnogi ljudi se pomire sa konekcijom, jer do prave ljubavi je teže doći. Treba biti veoma iskren, strpljiv i shvatiti da ljubav, kako je mi zamišljamo, jeste ustvari samo naše lično viđenje baš takve ljubavi. Ni jedna druga osoba na svijetu nema identično viđenje ljubavi našem viđenju.

Za jedenu osobu ljubav mogu biti mali znaci pažnje, dok za drugu moraju postojati mnogobrojni, konstantni, ogromni izljevi ljubavi, da bi ona doživjela taj osjećaj, po njenim standardima. Šta mislite kolike su šanse da neko sa takvim viđenjem ljubavi bude sretan?

Problemi današnjice su usko vezani za nerazumijevanje ove činjenice. Svi želimo ljubav, a nemamo dovoljno komunikacije i shvatanja da je svaka ljubav individualna za svakog pojedinca. Jednostavno, treba se izjasniti i razumjeti načine kako drugi, posebno oni do kojih nam je stalo, vide i žele ljubav. Sa malo kompromisa i dogovora životi mnogih bi se poboljšali.

Jedno je istina: dok god budemo čekali i ovisili o drugima, da nam upotpune osjećaj ljubavi po našem šablonu, provest ćemo mnogo vremena u nezadovoljstvu.

Lijek za ovo bi bio: promijeni šablon! Odnosno, promijeni svoja uvjerenja i pravila koja se tiču poimanja ljubavi.

Ljudi koji dožive strast, tj. ljubav na visokom nivou, su na takozvanoj istoj frekvenciji. Imaju isti šablon svijeta, vole iste stvari i imaju ista ili slična vjerovanja i razmišljanja.

Svi ljudi moraju imati osjećaj povezanosti/ bliskosti sa nekim ili nečim. Sa osobom, idealom, vrijednošću, navikom i sa smislom pripadnosti. Konekcija može imati jednu formu ljubavi. Intenzivno zauzimanje za nešto može dati osjećaj konekcije, a taj osjećaj konekcije se može upotpuniti kroz agresivnu interakciju. Naravno to je negativno, ali ponekad smo očajni u želji da zadovoljimo svoje potrebe i činimo sve što možemo, pa makar i kroz agresivnost i svađu.

Pozitivan primjer konekcije na visokom nivou je kad nacionalni tim jedne države igra utakmicu protiv druge države ili grada, tada se svi ujedine, bez obzira što imaju nesporazume. Imaju osjećaj pripadnosti, jer dijele isto mišljenje i cilj tj. svi žele da njegov tim pobijedi.

Ovo je pozitivno svakako, no međutim isto tako ljudi, zbog osjećaja pripadnosti, prekrše i svoja pravila, pogaze lične vrijednosti i podrže većinu iz svoje grupe, započnu ratove ili proteste.

Pozitivan primjer koliko je konekcija važna za ljude su mirni protesti.

Iako mnogi ne žele rat njihova potreba za pripadnošću zajednici ili idealu je velika. Ta potreba ih navede da podrže i nešto što nije u skladu s njihovim viđenjem.

Dodatni razlog je što se ljudi ne vole izdvajati iz svoje grupe jeste strah. Strah od neprihvaćenosti i strah da nećemo biti voljeni od strane najbližih.

I tako provedemo život nezadovoljni sobom, jer duboko u sebi znamo da to nije ono što smo mi željeli. Ali strah od neprihvaćenosti je prevladao i postali smo sljedbenici ideala koji nije u skladu sa našom ličnom istinom.

Mnogobrojna istraživanja su pokazala zanimljivu činjenicu: žene padnu u depresiju kad im djeca odu na fakultete. Dodatno je bilo utvrđeno da su tim ženama djeca bila glavni izvor ljubavi, što znači kad su djeca otišla otišao je i glavni izvor ljubavi.

Glavne riječi za ljubav/ konekciju su: združenost, ujedinjenost, povezanost, strast – ako ste na istoj frekvenciji.

Kako vi zadovoljavate ovu potrebu? Imate li ljubav kakvu želite ili ste se pomirili samo sa konekcijom, a potajno patite?

Dajte vašim voljenim na znanje kakvu ljubav vi trebate. Jasno im recite šta se treba dogoditi da se osjetite voljenim i na koji način. Onda saznajte od njih njihove načine zadovoljavanja ove ljudske potrebe. Spasit ćete svoje veze na ovaj način i uživati u njima. Jer, razumijevanje je ključ koji otvara sva vrata.

Ove prve četiri potrebe su potrebe ličnosti svakoga čovjeka i moraju biti zadovoljene na nekom nivou kod svih ljudi. Zadnje dvije potrebe su potrebe duha, odnosno duše, i one su glavne za duhovno zadovoljstvo. To su RAST i DOPRINOS.

- Rast/razvoj

Sve što prestane rasti eventualno izumire.

Moramo se konstantno razvijati, emotivno, intelektualno i duhovno. Postoji univerzalni zakon o razvoju: sve u tvom životu, tvoj novac, tvoje tijelo, tvoje veze, tvoja sreća i ljubav moraju biti kultivisani i razvijani. U suprotnom će biti izrođeni i nestat će.

Šta to znači za nas?

Ne postoji neko tajno mjesto na svijetu gdje možemo čuvati sebe, svu svoju imovinu i znanje na sigurnom. Ako su tvoje finansije, tvoje tijelo i veze u dobrom stanju, pripremi se da nastaviš brinuti o njima i razvijati ih. Jer, ako im dozvoliš da budu fiksne i monotone, one će se zasigurno pogoršati. Ne možeš otići jednom na fitness i reći: – E, sad sam miran do kraja života!

Ne možeš jednom naučiti neki program i smatrati da je to dovoljno da ti osigura uspjeh. Ne možeš jednom u godini jesti zdravu hranu i nadati se dugogodišnjem zdravlju.

Kada pogledamo uspješne ljude u svijetu, činjenica je da nisu samo doživjeli uspjeh i prestali se baviti time što im je donijelo uspjeh. Ne, sve i jedno od njih je bilo aktivno do poznih godina a mnogi i do samog kraja života. Ovo je jedna od najvažnijih potreba svakog čovjeka, jer kad se ne razvijamo osjećamo se bezvrijednim, a to je jedan od najružnijih osjećaja ljud-skoga roda.

Iskreno se pitam, zašto nas to niko nije učio prije?

Kako ti zadovoljavaš ovu glavnu ljudsku potrebu? Obogaćuješ li svoj život novim saznanjima ili si u monotonom stanju?

Ne zaboravi: sve što raste ono i procvjeta na svoj način.

- Doprinos

Doprinos zahtijeva da idemo mimo naših ličnih potreba i da doprinosimo drugima. Mnogi emotivni problemi i izvori bola nestanu kada se fokusiramo na služenje nekog drugog, kad prestanemo misliti samo na sebe. Prema tome, doprinos/davanje je ljudska potreba koja efektivno reguliše ostalih pet.

Ako si fokusiran na doprinos – imaš sigurnost; kada si u stanju da doprinosiš na bilo koji način – imaš raznovrsnost.

Uvijek se nešto novo dešava kada si negdje aktivan.

Doprinos nečemu ili nekome stavlja nas u interaktivan odnos sa okolinom. Posebno je zanimljivo da ćeš imati značajnost iz razloga što je privrženost osjećaju i želji da doprinosiš među ljudima rijetka i odlika je samo izvanrednih osoba.

Imaš povezanost, jer postoji duhovna konekcija kad pomažemo drugima. Također, imaš iskustvo rasta/razvoja, jer doprinos zahtijeva da ideš mimo svojih ličnih potreba. Iz ove perspektive/tačke gledanja, svrha ljudskih potreba nije da se samo brinemo o sebi i svojim potrebama – već da se razvijamo i služimo druge. Ako smo fokusirani na razvoj i doprinos veoma je teško biti depresivan. Čak je jedan od prvih savjeta psihijatra da osoba koja boluje od depresije pronađe načina da doprinosi.

Svako kreira svoj sistem vjerovanja i pronalazi načine kako zadovoljiti svoje potrebe. To bi bio lični model svijeta tj. šablon po kojem živimo. Jedna osoba može sebi dati osjećaj sigurnosti sa stalnim kontrolisanjem svog okruženja, druga može biti sigurna da ne vjeruje nikome, treća može biti sigurna u svoje spiritualno vjerovanje.

Svako može zadovoljiti svoje potrebe na zavidnom nivou, pri čemu će služiti i djelovati u pravcu stvaranja dobrobiti za sve ili za samoga sebe. Druga mogućnost je prije ili kasnije uništiti sebe i druge.

Kada neko izgubi svoje naučene načine da zadovolji svoje lične potrebe, tada on iskusi krize. Npr. kada finansijski pad zadesi poslovnu osobu, koja je dobijala svoj osjećaj značajnosti od tog finansijskog uspjeha – tada ta osoba izgubi osjećaj značajnosti.

Kada neko ko dobije osjećaj važnosti, brinući se o drugima, nije više u mogućnosti da se brine o njima, isto se dogodi – osoba izgubi svoj pozitivan izvor značajnosti. Problem je u tome što ljudi ne znaju prepoznati ovu nauku, šest ljudskih potreba. I kada se dogodi gubitak jednog pozitivnog izvora takvi ljudi su podložni svemu što je oko nas, bilo da je stres, ljutnja, depresija, droge itd.

Mi ne možemo shvatiti da je neko ko je ostvario svoje snove, postao ono što je htio, zaradio milione, na kraju opet nezadovoljan i da čak uzme sebi život. Razlog nezadovoljstava, i pored svih materijalnih stvari, je došao zbog nedovoljnog duhovnog zadovoljstva.

Tony Raobbins, čiji rad stoji iza teorije „Šest ljudskih potreba", kroz trideset godina rada, sa više od tri miliona ljudi, kroz seminare i lično savjetovanje, od Michaela Jordana do predsjednika Clintona, ustanovio je da, bez obzira na kulturu, naciju, vjeru, profesiju ili bilo koje drugo uvjerenje, postoji povezanost između svih ljudi kroz određene zajedničke potrebe. Zapravo, svako živo biće svjesno ili nesvjesno mora zadovoljiti ove potrebe na nekom nivou.

Ja se s time slažem u potpunosti. Kada sam prepoznala redoslijed koji sam koristila da zadovoljim svoje potrebe, tek tada sam bila u stanju da ga mijenjam. Koristila sam depresiju kao vozilo da zadovoljim svoje glavne potrebe, ljubav i značajnost. To je i bio pokretač moje želje da izučim psihologiju uspjeha, jer sam bila fascinirana kako je moguće promijeniti stvari na bolje kada ustvari razumiješ gdje griješiš.

Prvi korak je prepoznati koje su vam glavne dvije potrebe. One se mogu mijenjati, ali svi imamo dvije dominantne.

Ja sam zamijenila značajnost depresije novim iskustvom i aktivnošću: izučavanjem i pomaganjem drugim ljudima da obogate svoje živote, što je svakako doprinijelo da imam konekciju sa njima na visokom nivou.

Sagledaj sve što ti se trenutno ne sviđa kod sebe u životu i pronađi nove načine da zadovoljiš svoje lične potrebe u pozitivnom. Mali koraci, samo korak dnevno, dovoljni su za početak.

Uvijek se pitaj: šta pokušavam da zadovoljim sa ovom radnjom, aktom – posebno ako nisi siguran da je dobro da to uradiš.

Ako pokušate razumjeti nauku ljudskih potreba, shvatit ćete da sve što radite je u funkciji zadovoljavanja svojih potreba. Kada to shvatite, onda imate mogućnost pravilnog biranja vozila koje će vas odvesti do vaših potreba.

Pored toga moći ćete biti prirodni psiholog i čitati ljude u svom životu, te po njihovom ponašanju znati šta je to što im treba, koje potrebe pokušavaju zadovoljiti s određenim ponašanjem...

Koju potrebu osoba koja ogovara druge, ili se hvali, pokušava zadovoljiti?

Koju potrebu osoba koja pravi velike uspjehe i daje sve što može za dobrobit drugih?

U oba slučaja je dominantna potreba za značajnost, samo su vozila znatno drugačija, zar ne?

Svi trebamo sve potrebe, ali smo kontrolisani s dvije dominatne – prepoznajte koje su vaše dvije po kojima uređujete život.

Znajte da je za udoban život potreban balans u svemu.

Evo kako je moguće zadovoljavati glavne ljudske potrebe (kako to mnogi rade na negativan način).

Pronađi najboljeg travara u okolici ili najskupljeg doktora da ti propiše ili da neke trave koje ćeš do pola popiti i reći: – Ma ništa ne pomažu!

Traži po internetu i novinama šta je najaktuelnije za poboljšanje tvoga stanja i bar djelimično rješavanje tvoga problema. Kada nađeš, pričaj s drugaricama o tome. Moraš znati da se rijetko kada urade ti koraci. Ako se i dogodi, bude vrlo kratkog vijeka, pa se odustane s izgovorom – ma ne pomaže.

Koristi tablete za smirenje redovno, čak i kada si smiren, jer nikad se ne zna šta te može nasikirati.

Redovno se čuj sa jednom illi više prijateljica, po mogućnosti na kafi, i potvrđujete jedna drugoj kako je život težak i da će uskoro smak svijeta. Usput osudi svaku drugu prijateljicu na neki način, naravno koja nije tu, a posebno one što rade puno i ne smiruju se – ne znam šta više hoće i kako im nije žao onog jadnog muža i djece.

Osudi svoje tijelo na više načina, a obavezno prijateljicu razuvjeri kada se ona žali na svoj izgled, jer ona izgleda puno bolje nego što misli, a sebi to nemoj ni slučajno dozvoliti.

Uporno ponavljaj u sebi i naglas negativnu priču od Kulina Bana do današnjih dana i ne dozvoli da te iko uvjeri u suprotno.

Traži savjet za svoj izazov od nekoga ko zna. Kada ti ga daju negoduj i uvjeri sebe i tog stručnjaka da je tvoja situacija mnogo teža i da taj savjet neće sigurno uspjeti, ali da ćeš se ti potruditi i implementirati ga, ali *malo sutra* – već znaš to.

Iskoristi sve što možeš da dokažeš svima kako je tvoj život idealan, a kad se svjetla ugase osjeti istinu i popij još jednu tabletu, još jednu čašu vina, zapali još jednu ili šta je već tvoj izbor – drogiranje, tj. bježanja iz stvarnosti.

Kad su neke akcije, obavezno pokupuj sve nove stvari jer si već viđen jednom u nekom artiklu i ne daj Bože da se to ponovi, ne bi od stida nigdje.

Također, muž i djeca se ne smiju pojaviti u staroj garderobi na važnim događajima, jer na kraju krajeva svi su ih već vidjeli u tome.

Sve sredi, da sve sija vani, a i iznutra...

Kuća, auto, namještaj i godišnji odmori, također, moraju biti na visokom nivou, ne zato što se može i što je to lična želja, već zato što tako treba. I kod većine je tako, barem kod onih popularnijih ljudi iz kruga poznanika i prijatelja. Osim toga, šta će ko reći, tolike godine si vani, a ništa se ne vidi.

Djecu upiši na sve moguće sekcije, da se zna kako su pametni, na mamu ili babu i naravno nastavi ih ubijati u pojam s pravilima iz prošlog vijeka, koja si ti usvojio ili su ti bila nametnuta, ali nema druge – šta će ko reći, ako tvoja djeca ne budu kao ostala. A djeca ko djeca, oni će se buniti no, za njihovo dobro pusti ih nek se zatvore u sobu, da bi na kraju pali u neke tamne vode ili počeli korisiti drogu i slično.

Ti obavezno nastavi brinuti o čistoći kuće, dvorišta, radi od jutra do mraka, da ti djeca imaju sve, da bi na kraju saznao ili uvidio da su ti djeca na pogrešnom putu i da već duže vrijeme koriste nešto što su mislili da će im pomoći, da se nose sa osjećajem nedovoljnosti, kojeg su vjerovatno usvojili ili dobili u amanet od tebe samog.

Kada se dogodi da djeca odu krivim putem, zalutaju ili ne znaju gdje su, ni šta hoće – odrekni ih se javno pred drugim ljudima, jer bolje da si mrtav nego da si to doživio da te tako osramote.

Osjećaj se užasno zbog tog promašaja. Ubijedio si se da je ustvari to tvoj propust, ali ne možeš im nista, niti znaš kako ćeš, a tražiti profesionalnu pomoć je u neku ruku i sramota, jer je problem šta će ko reći.

Uradi to jer ni sam ne znaš šta da radiš sa sobom, a kamoli s njihovim problemom. Pravi se bitan i odreci se toga što ti je za srce priraslo i što će ti uvijek biti najvažnija stvar u životu. Ali ne možeš sebi dozvoliti da te neko ogovara i osuđuje tvoj odgoj.

Uradi sve to da zaštitiš sebe i ono malo ličnog karaktera što je ostalo. Ustvari, sve je tu samo što nisi nikad ni vjerovao da si dovoljan, pa su sve materijalne stvari morale da se dogode, da upotpune onu prazninu i osjećaj nedovoljnosti.

Pravi se stalno zauzet i zuji ko muha bez glave, jer samo tad imaš osjećaj da vrijediš.

Istraži svaku moguću dijetu i s vremena na vrijeme je se pridržavaj, posebno kada si u društvu. Nemoj ići na fitness, dovoljno je što džaba plaćaš mjesečnu članarinu.

Jedi meso, jedi masno, da se vidi na tebi da ne fali, a kada padne noć, popij tablete za pritisak.

Ne daj nikome da te ubijedi u suprotno onome u što ti sada vjeruješ, bez obzira o čemu da se radi i bez obzira što ni sam nemaš pojma zašto u to vjeruješ, ni da li te uopće služi to vjerovanje ili te uništava.

Nemoj sebi dozvoliti da oprostiš ni sebi ni drugima, jer šta će ko reći, kakav si ti čovjek.

Sigurno sam nešto i propustila, ali uglavnom je to tu negdje. Ako dozvolimo sebi i prepoznamo ovo i slično u sebi i drugima, to je prvi korak ka spoznaji. A spoznaja je ustvari znanje, jasno razumijevanje sebe i svoga stanja.

Ne možete se osloboditi nečega, ako ga ne vidite.

A, sada trenutak istine: ima li vas u ovome ili možete li prepoznati kako vi na negativne načine zadovoljavate svoje potrebe, poput ljudi koji su bili inspiracija za tekst koji ste upravo pročitali. Ako obratite bolje pažnju primjetit ćete da su im sve potrebe bile zadovoljene, ali na negativne načine.

Stvar je u tome što ljudi nisu ovoga svjesni. Ali, vi sada jeste.

Sedmi korak

MOĆ IZBORA

- Uspjeh je nauka koja se mora izučiti

Ti si kreator svog života!

Ti si kreator svoga života i nemoj čekati da ti prođu godine, dok to spoznaš.

Dennis P. Kimbro je kazao: „Život je 10% šta nam se dogodi i 90% kako mi reagujemo na to“.

Jedan od glavnih razloga našeg nezadovoljstva je što smo svoju sreću položili u tuđe ruke. Očekujemo od drugih da nas usreće. Ako mi muž ili supruga uradi ovo ili ono, kad mi djeca budu idealna, ako mi se posreći da budem vitalna i zgodna u pedesetoj, ako se popravi situacija na zapadu – valjda će i meni biti bolje. Ako dobijem posao, ako, ako i kad i tako do beskraja. Lista naših očekivanja je preduga, obično nestvarna, ali sve to ne znači da je neizvodljiva.

Provodimo dane i godine nezadovoljni, neispunjeni, razočarani, očekujući da nas neko ili nešto usreći. Izgleda da je cijeli svijet protiv nas. Na kraju se još ispostavi da nam djeca nisu odabrala put koji smo mi zamislili za njih, a po našem viđenju sigurno je bilo bolje od onog što su oni izabrali. Muž/supruga je mogao/la bolje. Kile su se nalijepile na nas. Ne osjećamo se vitalnim, kriza i dalje vlada.

Pa šta da radimo?

Izgleda da je baš sve protiv nas! Zašto i pokušavati, kada i onako izgleda da nemamo šanse za uspjeh. Godine nam prolaze, a mi nikako da se osjećamo sretnim i zadovoljnim. Potrošili smo mnogo truda i snage brinući se za sve, i opet ništa.

Pa možda je došlo krajnje vrijeme da postanemo odgovorni za svoju sreću. Nije možda, nego je zaista došlo. Došlo je vrijeme da sagledamo svoju situaciju i aspekte života koji nas čine nezadovoljnim.

Uvijek postoji makar jedna solucija za rješenje!

Najveća glupost je raditi isto, a očekivati drugačije rezultate.
Albert Einstein

Tajna uspjeha se krije iza produktivnosti i akcije. Svaki naš problem ima bar jednu soluciju za rješenje. Glavni razlog našeg nezadovoljstava je ustvari činjenica da nismo ništa radili na tome da popravimo stvari. Ili smo možda odustali bez borbe/ istrajnosti. Zašto nas toliko boli sve ovo? Zato što znamo u dubini svoje duše da možemo bolje. Znamo da smo u stanju, ali strah, nesigurnost, nedovoljno podrške i ogromna doza usađenih negativnih vjerovanja nisu nam dozvolili da se izborimo. Nismo, jer nismo do sada ni znali da je ustvari lako doći do ličnog zadovoljstva.

ODUSTATI je ustvari jedini način da propadnete.
Gena Showalter

Šta mislite kakave su šanse jedne afričke žene, koja je rođena u siromaštvu, odgojena kod bake, jer nije imala roditelje da se brinu o njoj. Rodila je dijete sa 16 godina i izgubila ga. Kada je dobila prvi posao novinarke, rekli su joj da nije za toga i da joj je bolje da razmisli gdje bi drugo mogla raditi. Zar to nije bilo sve protiv nje? Ali ona nije odustala i danas-dan je znamo kao jednu od najutjecajnijih žena na svijetu. Pretpostavljam da znate o kome se radi – Oprah Winfrey.

Sve je bilo protiv nje otkako se rodila, baš sve. I ta ju je priča mogla ukopati vrlo rano, ali nije. Ona je izabrala drugu rutu. Morala je negdje u toku svoga života odlučiti da neće ostati sirotinja do kraja svoga života i očito se posvetila tom cilju.

Baš kao i mnogi uspješni ljudi današnjice, koji su uglavnom imali slične sudbine, a odlučili su da neće umrijeti kao sirotinja, kakvi su se rodili.

A vjerujte, svako od njih je imao veoma otvoreno srce, baš zato što su znali kako je nemati i svako od njih daje i pomaže na mnogo načina, želeći da ostave ovaj svijet boljim.

Da li oni trebaju raditi i dalje i učiti? Mnogi bi rekli: ne. Jer, imaju toliko novca da ga ne mogu potrošiti. Međutim, takvi ljudi i dalje rade i izgrađuju se? Apsolutno, i to konstantno. Zašto? Zato što trening nikad ne prestaje.

Uspjeh je nauka koja se mora izučiti.

Razlika između uspješnih i neuspješnih ljudi je u tome što uspješni slijede određen redoslijed, provjerene korake ka onome šta žele da postignu. Bez obzira da li se radi o ličnom uspjehu, vezama, finansijama itd. Svaki uspjeh ima svoj redoslijed. Jedino što uvijek imamo na raspolaganju, u svakoj situaciji, jeste moć izbora.

Svi želimo uspjeh, ali nismo svi spremni poduzimati određene korake ka tome. Obično samosabotaža je uzrok zašto neki od nas nisu dovoljno uporni. Postavljena ograničenja samima sebi, po principu: nisam dovoljno pametan, lijep, školovan, nemam resurse, ne znam, star sam, mlad sam, teško je, ovo, ono do beskraja. To radimo jer nas je strah ako pokušamo i ne uspijemo, jer šta onda? Strah koji imamo uvijek je vezan za strah od nepoznatog.

Uspješni ljudi prihvataju i razumiju sebe, svoje sposobnosti i zašto rade to što rade. Postavili su sebi ciljeve i tačno znaju zašto ih moraju ostvariti. A to su sve morali spoznati prije nego su počeli slijediti formulu uspjeha.

Prvo odluči šta je za tebe uspjeh?

Kakav bi tvoj život bio da si uspješan? Tvoja odluka šta ti zaista želiš i posvećenost da to ostvariš je neophodna.

Definiši svoje ciljeve jasno i kreni u potragu za odgovorima.

Ako zaista želiš stvoriti trajnu promjenu u svome životu, moraš odustati od ovakvoga pristupa: pa radim na tome, pokušat ću, trebao bih, morat ću itd.

Potrebno je odlučiti da ćeš se posvetiti tome potpuno, svakodnevno. Sav naš uspjeh, kao i neuspjeh, dogodi se polako, donošenjem malih odluka. To šta radimo svakodnevno odredit će kakva će nam biti budućnost. Moraš imati strategiju i jasan fokus na ono što želiš ostvariti. Jedan od glavnih izazova za ljude je želja da imamo bolji kvalitet života, da želimo uspjeh. Ali svakome od nas se dogodi da se nađe u škripcu, nešto nas spriječi, a ustvari smo sposobni. Bilo da se radi o finansijama, fizičkom izgledu, bilo čemu, baziramo se na samouvjeravanju i stalnom preispitivanju šta bismo trebali biti i šta se očekuje od nas, šta će drugi misliti o nama, šta je prihvatljivo u društvu...

Ili postajemo zaglavljeni u emotivnim obrascima/redoslijedima koji nama ne služe. Ili smo često ljuti, depresivni, tužni, zabrinuti ili čak preokupirani svime navedenim.

I onda, jednoga dana, probijemo se kroz sve to. Možda smo dobili inspiraciju. Gledali neki film. Obično kad nam je već kapa puna shvatimo da ovako više ne ide, ili ćemo se mijenjati ili potonuti skroz. Nešto klikne u nama. Odjednom počnemo da preuzimamo kontrolu nad svojim životnim iskustvima, jer ne možemo više da živimo pod stresom i u nezadovoljstvu. Stres ne dolazi od činjenica, već od značenja koja smo dali toj situaciji. Da, stvari su se dogodile, život je težak, nemamo posla, imamo probleme u braku, u porodici, naše zdravlje se pogoršalo. Da, sve je to moguće i istina kod mnogih, ali ne postoji exit iz života. Zato ne možemo odustati, sve će zavisiti od značenja koja damo tim događajima.

Kako ćemo pristupiti problemima, šta treba da uradimo da bismo prokrenuli život u teškoj situaciji?

Pa, morat ćemo pogledati stvari iz druge perspektive.

Koja je to glavna sila koja će odrediti kvalitet vašeg života? Ako postoji jedan dar koji nam je Bog podario, koja je ta moć koju imate sada, u ovome trenutku, koja može sve da promijeni?

Vi je imate. Ja je imam. Svi to imamo. To je jedinstvena moć, koja može promijeniti sve, bez obzira šta nam se do sada dogodilo. Sigurno već znate koji je odgovor. Odgovor je, naravno, MOĆ IZBORA.

Jedina stvar koju imamo zagarantovano u svakom trenutku je upravo moć izbora.

Mi ne možemo kontrolisati ekonomiju, vrijeme, ljude, događaje, ali možemo izabrati na šta se fokusiramo, šta nam nešto znači i onda možemo izabrati šta da uradimo. Ova tri izbora kontrolišu naš život. Nisu stanja ta koja kontrolišu naš život, koliko su odluke koje napravimo o njima. Ponekad i najmanja odluka promijeni sve u potpunosti.

Sjetite se nekih svojih važnih odluka u životu. Moguće je da ih se i dan-danas pridržavate. Šta ste odlučili da radite, kako provodite vrijeme, jeste li odlučili da ćete imati raskošan život, završiti škole, koliko ćete uživati u životu. Sve te odluke i vjerovanja su kreirala život kakav danas vodite.

Šta odlučite da imate za večeru, eventualno će odlučiti vašu budućnost. Svaka pa i najmanja odluka će odlučiti sudbinu vaše vitalnosti i vašeg životnog vijeka. Dakle, vaše odluke stvaraju vašu sudbinu. Ne naši uvjeti, nego naše odluke.

Ako želimo bolji život, bolja iskustva moramo donositi nove odluke. Sve što ti se ne sviđa, promijeni nešto s time u vezi. Jednostavno odluči i promijeni to. Kad se posvetiš nečemu, daš sve od sebe, poduzmeš određene korake ka tome, u stanju si kreirati život kakav želiš.

Zapamti da svaka odluka počinje sa onim na šta se fokusiraš, jer na šta god si fokusiran to ćeš i osjećati.

Ako se fokusiraš na sve ružne stvari koje su ti se dogodile, naravno da ćeš se osjećati loše i bez morala da išta poduzimaš. Ako se fokusiraš na sve fenomenalne slučajnosti ili događaje koji su se već dogodili, ponekad izgleda da ti je Bog poslao baš to što ti je tada trebalo. Sve što imaš danas u životu, možda nisi ni sanjao da ćeš imati ikada, a dogodilo se: prekrsana porodica, prijatelji itd.

Ako se fokusiraš na to kako su ljudi pokvareni, sigurno ćeš naći dokaze za to. Ako tražis dokaze da su ljudi dobri naći ćeš i takvih puno. Ljudska humanost je danas na zavidnom nivou i sve negativno što ljudi rade je ustvari odraz njihovog ličnog nezadovoljstva životom. Uglavnom, šta god tražiš, naći ćeš.

Novi život dolazi iz novih odluka – svjesnih izbora. Ako želiš promijeniti svoje rezultate, moraš praviti svjesne izbore.

Zamislite ovo, na šta se fokusirate to ćete i osjećati! Istina: da ili ne?

Gledate komediju i smijete se – gledate tužan film i plačete. Dakle, prva odluka ka mijenjanju je fokus.

Druga odluka je povezana sa vašim stavom: šta vam znači nešto. Ako mislite šta je neko uradio u vašem životu i date tome značenje: oni me ne vole, ne cijene, iskorištavaju me. Zavisno o tome kakvo značenje date toj situaciji, može vam se cijeli život promijeniti. A možda ste potpuno u krivu, ali pošto ste dali toj situaciji takvo značenje bili ste sputani da gledate stvari drugačije. Jer čim jednom napravite značenje to postane vaša istina.

Bez obzira što nemate čvrste dokaze za to. Vjerujem da ste imali takvih situacija gdje ste u nešto bili toliko ubijeđeni i nakon nekog vremena, primijetili ste da to uopće nije bilo tako. Sigurno se dogodi da se ponekad stidite samih sebe koliko je to bila glupa odluka. Male odluke, kao npr. šta vjerujemo o sebi ili drugim ljudima, je li ovo kraj ili početak, imat će efekat na cijeli život.

Dakle, prva odluka je na šta smo fokusirani, ali činjenica je da to mnogi rade nesvjesno. Druga je šta će nam nešto značiti, a treća je ŠTA ĆEMO URADITI?

Znam da sam vam ovo već objasnila, ali želim da dobro zapamite važnost ovog trougla! Na kraju krajeva, ponavljanje je majka znanja.

Hoćemo li odlučiti da odustanemo, sve je ovo preteško, ili ćemo odlučiti da budemo jaki, da se fokusiramo i preokrenemo situaciju, ili ćemo sačekati da vidimo šta će se dogoditi. Na kraju svih krajeva naša sudbina ovi-si o tome šta ćemo uraditi. Npr. šta da se radi kad jednog dana neko kaže: – Imate tumor!!! Na šta se prvo fokusirate?

Ovo je kraj!? Da li misliš – pa zašto ja? Da li tome daješ značenje – gotovo je, ja umirem. Šta radiš? Ideš kod doktora sav prestravljen ili ćeš odlučiti da se boriš sa zadnjim atomom snage. Odlučiti da vjeruješ u Boga i vjerovati da će ti pomoći, da se sve može izliječiti, da promijeniš totalno dijetu itd. Itd. Naposljetku, ostatak tvoga života će ovisiti o tome kako ćeš se postaviti u ovoj situaciji. Na šta ćeš se fokusirati, na svoju smrt ili da ćeš uraditi sve moguće da ovo pobijediš.

Reci sebi: „Moram pronaći soluciju! Moram iscrpiti svaki izvor! Moram upotrijebiti sve resurse!“

Naravno, sve to ne mora biti garancija da ćeš prebroditi ovu krizu, ali kada imaš takvo razmišljanje šanse za uspjeh su mnogo veće. Tvoja sudbina će biti određena ovom odlukom.

U životu imamo mogućnost da izaberemo na šta se fokusiramo. Imamo mogućnost da se posvetimo nečemu i ostvarimo taj rezultat koji želimo. Možemo odabrati svoju strategiju kako da dođemo do toga. Staviti u funkciju želju i volju, i naravno, da ne zaboravimo, tu je vjera. Neko to zove i srećom, ali ako radimo prave stvari ponovo i ponovo, sa potpunim fokusom, dogodi se da nam dođe bogatstvo. A ono dolazi kad si odlučan, uporan i kada vjeruješ da možeš. A ne kada samo prihvatiš stvari onakve kakve su se pokazale u prvom obliku – tu nema budućnosti. Stvar je u tome da smo zaista mi ti koji krojimo svoju sudbinu. Mi zaboravljamo da ne trebamo biti poznate ličnosti da bismo promijenili stvari. U svakom slučaju imamo mogućnost da promijenimo svoju ličnu historiju.

Ljude sretnim čine progres i rezultati. Sve što vam je potrebno jeste nova snažna misao.

Jednostavno trebate samo odlučiti i shvatiti da su promjene dostupne svima nama i napraviti prvi korak ka tome šta želite.

Čim napravite prvi korak, logično je, drugi uvijek slijedi, ako imate namjeru. Jer sada, kada stvari i ne izgledaju baš strašno, malo vam je visok pritisak, malo masnoća povećana, djeca još uvijek slušaju, može se nekako živjeti, brak je relativno dobar kakvih ima, itd.

Ali, sve što se ne njeguje, eventualno i uvene.

Tako će doći vrijeme kada će život zahtijevati više od nas. Bez naše dozvole će doći problemi, kako oni zdravstveni, tako i oni sa djecom i ostalo. I kada se to dogodi, nastane haos. A haos nas tjera na promjene. Kada dođe stani-pa'ni, moramo se mijenati ili nam niko ne garantuje život. Djeca se rasula, pošto nismo provodili dovoljno vremena sa njima, nemamo osjećaj vezanosti, slaba je konekcija sa prijateljima, nemamo podrške, osjećamo se sami itd.

Ako želiš napraviti nove izbore/promjene, moraš promijeniti priču koju sebi ponavljaš, a koja te više ne služi. Ograničeno vjerovanje koje smo do sada imali je samo to – ograničeno vjerovanje.

Nema nigdje nikakvih dokaza da mi ne možemo ostvariti svoje snove.

Ne postoji nikakav pravilnik da to podrži. Trebamo samo prepoznati da je zaista tako. Mi sami sebe ograničavamo sa pričom koju sebi ponavljamo.

Uvijek sami nalazimo izgovore „ja to ne mogu, nemam dovoljno škole, prošlo je moje vrijeme, bojim se da nešto novo počinjem, niko mi ne garantuje uspjeh".

Zapravo, niko ne garantuje ni neuspjeh.

Nikada nećemo saznati šta je moglo biti, sve dok ne probamo.

Možete li vidjeti kako je vaša priča glavni krivac što niste tu gdje želite biti?

Ali, ne više. Ne od dana današnjeg. Odlučite sada, obećajte sebi, da je ovo kraj negativne priče i da ćete od danas biti aktivan kreator svoje budućnosti. Baš kako to radi svaki uspješan čovjek.

Osmi korak

FINANSIJSKA SLOBODA

Definitivno jedan od važnijih koraka je upravo finansijska sloboda, odnosno finansijska neovisnost. Znam svakim atomom svoje snage da novac nije rješenje, ali je divno vozilo koje nas može odvesti na mnoga mjesta i mnogo toga učiniti boljim.

Iako se ponekad dogodi da mislimo kako nismo u mogućnosti uštedjeti novac, uvijek postoji način ili više njih koji će osigurati našu finansijsku slobodu.

Novac i koliko ćemo ga imati, neophodan je za naš razvoj kao i sve ostalo. Nisam finansijski savjetnik, ali sam učila o ovome od najboljih i evo šta trebate raditi ako želite imati finansijsku slobodu:

Prvi korak ka finansijskoj slobodi, prema mišljenju jednog od najbogatijih ljudi svijeta (Warren Buffett), je sadržan u njegovom savjetu: „Nemoj gubiti novac!"

Savjet broj dva je: „Pazi na savjet broj jedan."

Dakle, pazite na novac koji imate. Kreirajte novac koji nemate. Nađite dodatne izvore zarade. Potom se tom novcu treba osigurati neki procenat rasta, ali o ovome neću, jer nisam finansijski savjetnik. O tome govorim samo globalno. Uvjerena sam da sigurno imate gdje tražiti adekvatan savjet za ovo.

Sa sigurnošću mogu reći – kako radimo bilo šta, tako radimo sve. Do ove spoznaje sam došla na temelju ličnog iskustva i prisustvom na brojnim seminarima.

Napravit ćemo malu provjeru.

Pogledajte jedan segment svoga života, recimo odnos prema novcu, odnosno finansije.

Kako se ponašate prema novcu?

Kakva su vaša vjerovanja o novcu, koja imate još od malih nogu?

Da li je teško ostvariti izobilje?

Ako odgovorite iskreno i pažljivo na ova pitanja otkrit ćete da su vaša uvjerenja i odnos koji imate prema novcu usko povezani, te da se slično, ako ne i isto, ponašate u svim oblastima svoga života.

Odgovorite sada na ova pitanja, prije nego nastavite čitati.

Kada ste odgovorili na ova tri pitanja, možete li vidjeti sličnosti u djelovanju u različitim područjima svoga života?

Kada sam uradila ovu vježbu utvrdila sam da je ponašanje koje imam prema novcu u direktnoj korelaciji sa drugim oblastima moga života.

O novcu sam mislila samo kada mi treba. Nisam planirala kako doći do njega, ni kako sačuvati to što imam. Nisam imala nikakvu strategiju kako da tu oblast života učinim boljom/efektivnijom.

Jednostavno sam samo išla tokom kojim me život nosio, što naravno i nije baš dobra ideja.

Ako ne znamo gdje idemo, odakle smo došli, šta želimo i kako doći do toga, mi smo žrtve okolnosti.

Neophodno je obratiti pažnju na to kako funkcionišete. Ta spoznaja će uticati na sve aspekte vašega života, jer samo tada ćete znati šta je to čime ste vođeni i šta vas kontroliše.

Vjerovatno ste već čuli za 80% - 20% pravilo – odnosi se na biznis, mada se primjenjuje i šire, a znači da 80% našeg uspjeha ovisi o našoj psihologiji/vjerovanjima, ponašanju i razmišljanjima, a za samo 20% su ustvari zaslužni strateški koraci, važni za uspjeh u toj oblasti.

Međutim, dokazano je da naše emotivno i psihičko stanje određuje kako ćemo pristupiti i reagovati prema životu ili prema finansijama.

Kakva je vaša psihologija? Da li vas uzdiže i čini nezaustavljivim ili je obrnuto? Uvijek se može podesiti kurs.

Ovo je ***sedam glavnih grešaka*** koje mnogi prave. Obratite pažnju da li vas ima u ovome:

- *Emocije i priča.*

Koje dvije emocije su dominantne kod vas i koja vam se misao vrti po glavi, pozitivna ili negativna? Ovo kontroliše sve što radite. Kad shvatite o čemu se radi logično je da ćete poduzeti adekvatne korake da podesite kurs na željeno.

- *Nevoljnost da pitamo/slušamo.*

Mnogi ne žele priznati kad nešto ne znaju ili ne razumiju, te se samo povuku ili zapostave to, umjesto da se aktivno uključe da riješe svoju dilemu/izazov. A ponekad se pak dogodi da nam neko i kaže u lice koje greške pravimo, ali mi ne želimo čuti te ljude ili ih ignorišemo.

- *Kada znamo dovoljno.*

Kada se čvrsto držimo svoga stava ili vjerovanja i ne dozvoljavamo ničemu da dopre do nas. To je ustvari djelo našeg ega, onog nejakog dijela nas koji ne želi priznati da ne zna.

- *Kad ignorišemo rizik*

Često vidimo osobu koja ima dijabetes ili slabo srce, a i dalje se ne pridržava neophodnih pravila dijete i fitnesa, iako je cijeli život pred njom. Ignorisanje ovakvog rizika je kritično. Ako se radi o finansijama, ignorišu se troškovi ili činjenica da ništa nije po planu, već se živi od danas do sutra. Neophodno je imati adekvatan plan.

- *Potreba da smo upravu*

Ovo je mnogima veliki problem, koji je uzrokovan potrebom da imamo značajnost. Pronalaženje pozitivnih metoda (vozila) kojima ćemo doći do ove potrebe, efektivno će elimisati potrebu da budemo u pravu.

- *Nesposobnost da prepoznamo stvarnost*

Ovo se dogodi sanjarima, koji ne odvajaju vrijeme za planiranje: šta i kako, gdje i u koliko sati, s kim?

- *Odlaganje pravilne akcije koja bi mogla popraviti stvari*

Odlaganje u globalu je ekstra zastupljeno, a razlog je što smo tako programirani.

Uvidom u sve ovo imate jasniju sliku sebe i naravno lakše ćete znati šta se treba mijenjati, dodavati i oduzimati.

Bilo da se radi o finansijama ili bilo čemu drugom, neophodno je biti u kontroli toka svojih misli.

- *Promijeni redoslijed misli*

Misli imaju moć, misli su energija.
I ti možeš izgraditi svoj svijet ili ga srušiti samo svojim razmišljanjem.
Susan Taylor

Kada ti se dogodi da osjetiš kako će negativne misli u tebi eventualno kreirati negativnu emociju – smogni snage i zaustavi ih, tako što ćeš sebi naglas ili u sebi glasno reći: – Prestani, prestani!! I misli na svoje idalno emotivno stanje.

U ovom slučaju ti si svjesno zaustavio negativnu emociju i promijenio je u pozitivnu. Ovo je dobro vježbati u trenucima kada se osjećaš dobro.

Možeš vježbati da se osjećaš odlično ili čak fantansično. Ovo će biti dokaz tvome mozgu da je zaista moguće izabrati kako ćeš se osjećati. I onda, kada se pojavi neželjena emocija, lakše će je biti zamijeniti. I upamti, nemoj odustajati lako.

Za sve je potrebno vježbanje.

Ako si godinama slijedio jednu rutu, vrlo je lako da je automatski nastaviš. Ali upornost je važna. Koliko puta si nešto pokušavao i nije išlo. Mislio si da nema šanse da uspiješ, ali si istrajao/la i sad ti je možda i smiješno što si mislio da je to nekad bilo nemoguće.

Tvoje misli definitivno kreiraju tvoju stvarnost.

Ako i dalje sumnjaš i uvjeren si da je ovo teško ili neizvodljivo, sjeti se situacije kada si toliko bio ljut ili si galamio na nekoga u svojoj blizini. Tada je zazvonio telefon ili je neko pokucao na vrata. Šta se dogodilo? Pa vjerovatno već znaš, ustao si, promijenio redoslijed misli i disanja, koji ti je sve to i priredio, i javio si se na telefon, otvorio si vrata, kao da se ništa nije ni dogodilo.

Znači, da je moguće – ovdje se može dodati kad se mora nije ni teško.

Šta je ustvari veoma važno za bilo kakvu promjenu? Moramo to što želimo promijeniti staviti u status pod moranje, u suprotnom ćemo biti žrtve ustaljenih redosljeda.

- Šta zračimo to privlačimo

Uistinu je sve moguće kada određena osoba to iskreno želi i kad joj je namjera čista. Bilo je toliko stvari o kojima sam samo maštala, ali su se one kroz vrijeme skoro sve ostvarile. Postoji jedan zakon, tzv. zakon privlačnosti, koji nas uči da sve što želimo ostvariti, to i možemo, ali se trebamo ponašati kao da to već imamo. Trebamo hodati, disati, osjećati se kao da to već imamo. Trebamo vibrirati time što želimo, biti odgovarajuća energija koja je ista kao ona koju posjeduje to što želimo privući.

Ovo se dogodi kada želite nešto, kada sanjate i maštate o tome, ali kada vaša sreća ne ovisi o tome što trenutno nemate. Tada ste ustvari podešeni na frekvenciju koja privlači, jer dovoljno je samo da maštate da biste oživjeli osjećaje koje će vam dati željena stvar. To vas direktno stavlja u istu energiju koju posjeduje željena stvar. I tako se, to što želite, pojavi kod vas, kada se najmanje nadate. I to vam je, dragi moji, zakon privlačnosti.

Mogu posvjedočiti i potvrditi sa bezbroj primjera da je to istina i da zaista tako radi. No, mnogi probaju i lako odustanu jer ne dobiju to što žele. Ako ste dobro pročitali, neophodno je vibrirati tj. osjećati se kao da to već posjedujete. Osoba koja samo želi, a nije u harmoniji sa sobom i energijom privlačenja već samo želi ili se pretvara da joj ne smeta što to već nema – takva osoba ne može privući željeno.

Uvijek imaj cilj da se osjećaš dobro. To se neće uvijek dogoditi, ali tvoja odlučna namjera će biti kao putokaz tvojoj podsvijesti, da ti dostavi taj osjećaj. U trenucima kad se neželjeno razmišljanje dogodi zaustavi ga tako što ćeš se sjetiti svoga cilja.

Naš mozak je toliko fascinantan, a vrlo malo znamo o njegovoj moći. Ali isto tako je i vladar naših akcija i reakcija, ako ne znamo kontrolisati šta puštamo unutra. Doslovno trebamo postaviti virtualnog stražara ispred njega, koji će zabraniti negativnostima da uđu.

Ovo je vrlo važno, jer kada smo pod uticajem negativnih misli, centar u mozgu, koji je zadužen za osjećaj mira, u nama postane totalno isključen. I to rezultira stvaranjem percepcije o nama i našem okruženju tj. sve postaje crno i ne vidimo rješenje, čak i ako se nalazi ispred nas.

Ti si postavljen na ovu zemlju sa razlogom, tebi je suđeno da uradiš nešto prelijepo sa životom koje ti je dat. Tvoja vjera, da postoji Viša Sila koja sve uređuje na ovoj zemlji, dat će ti snagu da istraješ. Ako si mogao nastati u majčinoj utrobi, savršen, sa svim organima i funkcijama tijela, i kada pomisliš od čega si nastao, ne postoji nijedna osoba na ovome svijetu koja je identična tebi po ponašanju, izgledu, duhu. Zašto bi danas sumnjao da ta Viša Sila, koja ti je dala život, neće biti uz tebe, da te podrži i pomogne da dođeš do svojih ciljeva.

Zamisli da si ovdje na tajnom zadatku i tvoja misija je da ostvariš svoje snove, samo trebaš početi istraživati. Pokušaj ovo shvatiti kao igru, tada ćeš biti uzbuđen i voljan da se angažuješ u ovoj potrazi.

Nikola Tesla je jednom rekao: – Napišite u vašim novinama da je N. T. volio da se mnogo igra. Novinar ga je upitao: – Da li to znači da su vaši izumi igračke?

– Da, rekao je sa osmijehom Nikola Tesla.

Ne postoje ograničenja koja će odrediti šta ti možeš uraditi, odnosno biti, osim ograničenja koja si ti postavio kao okove na svoje razmišljanje i svoju maštu. Pošto je mašta neograničena, znači da nema ograničenja.

Znamo da je Nikola Tesla, kao i Einstein i mnogi drugi veliki ljudi, kreirao svoje vizije u mašti, pa ih tek onda stavljao na papir. Čak je u mašti mijenjao stvari, razmišljajući o nekom projektu. Svi mi to možemo, svi imamo tu sposobnost. Oni jesu bili genijalci, ali to ne znači da su bili sa neke druge planete. Mi možda nikad nećemo biti kao oni, ali zašto ne bismo slijedili bar donekle njihov način razmišljanja i ophođenja prema životu?

Deveti korak

PREPOZNATI SVOJU PRIČU

Mnogi od nas su cijeloga života praćeni nekom negativnom pričom iz djetinstva, koju sebi stalno ponavljamo. Ove negativne priče tj. događaji iz djetinjstva, mogu imati moćne uticaje na naš život i danas. Sav bol dolazi iz priče koja nije potpuno istražena. Sav bol dolazi kada sami damo značenje nečemu bazirano na emocijama koje imamo u datom trenutku. Dok smo djeca, ovisimo o svojim roditeljima i ako nam nekada nisu poklonili pažnju na način koji smo mi željeli, možemo cijeloga života patiti zbog toga.

A da upitamo roditelje o tom događaju oni bi sigurno imali drugačiju priču o tome, sa njihove tačke gledišta. Što znači, nisu ni bili svjesni da smo mi tako doživjeli taj trenutak. A mi smo proveli mnogo vremena misleći negativno o tom trenutku, dok je vrlo moguće da su oni imali neke svoje dileme tada i zato nisu bili onakvi kako smo mi očekivali da će biti. Isto se događa sa rodbinom, prijateljima, jer mi svaki događaj doživimo na svoj način, po našem modelu svijeta, po kojem bi nešto trebalo izgledati. Koliko puta vam se dogodilo da ste zvali nekog i nije se javio, zvali ste više puta i opet nema odgovora. I šta mi radimo tada? Razmišljamo o tome i pitamo se zašto se nije javio. Ignoriše li nas? Ne voli nas? Javlja se samo kad on nešto treba? Itd. Itd. Nađemo mnoštvo razloga zašto se nije javio. I dok smo u tom stanju negativnog analiziranja počnemo osjećati odbojnost prema toj osobi ili možda mržnju, zavisi o kakvoj se priči radi.

Jesmo li možda otišli *dublje* u zašto? Tako možemo provesti dane ili mjesece, nekad i godine misleći da nas ta osoba ignoriše, da bismo na kraju saznali pravu istinu. Da je možda ta osoba izgubila telefon i sve brojeve, ili je bila u bolnici itd. Ili jednostavno ta osoba nas ne zove, a mi sada ignorišemo nju i uopće ne ispitujemo razlog zašto. Zašto nisu bili dostupni kad smo ih zvali? Priča koja se stalno ponavlja će rasti kao sjeme koje zakopamo. Bilo koja priča (ili sjećanje) u koju se često vraćamo i prepričavamo je, postaje sve snažnija i ima sve veći uticaj na naše buduće odluke i životna iskustva.

Pitaj se, je li ova priča nešto što ja želim da raste u mom životu? Kakav je efekat imala ova priča na moj život do sada? Kakav ima efekat na moje odluke?

Koja je glavna priča u tvom životu koja te sputava da imaš ispunjen život?

Pitaj se, koje emocije doživljavaš zbog ove priče, ovog ograničenja? Priče koje razvijemo u djetinjstvu su sa tačke gledišta djeteta koje ne razumije svijet odraslih i kako odrasli prave odluke. Ti više nisi dijete. Koje emocije i danas živiš zbog te priče iz djetinjstva?

Sad se pitaj, da je tvoja bolna priča imala drugačiji kraj, da je ta osoba bila dostupna, da si dobio šta si želio itd. da li bi to promijenilo tok tvoga života? Možda, a možda bi samo kreirao novu bolnu priču.

Kada ne dobijemo ono što želimo u životu, postanemo fiksirani na to i izgubimo svoju moć.

Pokušaj ispričati tu svoju bolnu priču iz perspektive druge osobe. Totalno promijeni tu priču, dodaj, oduzmi, zamisli da ti Ciganka priča tu tvoju priču. Ovo je vrlo efektivna strategija za mijenjanje redoslijeda u mozgu, posebno kad se priča na drugi način nego je naviknuto. Možete već sada osjetiti razliku jačine tog bola ili negativne emocije, samo što čujete priču s Ciganskinim naglaskom. Jednostavno, energija se promijenila. Ponekad su neke strategije neobične i izgledaju besmislene, ali su provjerene i sigurno imaju efekta.

Šta je istina u tvom životu? Šta je tvoja nova priča? Odgovorite na ova pitanja, neće vam pomoći ništa ako ne uradite ove procese. A cijeli tok vašeg života se može promijeniti kao i moj, kada sam promijenila svoju priču.

Samo znanje nije moć! Implementirano znanje je moć.

Zapiši svoje kvalitete koje cijeniš: snaga, upornost, izdržljivost, vjera, hrabrost, strast... I pitaj se, da se ta priča nije dogodila u tvom životu, da li bi sada bio to što jesi? Da nije bilo te priče ne bi razvio mnoge od tih kvaliteta. Jer, razvijemo važne vrijednosti u nama kada smo primorani na to.

Ti si odgovoran za svoj život i nemoj čekati kraj života da to spoznaš.

Jednom sam na seminaru bila svjedok kada je čovjek od 67 godina zaplakao nakon što je shvatio da je cijeli život živio sa osjećajem da nije dovoljan. Bio je veoma bogat, došao iz Japana u New York i tražio pomoć da se oslobodi tog osjećaja nedovoljnosti. Tony mu je rekao da ga je taj osjećaj služio, jer se pokušavao dokazati cijeli život što mu je pomoglo da bude veoma uspješan.

Čovjek je imao tako vedar pogled kad je shvatio da je to zaista tako. S lakoćom je odlučio i prihvatio da nije tačno da on nije dovoljan. Naprotiv, bio je to samo osjećaj koji mu je pomogao da dođe do uspjeha.

Vidite, dovoljno je nekad samo da usvojimo novo vjerovanje za nešto i možemo promijeniti cijeli tok života.

Sada je na vas red.

- Ego

Ego je kao prašina u oku, ako je ne uklonite, nećete vidjeti ništa jasno. Uklonite prašinu da biste vidjeli bolje.

Šta je Ego?

To je dio nas koji nas sprječava da budemo slobodni. Dio nas koji je ograničen u okvirima sumnje, straha, neimaštine... On traži sigurnost po cijenu svega. Po mom mišljenu jedan je od glavnih uzroka što nismo u stanju da postanemo ono za čime žudimo. Sve je fokusirano na vanjski svijet, svi smo postali kao kopir aparati (dobro, neću generalizovati – skoro svi). Kada se radi o našem ličnom razvoju, slobodi duha, duševnom zadovoljstvu, istinskoj sreći, mnogi od nas ne žele da se mijenjaju.

Mi želimo da se stvari promijene. Materijalno stanje, fizički izgled, veze sa ljudima, poslovi... Svako želi da doživi te promjene, ali mi nismo spremni da promijenimo sebe, svoje navike, uvjerenja i način kako se odnosimo prema drugima. Ne želimo promijenti način kako se identificiramo i kako reagujemo na misli i osjećaje koji žive u nama. Istina je da veliki dio nas jednostavno ne želi napustiti poznate načine: ponašanja, vjerovanja, bivanja i svega onoga na što smo vrlo dobro navikli.

Zašto?

Zato što ne možemo izaći iz naše ugodne zone. U nama postoji primitivan, duboko ugraviran impuls ka prezerviranju tj. čuvanju onoga što jeste, odnosno postojećeg stanja. I tako iz dana u dan ponavljamo iste redosljede, iako smo vrlo nezadovoljni njima. Konstantna sumnja, nezadovoljstvo, ogovaranje sebe i drugih, strah... Iz dana u dan ponavljamo neželjena reagovanja, razmišljanja, emocije... A nikako da smognemo snage i odlučimo da je vrijeme za promjene. Imamo naviku da želimo sigurnost, želimo u svakom trenutku da se osjećamo sigurno i to nam neda da se suočimo sa nepoznatim. A svi znamo da se osjećamo najbolje kad uradimo nešto što je novo, što nije u našem ustaljenom redosljedu, kada probamo nove stvari, kada smo odlučni u nekoj situacije gdje nismo bili sigurni u njen ishod, kada istražujemo. Ali i pored toga češće izaberemo onaj sigurni put, jer želimo da znamo kada i kako će se nešto odvijati. Nemamo snage poduzeti nešto novo ako ne vidimo cijeli razvoj situacije u perspektivi i mogući ishod, kako će to izgledati na kraju. A sve to je samo zato što se bojimo biti osuđivani, što je najveći strah ega.

- *Prati svoje osjećaje*

Sa koliko nesigurnosti je čovjek spreman da se suoči
– toliki će kvalitet njegov život imati.
Tony Robbins

Navika da sve bude ustaljeno i poznato čini većinu naših nezadovoljstava. I ako je nešto *nezdravo*, a poznato, težimo ka tome, samo zato što je to veoma poznato mozgu i lako je doći do toga.

Zapamtite, mozak ne voli promjene.

Koliko stvari ima u tvom životu da ti se ne dopadaju: posao, veze, prijateljstva, emocije, izgled, itd. a i dalje ne poduzimaš ništa.

Sve je to kriva potreba za osjećajem sigurnosti. Bez obzira koliko nam to ne odgovara, strah od promjena je veći! Strah od nepoznatog, strah od osuđivanja, nepripadanja i strah od budućnosti. Također, imamo problem kada se suočimo sa izazovima/problemima, umjesto da gledamo u to kao životna iskustva, mogućnost poboljšavanja i izgrađivanja samih sebe, mi obično gledamo u prošlost.

Još jedna ružna navika ega je što krivimo okolnosti i ljude za naše nezadovoljstvo. Umjesto da poduzmemo sve što je u našoj moći, da tražimo korijen tog nezadovoljstva. Od čega je to poteklo? Koji događaj, emocije, iskustva, vjerovanja, su doprinjela svemu tome?

To ne znači da ne postoje problemi i stvari nad kojima mi nemamo kontrolu. Postoje i uvijek će postojati, sve je to istina. Mi moramo biti odgovorni za sebe i svoje doživljavanje istih, svoje misli i emocije, za ono što smo mi mogli učiniti ili ne, da to popravimo.

Koliko nas zaista živi tako?

Također, izbjegavamo istinu o sebi, o drugima i događajima. Zataškavamo je na sve moguće načine, a ustvari samo potiskujemo bol. A znamo da je istina – ta koja će nas osloboditi. Zavaravamo sami sebe da je tako bolje. Također, još jedna ružna navika je što mnogi imaju nisko mišljenje o sebi i o drugima. Lista ovakvih navika je preduga, a za sve je to kriv naš ego. To mu je dužnost da nas čini malim i nesigurnim.

Kad spoznamo sebe – u miru i tišini, svjesni, prisutni, zadovoljni onim što jesmo u tom trenutku – njegova moć slabi. A mi dobijamo snagu i moć gledanja na stvari iz druge perspektive. Tek tada ćemo imati snagu da pokušamo, da kažemo, da ispoljimo svoje kvalitete, da pokažemo svoje pravo lice – ranjivo i nemoćno, željno ljubavi i razumijevanja. I neće nam biti važno kako će to drugi doživjeti, jer znamo da smo i mi nekad bili nesvjesni i kontrolisani egom.

Ego će uvijek biti dio nas, ali što više budemo prisutni MI, lakše ćemo ga prepoznati, kad god osuđujemo, kada se bojimo, kada sumnjamo... Prepoznat ćemo ga kada smo s drugima, koji se hvale, ili u nama samima, kada smo u nevjerici. Ali pošto smo svjesni toga, riješit ćemo se polako te potrebe da glumimo. Njegova moć nad nama će se znatno umanjiti. A mi ćemo dobiti vjeru u sebe i proces života. Autentični, mi ćemo konačno stupiti na scenu života. Spremni da uzimamo rizike i da probamo nove plodove života.

Da bi se to dogodilo, moramo se pogledati u oči i vidjeti svoju istinu života koji smo živjeli do sada, tj. ono što smo usvojili kao istinu. Tek onda možemo krenuti naprijed i vidjeti pravu istinu, svoje iskreno, autentično ja. Ja bez maski.

Kako da probudimo slobodni dio sebe – oslobodimo se?

To se zove, svjesna evolucija/buđenje. Prvo moramo spoznati svoje greške i prihvatiti ih. Praktikovanje vjere, dnevni rituali kao što su vježbanje svjesne prisutnosti, dovoljno je za početak. Pet minuta svjesnog disanja, gledanja u nebo, cvijet ili bilo koje drugo svjesno promatranje će smanjiti proces misli. Jednostavno ćemo biti prisutni u sebi.

Sada zamisli jedan svoj izazov, nešto što ti smeta.

Prati svoj osjećaj: kako se ustvari osjećaš kada misliš o tome? Koje emocije su prisutne? Sjedi u tišini, udahni nekoliko puta polako i duboko, i pitaj se: Šta je to u mom životu što mi stvara konstantno nezadovoljstvo i šta mogu uraditi da se oslobodim toga?

Odgovor će se sigurno pojaviti ako dozvolite.

Mnogi od nas provedu godine nesretni, ali nezainteresovani za promjene. Najveća ignorancija kod ljudi je kada odbiju nešto, a nisu ni probali.

Tvoje vrijeme je ograničeno, nemoj ga gubiti i živjeti po nečijem šablonu života. Nemoj biti u zamci i živjeti po mišljenjima drugih. Ne dozvoli da ta mišljenja zaguše taj tihi glas u tebi što ti stalno govori da možeš. Smogni snage i slijedi svoje srce i intuiciju.

Steve Jobs

Ego može biti od koristi.

Ego je naš pomoćnik u nastojanjima da ostvarimo svoje ciljeve, tako da ne mislite da je samo slab. On se pokrene kada vidi da mu prijeti nešto. Mnogi ljudi tada najviše ostvare. Kada vide da gube nešto, tada se taj nesigurni dio nas aktivira – to je ego, koji u takvoj situaciji počne ostvarivati, da bi se dokazao ili da bi zadovoljio značajnost koju je izgubio zbog tog gubitka.

Važno je prepoznati taj dio nas kada se pojavi. Treba naći odgovore zbog čega se on javlja. Šta je to što vam je potrebno pa se on javlja?

Mi lako možemo prepoznati ljude egoiste i one koji imaju veliku potrebu za dokazivanjem, ali da ih ne bismo prezirali moramo znati da je to dio njih kojem treba pažnja, tako da sve to lažno ponašanje, iza fasade koju nabacuju na svoju ličnost, pokazuje ustvari njihov osjećaj nedovoljnosti. Prema tome, kada smo svjesni toga, naš ego se neće sukobiti s njihovim i samim tim mu slabi moć.

Čim se to dogodi, manje će oni imati potrebu da se lažno predstavljaju.

Ako vam se dogodi da osjećate ljubomoru to je također probuđeni ego, nesigurni dio vas, pitajte se: koji dio mene ima problem sa ovim (situacija koja vas je učinila ljubomornim), dakle, koji dio vas ima potrebu da ovo osjeća? Jeste li bili povrijeđeni, osramoćeni i slično?

Kad ste to sagledali, pitajte se: ko je to ko želi da ovo vidi; ko ovo pita?

Uvidjet ćete da je to sve ustvari unutrašnji glas, koji nikad ne jenjava, jer je tako navikao. Problem je što ga mi slušamo, bilo da govori pozitivno ili negativno.

- Neoprost

Neoprost je je kao kad pijete otrov nadajući se da će to ubiti neprijatelja.
Nelson Mendela

Vibracija neoprosta koju imate u sebi, bilo da ste je svjesni ili ne (često je nismo svjesni jer se dogodila veoma davno ili ju je mozak namjerno zagušio), utiče direktno na sve što radite. Ta emocija kao i svaka druga, kreira vašu biohemiju u tijelu i po tome vi djelujete. Ovo je istina za bilo koju drugu emociju: samilost, empatija, žalost, oprost, radost, neoprost...

Zapamtite, šta god da dajete sebi – dajete drugima.

Kada svjesno sebi date pozitivne emocije, tj. kada ih aktivirate na neki način (imate mnogo načina opisanih u ovoj knjizi), lakše ćete ih moći dati drugima. Sve to će vam pomoći da oprosite sebi i bilo kome ko vas je povrijedio na neki način.

Svako iskusi/doživi bol, razočaranje, frustracije i nepravdu. Razlika u kvalitetu naših života, naposlijetku, nije u tome šta nam se desilo, već u značenju koje smo dali tim iskustvima. To će odrediti kvalitet našeg života.

Svi znamo da okrivljivanje, neoprost i mržnja, iako i opravdani, jesu veoma destruktivna sila u našem životu i ličnom razvoju. Ipak, mnogi ljudi ne mogu oprostiti i zaboraviti. ZAŠTO?

Zato što smo veoma dobri u okrivljivanju drugih. Zašto? Zato što u nama postoji duboki strah, strah da nismo dovoljno dobri, pametni, kreativni, sposobni, educirani i da nećemo biti voljeni. Nemojte me pogrešno shvatiti, ja ne govorim da nečije povrede nisu validne i da uistinu niste bili povrijeđeni emotivno ili fizički. Ali, da bismo napravili napredak moramo se osloboditi priče koja nas drži bespomoćnom žrtvom. Što je ustvari priča krivljenja nekog drugog za nešto što se dogodilo u našem životu.

Ovaj sam proces naučila od mog mentora Tonija i veoma je efikasan.

Ako već krivimo nekog drugog za sve loše stvari koje su nam se dogodile, roditelje, braću, sestre, prijatelje, rodbinu, partnere, djecu, učitelje itd. onda ih trebamo „kriviti" i za sve pozitivne stvari koje su se dogodile zbog interakcije sa njima. Uključujući i razvoj, koji je bio rezultat svih tih bolnih iskušenja.

Šta bi bilo kada bismo sami sebe uvjerili da se život događa za nas, a ne nama? Bio bi to zanimljiv pogled na život, zar ne?

Da bismo došli do tog stanja svijesti, moramo prvo koristiti svoju moć krivljenja na jedan drugi način. Evo gdje idem sa ovim: postoji li značajan događaj u tvom životu, veza, doživljaj, interakcija, za koju ti imaš izuzetnu poteškoću da pređeš preko toga? Nešto vrlo bolno, gdje ti pohranjuješ tu vrstu emocije: optuživanje, ljutnju, frustraciju, odbijanje ili čak mržnju ka tom događaju ili osobi?

Jedan od većih problema koje imamo jeste naše uvjerenje da mi ne bismo trebali imati problema. No, problemi su često jedan od načina na koji nam život ili naš Stvoritelj, nude šansu da duhovno rastemo, da pronađemo dublje značenje koje će nas osloboditi. Ne samo od tog događaja, koji ne možemo zaboraviti, već i od sličnih koji bi mogli da se dogode u budućnosti.

Da bismo bili u stanju da se oslobodimo onoga što nas boli iz prošlosti, što nas sputava u sadašnjosti, trebamo uraditi jedan proces oslobađanja. Ne samo da zaboravimo to, još je važnije da to što nam se dogodilo iskoristimo za jedno veće dobro. I ne samo za nas lično već i za našu djecu, familiju i bilo koga drugog kome bi naš duhovni prosperitet mogao pomoći.

Svako od nas ima priču koja ga boli. Kada promijenimo priču – promijenit ćemo naš život.

Posveti vrijeme sebi i iskreno odgovori na ova pitanja.

Šta se dogodilo u tvojoj prošlosti za šta ti misliš da ti je uništilo život?

Kakav je utjecaj ostavio taj događaj na tvoj život do sada?

Upamti, što više napišeš i više ostane na papiru, manje će bola ostati u tebi.

Koga kriviš za ovo?

Zbog čega tačno ih kriviš?

Kao rezultat toga, kako je to utjecalo negativno na tebe?

Koja je značajna priča tvoga života? Koje potrebe, sigurnost, raznovrsnost, značajnost, ljubav/konekciju, rast, doprinos... si zadovoljavao tom pričom? I kakav utjecaj je ova priča imala na tvoj život do sada?

Koje emocije si doživljavao zbog te priče?

Sada ćemo se odvojiti od te priče sa ovim pitanjima:

Šta možeš reći da je dobro, a da je proizašlo iz te priče? Koliko si jači, bezbrižniji, voliš li više, jesi li postao strastveniji u nekim aspektima života, velikodušniji, sigurniji, jači?

Da se tvoj život već transformisao i da je danas idealan, po tebi, i da znaš da se taj događaj morao dogoditi, te da je u njemu bio sakriven dar za tebe – koji je to dar koji bi dobio?

Sada možeš naglas reći šta god hoćeš, brzo i intenzivno koliko god možeš, odgovori na ovo pitanje (mozak će prihvatiti riječi kad se u tijelu osjeti emocija): šta je kompletno *sranje* u ovoj cijeloj priči, koja te je ograničavala? Šta si sebi uporno ponavljao da ti nije dalo naprijed?

Priča je ustvari samo jedan ustaljeni redoslijed pričanja o prošlosti. Stalno ponavljamo priču, po istom redoslijedu, ponovo i iznova, bilo u sebi ili naglas, a to samo podebljava neurološke puteve u mozgu, koji stvaraju ograničenja. Moramo je gledati kao staru ploču, izgrebati je i više neće moći svirati po istom.

Promijeni svjesno način na koji je pričaš, ako već moraš da pričaš o njoj. Pjevaj je, koristi smiješni govor kada je ponavljaš, posebno ako je sebi ponavljaš npr. ostavio me momak – pa nema veze i onaj me cuko ostavi čim mu dam da jede, bizarno ali efektivno, jer nije normalno ophođenje koje pomaže da se disasociramo od bola.

Pričaj priču sa kraja, uradi bilo šta, bez obzira koliko ti ovo glupo izgledalo, jer tada ćeš pobrkati ustaljeni redosljed neurona u mozgu i nećeš aktivirati one iste emocije koje su ti kreirale bol. Ako ovo uradiš više puta, nećeš biti u stanju ponavljati tu priču istim tokom i neće te moći učiniti da se osjećaš kao prije. Oslobodit ćeš se.

- *Tvoja nova priča*

Nije dovoljno da samo ispreturamo redoslijed stare priče. Trebamo je zamijeniti novom, ohrabrujućom iskrenom pričom. Npr. ako je stara priča bila da smo ostavljeni/odbačeni od strane jednog ili oba roditelja, odnosno ako nam je priča bila: „Moja mama me ostavila i zato ja ne mogu biti nikad sretan“, istinita nova priča bi mogla izgledati ovako: "Moja mama je donijela najbolju moguću odluku, koju je znala i mogla tada donijeti. To mi je pokazalo da imam hrabrosti, da vidim šta je teško, te sam danas hrabra i ne padam lako na svakidašnje probleme. Sva moja sreća i uspjeh su rezultat moje hrabrosti i izdržljivosti."

Dakle, šta je istina? Koja je tvoja nova priča?

Odvoji vrijeme i napiši svoju novu ohrabrujuću priču. Unesi emocije i odlučnost, slijedeći put. Kad vam se javi ovaj redoslijed, mozak će imati alternativnu priču koju će vam predstaviti. Novu priču, koja vas podiže.

Kada nekoga okrivljuješ moraš sagledati kompletnu situaciju. Nemoj zaboraviti ovo pravilo: ako nekoga kriviš za svoje probleme, onda ga moraš *kriviti* i za ono što si ti postao zbog toga, zbog njegovog postojanja, njegovih poteza, svoga iskustva do koga si došao zahvaljujući njegovom postojanju...

Ovo se zove inteligentno okrivljivanje.

Za šta ih *kriviš* pozitivno? Kako je to rezultiralo i koliko je utjecalo da bude veća tvoja izdržljivost, poštenje, upornost... Koliko je to pomoglo da stekneš nove prijatelje, poznanike, ljubavi... Zahvaljujući tome napravio si važne izbore, a to ne bi da nisi morao. Danas si veoma zadovoljan zbog toga. Napiši sve pozitivno što se desilo usljed te *krivnje*.

Zbog svega što ti se desilo nastala je i jedna lijepa priča tvog života. Koja je to priča i zašto je nastala?

Po čemu je tvoj život danas bolji, upravo zbog onoga što si doživio? Budi svjestan da se to ne bi dogodilo da nisi imao to iskustvo, za koje si do sada krivio nekoga drugoga.

Pošto ti je sada sve mnogo jasnije i oslobođen si od stare priče, bogatiji i pun ljubavi, dobro bi bilo da nazoveš tu osobu, koju si krivio sve ove godine i kažeš joj da sada tvoj život ima novo značenje, i da želiš da se oslobodiš negativnih stvari iz svog života. Jednostavno im kažeš da im opraštaš. Ne očekuj ništa nazad. Ovdje se ne radi o tome kakvi su oni i hoće li prihvatiti to, odnosno da li će se oni izviniti. Ovdje se radi o tvom ličnom oslobađanju.

Ti si rođen sa mudrošću i snagom. Imaš u sebi sve što ti je potrebno. Samo ga trebaš osloboditi da izađe na površinu. Budi ono što si uvijek želio da budeš.

Da bi uspio ostvariti svoje snove trebaš biti voljan da radiš ono čega se najviše bojiš! Jednostavno moraš osjetiti nelagodnost prije uspjeha. Mozak ne upravlja tobom, ti upravljaš mozgom, ali je važno za napomenuti da tijelo i um djeluju skupa i ono što je prihvatljivo i poznato za jedno ili drugo uvijek će pobijediti. A najčešće se ustvari vodi bitka ko je jači – tijelo ima naviknute redoslijede reagovanja, a um razmišljanja. Da bi sve funkcionisalo kako treba neophodna je ustvari suglasnog tijela i uma za optimalan rad svega.

Deseti korak

RAZUMIJEVANJE I SPOZNAJA

Niko nije kvalifikovan da transformiše tvoj život osim tebe.

Istina je da sve što želimo možemo imati u mislima. To će nam stvoriti mir u nama i u tom stanju ćemo bolje razmišljati kako da dođemo do materijalizacije. U nama postoji univerzalna inteligencija, koja određuje milione aktivnosti u našem tijelu, a da mi nismo ni svjesni toga. U našem mozgu ima motivacioni centar. Moramo naučiti kako da se odučimo od nekih stvari i navika, koje smo usvojili kao istinu još od malih nogu. Ono što mislimo i vjerujemo da je istina, možda baš i nije tako. Univerzalna inteligencija postoji na zemlji bilionima godina i uređuje svaki trenutak, tako da sve ide po redu i rasporedu (godišnja doba, dan, noć, sve raste i umire). A onda postoji emotivna strana u nama, koja ima sumnje, brige, uzbuđenje, tugu, stres... Mnogi ljudi nisu u stanju da ovladaju svojim emocijama. Postoje tri strujna kola u mozgu koja uređuju, odnosno vladaju skoro svime što radimo.

Prvi faktor: MOTIVACIONI pogon – stvari koje nas nagone, vode da radimo ono šta nas čini sretnima, ali to je ponekad nadjačano faktorom straha. Bilo kada, kad se pojavi pravi zamišljeni strah, bilo da je iz prošlosti, sadašnjošti ili budućnosti, kad ga mi projektujemo tamo tj. kad mislimo da će biti teško i ubuduće, on umanji naš motivacioni pogon, tj. taj centar u mozgu – odnosno dio našeg mozga, koji želi da nas vodi naprijed.

Drugi faktor: Kada dođemo do toga stanja, osjećaja kada vjerujemo u univerzalnu inteligenciju/ Boga, možemo umanjiti strah, sumnje, stara negativna iskustva, sramotu, krivnju, manjak samopouzdanja i sigurnosti, tako da možemo ponovo aktivirati motivacioni trigger (okidač) u mozgu. Možemo se kretati ka željenom cilju, tj. ostvarivati to sa većim zadovoljstovom i sigurnošću. Sa manje stresa. Ovo je nešto što nas niko nije učio.

Ljudi izlažu svoje tijelo ogromnoj količini stresa, jer ne znaju kako upravljati emotivnim stanjem svoga bića. Prvi put do sada nauka je uspjela povezati konekciju izmedu tijela, duha i uma.

Moramo povećati znanje i vještine da bismo ovladali sobom. Prvo sakupljamo informacije, sa ponavljanjem dobijemo znanje. Sa znanjem vještinu, odnosno steknemo iskustvo. Sa iskustvom steknemo mudrost i tako naš život postane bolji. Sa svim ovim znanjem naš motivacioni i zadovoljavajući okidač u mozgu se aktivira.

Postoji *strujni krug* u mozgu koji se zove želja za ostvarivanjem – više znanja, zadovoljstva i svega. Naš mozak se doslovno budi i pravi nove ćelije, sa svim novim znanjem. To odlično stanje uma zove se nervna suglasnost. Znači da imamo različite dijelove mozga u suglasnosti. Oni rade u harmoniji jedan sa drugim. Tada se dopamin (hormon koji nas čini da se osjećamo zadovoljno) otpušta u mozgu. Kada smo u stanju haosa ili nervne nesuglasnosti osjećamo se zbunjeni, kao da nešto nije uredu. Tada zapravo nema hormona za smirenje. Svaki put kada ponavljamo nešto, bilo pozitivno ili negativno, potvrđujemo tu emociju tj. jačamo je u našem nervnom sistemu.

Naša mogućnost da se odazovemo ili uzvratimo na problem jeste naša lična odgovornost. Svaki problem ima efekat. Svaki rezultat koji imamo u životu je posljedica nečeg što smo uradili, znali ili nismo znali, u prošlosti. Ako se fokusiraš na trenutni rezultat i vraćaš sjećanja, kako si se osjećao i kako se osjećaš sada, zagušuješ duhovni centar mozga i motivicioni centar. Time se stavljaš u *mod straha*, što znači da genije, dio mozga koji se zove lijeva prefrontal, će projektirati u budućnosti tačno ono čega se bojiš sada i emocije koje imaš o tome.

Ako ne naučiš kako da zaustaviš lijevi prefrontalni korteks u mozgu da projektuje u budućnost ono što se dogodilo u prošlosti, bez da gledaš šta je sadašnjost, kreirat ćeš još mnogo toga istog, čega se bojiš. Ako postaneš svjestan da su tvoji trenutni rezultati direktno uslovljeni dešavanjima u prošlosti, tada si odlučio da koristiš desnu stranu mozga, što je genije – šef, dio mozga koji ti pomaže da praviš pametnije odluke za danas, sutra i ubuduće. Da bi se aktivirala desna strana mozga potrebno je vježbati svjesnu prisutnost.

Budi kreativan i zadovoljan trenutnim stanjem i za dan-dva, deset, ili za mjesec, postići ćeš promjene. U suprotnom si žrtva, ignoriraš, zanemaruješ, jednostavno nisi svjestan kako da razlučiš i promatraš šta se događa u tebi. Ne možeš gledati na stvari bez emotivnog vezivanja i zato se aktivira dio mozga koji je za negativnost. Zašto to radimo? Zato što smo tako povezani da se čuvamo od bola – to je prvi signal koji mozak dobije. Sve što je stvarno ili zamišljeno, a moglo bi biti bolno, sada i u budućnosti. Dobro je što imamo taj signal, ali to uvijek nije stvarnost. Samo se podsjetite šta se desi kada zamislite neki događaj, odmah se emocija aktivira za taj događaj.

Kada smo žrtve neznanja ili ignorisanja, samo kreiramo više onog istog osjećaja koji stvara probleme. Naša stvarnost ovoga trenutka je da se pitamo zašto smo neuspješni i zašto ne možemo promijeniti stvari. Nesretni smo, nezadovoljni, i što više mislimo o tome stvaramo i podebljavamo redosljed neurona u mozgu, koji će nakon kraćeg vremena razviti nešto što se zove automatsko uzvraćanje ili odziv na to što mislimo.

Sjećam se, kada sam pokušavala da prestanem pušiti, trebalo mi je četiri godine i veoma je teško bilo, sve dok nisam shvatila zašto je tako teško. Stalno sam mislila kako želim prestati, što je ustvari pojačavalo moju želju za cigaretama, jer sam uporno mislila o tome... Malo je to možda i čudno, ali je tako bilo.

Kada sam počela misliti o sebi kako sam sretna što ne pušim i vidjela tu sliku sebe, kako izgledam oslobođena od te adikcije, tek tada sam promijenila redoslijede u mozgu. To je bio putokaz (neurološki) da i dođem tu, tj. da me mozak tu dovede.

Neophodno je imati željenu viziju u glavi i ponavljati je popraćenu s pozitivnom emocijom.

Sve što ponavljamo, emotivno ili fizički, postane automatizovana radnja. Tako se mi nesvjesno podesimo na automatizam, koji nam ne dopušta da odlučujemo i razmišljamo. Kad ljudi shvate da ne moraju reagovati već upravaljati emocijama i mislima, tada dolazi uspjeh. Svaka negativna misao mora imati na suprotnoj strani tri pozitivne, kako bi izbalansirala negativni efekat. Naš mozak konstantno traži načina da nas čuva od bola, bilo da je stvarni ili zamišljeni. Moramo biti svjesni misli i emocija. Kao što vježbamo bilo šta, tako i ovo, trideset dana redovnog vježbanja može promijeniti i riještiti dugogodišnje negativno stanje.

Prvi dio promjene bilo čega je spoznaja, prepoznavanje svjesnosti misli i emocija, vjerovanja, ponašanja, reakcija, rezultata...

Drugi dio promjene zahtjeva od nas da naučimo kako promijeniti okvir: izgled ovih emocija, vjerovanja ili navika koje imamo, a koje nam više ne služe. To znači da trebamo naučiti novu vještinu.

Treći dio promjene je naći način kako se riješiti dijela nas koji želi da zadrži tu emociju, jer to je kao naša utjeha, nekad kada smo sami. Mnogi ljudi ne razumiju da ima onih koji su očajni, a ugodno im je. Šta to znači? Naš mozak traži ugodne zone, kao termostat drži određenu temperaturu tj. emociju. Svako ima svoju ugodnu zonu i šta god je naša zona mi to pokušavamo da zadržimo na nesvjesnom nivou. Moramo se naučiti osloboditi stvari koje više ne želimo, a to je također vještina.

Sjećam se svoje upornosti i svojih slabosti iz početka, kada sam počela raditi svoje promjene. Čim sam osjetila te promjene na sebi, bila sam tako uzbuđena i imala potrebu da ih nastavim. Nije prolazio ni jedan dan a da ne meditiram.

Tada nisam znala da je mozak ovisan o onom na šta je navikao. Kod mene je bilo nezadovoljstvo, ali čim je mozak spoznao benificije meditacije, on me iznova vraćao tamo. Jer moje novo ponašanje je kreiralo pozitivne emocije, koje se ne mogu ignorisati u tijelu. One se lako prepoznaju i sistem ih želi više, tako da je lako zamijeniti uobičajeno ponašanje, ako novo ima jake emocije vezane za sebe. A ja sam bila presretna u samom početku jer sam osjetila značajne promjene na sebi.

Naučnici koji su radili istraživanja s najuspješnijim sportistima, s onim najbržim, najjačim, najsnažnijim i najpreciznijim, ustanovili su jednu važnu činjenicu, da je postojala razlika između njih i onih koji su bili stepenicu niže, kad se radilo o uspjehu, a po izgledu nije trebalo biti tako, jer su i oni imali na početku iste rezultate kao i ti prvaci. Razlika je bila u mišljenju – svi su imali isti dar, samo su jedni smatrali da je to to, da je to njihov kapacitet i njihova mogućnost. Nazvali su ih „prirodni".

Drugi, koji su nastavili uvijek biti među prvima, nazvani su „uzgajani dar", njihovo vjerovanje o sebi je bilo da je njihov dar samo početna tačka, te da su mogućnosti puno veće s redovnim kultivisanjem i uzgajanjem/ jačanjem tog dara. Tako da, ponavljanje misli i naravno akcija, su jedini put ka onom što čovjek želi, a nažalost i ka onom što ne želi. Izaberite mudro.

- *Odučavanje mozga*

Mozak je ovisan o poznatom.
Neka vaše poznato bude ono što želite i imat ćete idealan život.
Elvisa Kovačević

Da bismo prestali raditi ono što više ne želimo, moramo imati želju i razlog za to. Isto kao kada tebamo na svadbu, mi imamo želju i razlog da smršamo i obično uvijek uspijemo, jer imamo određen termin za to. Znači, mozak je imao jasan fokus na to ostvarenje. No, šta se dogodi poslije svadbe? Obično se vratimo starom. Da bismo bili istrajni u našem cilju treba samo malo posebnog napora da se reprogramiramo sa stalnim vježbanjem. Dnevne vježbe su ključ za to.

VJEŽBA: Prepoznaj problem

Sjedi u miru i tišini nekoliko trenutaka. Udahni par puta, sporo i duboko, i pitaj se, tj. idi svjesno u mudri dio sebe, ne onaj što misli, već onaj što osjeća i zna, genije u tebi/tvoja intuicija: koja je to (jedna) stvar, koja me stvarno sputava da živim moj najljepši i najbolji odraz života?

I dok dišeš duboko, samo se predaj i dozvoli (ne znači da odustaješ, već samo dozvoljavaš) odgovoru da izađe iz tebe. Zapiši to šta ti dođe bez razmišljanja.

Kad imaš odgovor, zapitaj se: kako mogu tome promijeniti značenje? Npr. ako misliš „ja ne zaslužujem da imam idealan život“, iz bilo kojeg razloga, bez ikakvih emocija se zapitaj: kako mogu promijeniti taj osjećaj/misao?

To će vas možda odvesti u period vašega života u kojem niste osjećali da zaslužujete nešto, odnosno kada ste bili uvjereni da ne vrijedite. Možda je nešto bilo rečeno, možda neko iskustvo ili ste samo mogli vidjeti nemili događaj. Kada ste spoznali korijen vašeg nezadovoljstva. Sada svjesno odlučite i promijenite tu emociju, dajte novo značenje tom događaju. Promijenite percepciju, potpuno bez oklijevanja dajte tome novo značenje. Vi imate tu moć. Tada postajete slobodni.

U suprotnom mozak će nastaviti vjerovati u šta je i navikao.

Rađene su studije sa grupom žena, hotelskih sobarica. Većina ih je imala višak kilograma, ali nisu smatrale da im njihov posao može pomoći da izgube kilograme i budu zdravije, bez obzira što svakodnevno imaju toliko fizičkih pokreta i pređenih kilometara.

Svrha studije bila je da se uvidi koliko novi mentalni okvir utiče na stanje ljudi, u ovom slučaju žena. Jednoj grupi žena je rečeno kako je nacionalni list za zdravstvo, nakon dužeg istraživanja, utvrdio da je upravo njihov posao sobarice i svakodnevno kretanje, savršen način i idealno zanimanje za vitalnost i zdravlje.

Sve žene iz te grupe su bile testirane poslije par sedmica i ustanovljeno je da su sve izgubile kilograme. Smanjen je njihov krvni pritisak i uglavnom je njihovo zdravstveno i fizičko stanje bilo poboljšano.

Šta je bio uzrok ovih pozitivnih promjena?

Novi mentalni okvir! Novo, usađeno vjerovanje, podebljano rezultatima naučnih istraživanja od strane utjecajnog istraživačkog tima.

Dakle, nije bilo nikakve sumnje u validnost rezultata istraživanja i žene su to prihvatile kao potpunu istinu, čvrsto vjerovanje koje je promijenilo biohemiju u tijelu i ćelije su se počele ponašati u skladu sa tim vjerovanjem.

Žene u drugoj grupi, kojima nije rečeno ništa o rezultatima istraživanja, ostale su na istom.

O vjerovanjima i kako direktno utiču na ponašanje naših ćelija, čitat ćete još na stranicama koje slijede.

Nauka je dokazala, nakon neograničenog broja studija, da je ovo istina, i da je moguće promijeniti neurokonekcije u mozgu tj. promijeniti neželjene radnje ili emocije. To se zove neuroplasticity ili plastičnost mozga, što ustvari znači da je mozak doslovno kao plastelin i može ga se oblikovati kako hoćemo. U ovom procesu moždani neuro-putevi i konekcije se mijenjaju kao posljedica okruženja, ponašanja i neuro promjena.

Ja nisam ljekar da vam te procese i promjene mogu stručno pojasniti, ali kao neko ko je doživio i sve to osjetio na svojoj koži, mogu samo predložiti da, ukoliko ste skeptik, naučite još više o tome, a ako niste dovoljno je sada da započnete u sebi razvijati novo vjerovanje. Sa njim ste započeli taj presudni proces mijenjanja mozga.

Gledali smo nekada na televiziji, ili smo negdje čuli o fascinatnim pričama, odnosno slučajevima koji su ovo dokazali. Vidjeli smo neobjašnjena izlječenja i otpisane slučajeve koji su doživjeli nevjerovatne transformacije. Sada je na nama da povjerujemo i počnemo.

Mnogi će i dalje samo proći pored ovoga i nastaviti svoju staru ograničenu priču, jer je tako lakše. To je uobičajena reakcija većine ljudi.

Nemojte biti jedan od njih. Vaša duša zaslužuje da je poslušate i da počnete raditi ono što je neophodno.

Vi sada posjedujete novo znanje. Sada znate da jedini razlog zbog kojeg ne poduzimate potrebne akcije u svom životu jeste ustvari činjenica da još uvijek niste svjesni koliko ste kontrolisani svojim vjerovanjima i ljudskim potrebma. Ništa drugo, samo to.

Cijela ova knjiga je uglavnom namijenjena ljudima poput mene, sanjarima koji su usvojili pogrešna vjerovanja i razmišljanja. Koji nose svoja životna iskustva. Ali bez obzira na sve, takve osobe ne žele biti vodiči onima koji nemaju ovaj problem, a žele biti dio promjene i pomoći onima koji trebaju pomoć ove vrste.

Svijet je nažalost prilično zagušen. Svi smo mu potrebni, prije svega da držimo svoju energiju pozitivnom, kako to najbolje znamo.

Postoje strateški koraci, koji, kada se implementiraju, oslobode osobu pohranjenih negativnih emocija. Kada se to dogodi, osoba ima na raspolaganju više životne energije i počinje da vibrira frekvencijom mira i mogućnosti.

Ako ste zapitani ili sumnjate u ovo o čemu vam govorim, o kakvoj energiji i frekvenciji je riječ, mnogo više o ovoj temi možete potražiti na netu. Ja ću se samo osvnuti na izreku Nikole Tesle „Ako želite pronaći tajnu Univerzuma, mislite u smislu – energije, frekvencije i vibracija".

Ko sada ovo čita? Ko je sad svjestan ovoga trenutka? Ko je onaj koji ovo sve promatra? Ti!!!

A nekako, kao da vas je dvoje, zar ne? Neko, ko je svjestan ovih pitanja i neko ko ih čita.

Je li to duša u nama ili je viši dio nas? Ili je pak ego? Vi odredite po svome.

Jedno je činjenica: ako ste iskreni, moći ćete priznati da je uvijek u vama prisutan onaj glas. Šta vam govori i na koji način vam se obraća, ovisi o tome kako se osjećate, odnosno kako vibrirate. NIje li tako?

Ako vam je niska energija odmah se pojavi onaj glas sumnje, žaljenja, kajanja, kritike i slično. Ako vam je energija visoka i na pozitivnom nivou pojavi se glas mogućnosti, nade, inspiracije i odlučnosti.

Znači, sve je energija, kao što je i rekao Einstein.

Na nama je da pazimo šta zračimo, jer to i privlačimo.

Sjetite se jednog trenutka kada ste se osjećali odlično. Šta je proizašlo iz toga? Za ono drugo neću ni pitati, jer moglo je i kolo igrati, pjevati Lepa Brena ili Dino Merlin, a ako vam je energija bila niska, vama nije bilo ni do čega.

Prosto k'o pasulj, zar ne?

- Sad mi je sve jasno - Mi smo ti koje čekamo!!!

Mogućnosti su kao izlazak sunca. Ako čekaš predugo, propustit ćeš ih.
William Arthur Ward

Zadnjih nekoliko godina proteklo je kao jedno divno putovanje. Na tom putovanju sam pronašla najvažniju osobu u svome životu – sebe. Moj život prije toga uglavnom se događao u nekoj čekaonici: dok se ovo dogodi, dok ono ostvarim, dok mi onaj posveti pažnju – priliku, danas ću, sutra ću, dok prođe nova godina i tako u nedogled, izgovor do izgovora.

Primjećujete li da su i danas čekaonice prepune?

Poznata priča mnogih nas. A zašto to radimo kada niko od nas ne voli čekaonice. Obično su sumorne, monotone i pune ljudi koji vibriraju vrlo niskim vibracijama, tako da i ako se dogodi da dođemo na red, mi nemamo snage da ustanemo jer smo i sami počeli nisko vibrirati.

(Ima istine u onoj staroj *s kim si takav si*).

Razloga je mnogo zašto čekamo, ali jedan je univerzalan za sve ljude, jer imamo istu najsavršeniju i do sada još uvijek do kraja nedefinisanu mašinu u sebi, naš mozak.

Mozak ne želi da se mijenja i njegov glavni posao je da nas drži na sigurnom/poznatom. Reći ću vam kako sam ja počela.

Svaku novu tehniku i proces koju naučim ili izmislim uvijek isprobam prvo na sebi i tek onda je preporučujem drugima. Evo jedne tako jednostavne a toliko moćne da, ako je budete praktikovali, spremite se jer će se nešto posebno dogoditi. Postat će vam jasno da smo uistinu mi oni koje čekamo. Osvijetlit će vam se putevi pred vama čak i oni na kojima je davno nestalo svjetla.

Od sedam do dvadeset i jedan dan, bez žaljenja, ni u sebi a ni naglas... Svako jutro kada se probudim, pored moje jutarnje rutine, odlučim da se neću ni na šta žaliti. Ni u sebi ni naglas. Tu je bilo uključeno mnogo žalbi za koje iskreno nisam ni znala da postoje. Pored onih o vremenu, ljudima, politici, frizuri, kilama, gužvi, kiši, djeci, kolegama, trgovcima i da ne dužim, vidite gdje idem sa ovim. I tako, prvi dan, pošto sam odgovorna i imam osobu koja očekuje izvještaj za taj dan, potpuno sam posvećena ovom izazovu namjera prisutnosti. A to je ustvari jedini način da primijetimo misli koje nam se vrte po glavi. U stanju sam primijetiti svoje misli kada se pojave. Naravno, ne znači da primijetim baš svaku. Znate da dnevno imamo do 86.000 misli, a 80% tih su ustaljene, odnosno iste, tako da je pojava većina tih misli podsvjesni proces.

Pošto svakodnevno vježbam svjesnu prisutnost ovaj izazov mi nije bio tako težak. Bila sam u stanju primijetiti većinu misli koje su se odnosile na žaljenje. Svaki dan sve više i više sam bila prisutna, ali na moje veliko čuđenje (pošto smatram sebe prilično pozitivnom osobom i emotivni fitnes mi je redovan) nisam mogla vjerovati kakve sve stvari su se predstavljale na mom mentalnom ekranu.

Već sam bila u stanju primijetiti, pored onih svakodnevnih žaljenja, koliko je moj um i dalje na autopilotu usađenih negativnih vjerovanja – redoslijeda. Misli žaljenja su se pojavljivale iz svih uglova, što nisam prije ustala, što nisam prije legla, kako ću to zaboraviti, dijete mi nešto govori, a samo čekam da završi, pa da se požalim što nisu uradili što sam im već rekla.

Sa ovim izazovom bila sam u stanju primijetiti ljude oko sebe. Vidjela sam ljude ispred sebe i postala svjesna sadašnjega trenutka. Mogla sam im dati potpunu pažnju i poslati misli koje ne želim da koristim *u mirovinu*.

Zamisli da su tvoje neželjene misli dosegle rok rada (upotrebe) i pošalji ih sve u mirovinu. Doslovno, uposli nove vibrantne, sa novim idejama, koje će da vas dovedu kao *kompaniju*, na novi nivo uspjeha. Pošto sam bila odgovorna za posmatranje svojih misli primijetila sam da imam izbor, umjesto da se trudim da ih promijenim mogu im samo dozvoliti da budu tu, ne odbijati ih. Jer sve što odbijamo postaje jače. Moj izbor je bio da stavim fokus na sadašnji trenutak. Tako ne stvaram odbijanje nego mijenjam ustaljeni redosljed, sa fokusom na željeno, to jest na sadašnji trenutak.

Mnogi neće uzeti ozbiljno ovaj proces, jer zvuči previše jednostavno, ali zar nisu sve najvažnije stvari jednostavne?

Dok ne počnemo raditi jednostavne stvari, sve ono sto već znamo da je dobro za nas i da nam treba u životu, (npr. je li misterija i veliki problem smršati? Ne baš, je li tako?), potrebno je redovno slijediti par jednostavnih koraka. Isto je i sa svime ostalim... Naš dah je najjednostavnija pojava, proces kojem ne polažemo pažnju, sve dok ne bude zagušljivo ili nam neko ne začepi nos.

Jednostavne stvari su ljudima promijenile život. Važno je vratiti se na početak/ nazad, ka osnovama i uvesti ih u život kao rutinu, da možete vidjeti benificije, promjenu životnog stila zbog toga. I ova jednostavna vježba nežaljenja će vam dati toliko uvida u vašu psihologiju/ razmišljanja, djelovanja da ćete tek onda shvatiti sami koliko gubite energije na nevažne stvari, stvari koje ne možete kontrolisati i stvari koje nemaju ništa s vama i sl. A sva ta energija je mogla biti usmjerena na vaše ciljeve, na najmilije ili pak na samoga sebe.

Mogu vam ja do sutra pisati i tvrditi koliko benificija ima ova vježba i da vam se doslovno može cijeli život promijeniti kada prepoznate gdje griješite i šta vam je potrebno. Sve dok vi sami ne isprobate i ne iskusite na svojoj koži nešto – nećete moći otkriti to. Stoga, učinite sebi uslugu i uradite barem sedam dana izazov bez žaljenja, to će vam dosta pokazati i vjerujem da ćete onda nastaviti još.

Jer mnogi ljudi koji urade ovaj proces su fascinirani rezultatom. Pozovite nekoga da vam se pridruži i bit će vam još zabavnije, da skupa primjećujete ustaljene, do tada i nesvjesne, procese koji vam više ne služe.

A ako želite možete čak početi i sada: probajte jedan sat da se ni na šta ne žalite.

- Proces oživljavanja

Ponekad se iznenada i bez najave dogodi neželjena misao i mi se automatski nađemo u prošlosti. Ili nečim/nekim asociramo bol, a naravno to je tako jer mozak tako radi. U ovom slučaju nudim vam da uradite proces oživljavanja. Dala sam mu takvo ime jer vas baš može vratiti iz mrtvih, doslovno.

Započnite proces oživljavanja:

Zatvorite oči. Sjetite se lijepih trenutaka iz svoga života. Svih, počevši od najranijeg djetinjstva, od malih nogu, kroz školu, ranu mladost, starost... Par minuta je dovoljno da vratite film, ali nemojte škrtariti i sjećati se samo velikih, značajnih trenutaka. Sjetite se i kako ste jučer uživali u suncu i ljepoti cvijeća. Sjetite se svojih omiljenih lica, svih lijepih trenutaka iz svoga života, sve do danas, čak i onih zavodničknih cipela. Slobodno dozvolite suzama da pođu, jer je moguće da krenu baš onda kada asocirate neke od ovih događaja, sa osjećajem zadovoljstva. Sada uvećajte mentalno ovaj lijepi osjećaj dva puta, pa onda pet puta, pa ga uvećajte deset puta i osjetite kako vam prožima tijelo. Dozvolite da vam ovaj osjećaj obuzme cijelo tijelo. Osjetite ga u svakoj ćeliji. Čuvajte svoj osjećaj kao zjenicu oka svoga i zapamtite da je uvijek vaš. Molim vas usporite, učinite sebi uslugu i uradite ovo.

Pošto naš um misli racionalno, a ovaj proces uključuje tijelo, imat ćemo potpuni proces kada su oboje uključeni u isti osjećaj, tako da će to postati dio nas. Također, možete koristiti ovaj isti proces ako se želite fokusirati na jednu osobu ili jedan događaj. Najvažnija ljudska mogućnost je usmjeriti misli na sadašnji trenutak.

Kada sam preuzela potpunu, stopostotnu kontrolu nad onim što se događa u mom životu, stvari su se počele mijenjati.

Jesu li sve moje ruže procvjetale u ovom procesu? Nisu. Ali, imam mir u duši. I dok u ovom procesu spašavam sebe, jasno mi je da niko svojim postupcima ne može oduzeti moju vrijednost. Oživljavam u sebi pravo znanje, koje je dugo čekalo da bude otkriveno. U ovoj istini prepoznajem da je svijet sačinjen i od tame i od svjetlosti, ali da ja imam mogućnost odabrati kojim putem da krenem.

Sve dok nisam sebi razjasnila da neću doći do onog što želim, sve dok ne preuzmem potpunu kontrolu nad svojim emocijama, dok u trenutku kada se pojave ne skupim snagu i analiziram ih, dani godine su samo prolazile u osjećaju nezadovoljstva. Iskreno, trebalo je dosta vremena da se ovo dogodi. Jer, kao što znate, um nas uporno vodi u poznata stanja. Moja najveća i najefektivinija podrška je bio moj lični savjetnik. Mada sam ga masno plaćala, nije mi žao ni jednoga centa. I dan-danas se redovno čujemo.

I uvijek se sjetim njegovog pitanja: Koliko će te koštati ako ostaneš zaglavljena u toj priči? Za čim ćeš žaliti?

Znao mi je reći: –Misli na one kojima je tvoja pomoć potrebna i ne budi sebična.

– Sebična?!

– Da, sebična! Jer se držiš u svojoj negativnoj priči, koja je u odnosu na mnoge ljudske priče prekrasna. Neko bi dao sve samo da se najede k'o čovjek i napije čiste vode. Dok neke majke sahranjuju svoju djecu ubijenu granatama, ti se baviš glupostima. Itd. Na mene je to presudno utjecalo, jer me dodirivalo do dna duše, valjda jer je bilo potpuna isitna.

Bilo je dana kada sam potpuno gubila vezu sa svojom svrhom i svojim idejama. Obuzimao me strah: u šta sam se ovo uplela sama?! Ahh, pa mogla sam sada sjediti i gledati life time movies. Ponekad bih dozvolila strahu da me prevlada i doslovno sam se osjećala kao da lebdim u zraku. Ponekad sam se osjećala kao lažov, jer sam već uveliko savjetovala drugima da je vrlo lako promijeniti svoje stanje. Promijeniš fiziologiju, fokus i značenje i eto te, k'o nova si.

Međutim to je nekad naprosto bilo neizvodljivo. Nekada nam je potrebno ovo stanje, čisto da predahnemo od svega. Ponekad je neophodna rehabilitacija i provjera cilja, analiza gdje si i šta ti fali. Koje svoje potrebe i dalje ne zadovoljavaš na željenom nivou. Zašto misliš da sve mora biti perfektno?

I naravno, svaki ovaj trenutak je bio prilika da nešto u njemu prepoznam. Kada čovjek vježba jedno novo stanje uma već duže vrijeme, i kada je prilično svjestan sebe, a povrh toga ima stručnu osobu koja vidi ono što se čita između redova i koja vam to iznese na svjetlost dana, uistinu je lako prepoznati svoje greške. Sve nekako postaje jasnije i onda po ko zna koji put se pitaš: Pa zašto zaboravljaš znak sudbine? Da nisi trebala biti ovdje, baš sada, u ovome tijelu i odjelu, tu ne bi ni bila. Ali, kada bi život bio tako jednostavan ne bi nam bio zanimljiv.

Istina je da si sam svoj šef. Može ti reći ko god šta hoće, može ti dati savjet najskuplji na svijetu, može ti dati podršku, ali ako ti nisi otvoren da pogledaš stvari sa druge tačke gledišta, sve je to uzalud. Ljudi takve prirode obično su ostali zaglavljeni u nekom vremenu i prostoru iz prošlosti i apsolutno nisu ni svjesni koliko propuštaju sa takvim stavom. Doslovno nisu svjesni svoje nesvijesti. Neki su jednostavno postali dio svoje negativne priče (nesvjesno) i nemaju namjeru mijenjati je. Postalo nam je to poznato stanje za koje mislimo da nam daje neku sigurnost, spas od nepoznatog, tako da iako je to jedno neugodno stanje, mi ga ne mijenjamo, jer ne znamo za bolje. Neki su preživjeli toliko bola i trauma da nisu u stanju sebi pružiti bilo kakvu šansu. Dopustiti razmišljanje o tome da je moguće biti bolje. Očigledno je da trauma ostavi duboko urezan trag u nevnom sistemu, koji se može otkloniti samo s profesionalnom pomoći i određenim strategijama koje vam nudim ovdje.

Ali, i pored svega ovoga vi ste jedina osoba koja može uticati na tok vašega života, upravo odavdje. Pasivno čitanje, ponovit ću još jednom, neće ništa promijeniti. Moj mentor Tony uvijek kaže: „Nikad ne ostavljajte trenutak inspiracije a da nešto ne uradite s njim. Načinite neki korak ka tome što sada mislite da ćete poslije. To vam je garancija i za sljedeći. U suprotnom imate male šanse da se vratite ka tome s istom energijom".

Pretpostavljam da možete vidjeti značaj ovoga stava? Je li vam se ikada dogodilo da ste dobili neku ideju, koja je u startu zvučala super i zvali ste nekog da mu kažete za to, pričali o tome satima, planirali i osjećali potpuno u sebi da je to baš ono što vam je trebalo?

Ali, to je bilo sve što ste poduzeli ka toj, tako inspirativnoj ideji, da bi se probudili naredni dan i ništa nije izgledalo kao dan prije... Vaša ideja više nije imala isti sjaj. Kada pomislite na njeno ostvarenje spopadne vas strah kako je to usvari teško. Da li vam se ikada ovo dogodilo?

Ako vama nije, mnogima jeste i to se zove propuštena prilika, jer se ništa nije poduzelo kada je postojala određena energija koja je i došla s tom idejom, a vi ste je propustili.

Zato kad imate ideju, popraćenu s uzubuđenjem i pozitivnom energijom, obavezno napravite bilo kakav korak ka tome, iskoristite tu energiju i započnite proces kreacije.

- Oslobodite protok energije spoznajom

Dugotrajno upravljanje i rđava uprava mogu toliko zbuniti i unakaziti shvatanje jednog naroda da zdrav razum i prav sud njemu otančaju i oslabe, da se potpuno izvitopire. Takav poremećen narod ne može više da razlikuje ne samo dobro od zla, nego i svoju sopstvenu korist od očigledne štete.
Ivo Andrić

Ova misao je pomalo teška i na neki način stvara odbojnost, jer se cijeli narod stavlja u isti koš i zove pogrdnim imenom, ali ja mislim da je pisac bio svjestan te činjenice i da je želio da se samo osvrnemo na nešto što je neugodno. Da se izrazio drugim riječima ne bismo dobili poruku. Mnogi se ne bi pogledali u ogledalo. A to je neophodno jer čovjek mora da sebe vidi onakvim kakav jeste, a ne onakvim kakav misli i mašta da jeste.

Da bi se promijenilo bilo šta u vašem životu potrebno je vibrirati određenom energijom. Einstein je rekao: "Ne možete riješiti probleme koristeći isto razmišljanje koje vas je dovelo do njih".

Razmišljanje/misli kreiraju biohemijsku reakciju u tijelu po kojoj se naše ćelije ponašaju, u suprotnom mi se ponašamo dosljedno emocijama koje su proizvedene tom reakcijom.

Ponekad se dogodi da trošimo energiju, a ne dobijamo ishod koji bismo trebali. Razlog je što postoji negdje unutra prepreka. Često ju je teško primijetiti ili smo je potisnuli, pa je ne osjećamo. A to se desi kada nismo u stanju da se odvojimo od nečega što obično kao djeca potisnemo. U tom periodu nismo znali drugačije, nego da to potisnemo. Sada, kada se dogodi neka trauma i bol bude prevelik, mozak to pošalje u podsvijest i mi ne znamo da je ta naša slabost tu. Možda smo jednostavno imali previše tuge u životu, još dok smo bili mali i sada, kao odrasli, ne želimo ni da se susretnemo s tim emocijama. Duboko smo ih zakopali u sebe i ne želimo ih osjetiti.

Imala sam klijenticu baš sa ovim problemom. Doživjela je toliko bola u životu, još od malih nogu, i nije sve to mogla da podnese. Sve je potisnula u nadi da je to najbolje rješenje, vjerujući da je to najbolji način da ne osjeća bol. Kada se u životu pojave događaji koji donesu previše problema za koje nemamo bolje rješenje, naš mozak nađe soluciju za nas da to sve potisnemo i ni po koju cijenu da to ne osjećamo.

Ona nije mogla više osjetiti bol koji joj je otac nanio, ali nije mogla osjetiti ni ljubav prema svojim unucima, koje je toliko voljela.

Važno je spomenti da je to ustvari ponovni rad vašeg mozga. Sve što se u trenutku pojavi kao prijetnja neke vrste, njegov posao je da nas zaštiti, stoga to potisne da ne osjećamo. Zato se koristi hipnoza da bi se otkrile stvari iz podsvijesti, pošto naš svjesni mozak ne može doći do tih informacija. Kada bi mogao mnoge stvari bi bile jasne i ne bi postojale unutrašnje blokade.

Kada se naviknete potiskivati stvari/emocije, to postane navika. Isto kao kada naviknete izbjegavate prati posuđe nekoliko dana ili sedmica (ako ste poseban slučaj), to suđe se nagomila i teško je naći stvari koje vam trebaju. Sve je prljavo, morate korisiti neke druge tanjire, iako ih ne volite i sl. I onda sve počne da smrdi. Pa onda imate mušice po kući, pa vam se na kraju od toga pojave žohari, a sve od tog nereda.

Tako je i sa neriješenim emocijama. One imaju energiju koja sputava, uzima vam život. Onda vas čini ljutim, tužnim, depresivnim... Počnete mrziti sve oko sebe i onda vaše tijelo to sve počne osjećati, pa obolite od raznih fizičkih bolova.

Sve ovisi s kojom energijom raspolažemo. Nekada imamo osjećaj da smo sve uradili, a i dalje nismo postigli željeni rezultat. Jednostavno nije bilo dovoljno potrebne energije uložene u to što smo radili, ili nije bila pravilno usmjerena. Bila je neutralna.

„Ne možeš napraviti promjene, riješiti problem sa istom energijom koja ih je kreirala". Sigurno ste mogli iskusiti u svom životu stanja u kojima je sve izgledalo bajno i bili ste u stanju kreirati željeno s malo napora. Bili ste u tzv. stanju toka, gdje izgleda skoro kao da se stvari dešavaju za vas. To je bila posebna energija s kojom ste vibrirali kad se ovo dogodilo.

Možda se pomislili na nekog, a on vas je ubrzo poslije toga nazvao. Pojavilo se ono što ste odavno željeli, a možda ste već i zaboravili na to. Došla je perfektna osoba u vaš život, osoba koja vam je baš trebala, i slično. Sve ovo se dogodi kad smo u stanju toka.

Mi možemo manifestirati sve što želimo kada vibriramo energijom koja je ista kao enegija koju nosi to što želimo. Važno je pokušati prepoznati gdje smo energetski pozicionirani u svakom trenutku. Posebno ako imamo osjećaj da nam nešto fali.

Potrebno je biti posmatrač svega ovoga, posmatrač samoga sebe. Da li ste tužni što potiskujete emocije? Da li ste ljuti jer se ne smijete izjasniti? Da li vam je rečeno da ne valja pokazivati emocije, jer to slabići rade? Šta vi to radite, a neda vam da budete autentični vi? A samo vi kao takvi – autentični/iskreni, sa sobom ćete moći vibrirati energijom čistog stvaranja, jer ste tada u redu sa onim što jeste, kako jeste i slobodno možete pričati o tome.

Koja pravila ste usvojili ili nametnuli sebi, koja su vas dovela u životni mod u kojem ne osjećate?

Kad osjetimo bilo šta što nam smeta, što nas boli, samo tada možemo u potpunosti da se toga oslobodimo. Trebamo otići u dio tijela gdje se bol nalazi, staviti ruku na to mjesto i osjetiti sve to. Dozvoliti tijelu da sve to osjeti jer je to jedini način za se izađe iz nečega.

Četiri vrste bola

1) Bol od izbjegavanje bola

2) Osjećaj da se ne možemo nositi sa životom

3) Kad ne pravimo progres/napredak

4) Bol kad znamo da ne živimo svoju istinu.

Kako potpuno mogu vidjeti šta se događa, tako da gledanjem transformišem to što gledam, da mu tako pomognem da se oslobodi tj. napusti mene?

Moj odgovor: Imati konekciju s Bogom, sa svojim najmilijima, sa sobom ili pak sa grupom za koju osjećate da joj pripadate, da ste voljeni i da možete biti slobodni i biti to ko ste i što ste. To će otvoriti/ osloboditi energiju stvaranja/ manifestovanja.

Usuditi se biti slobodan je najteže i najvažnije što čovjek može uraditi za sebe.

Mi često zaboravimo da imamo samo jednu šansu ovdje i da život nema reprizu. Da ćemo se na kraju kajati ako ne dozvolimo sebi, iz bilo kojih razloga, da sijamo punim sjajem. Sve ono o čemu smo brinuli, a što nam nije dalo da živimo punim plućima, nema nikavke veze s nama i s tim ko smo mi, kao duša. Sve su to bila samo ograničenja, s tačke nesigurne osobe, dok duša zna istinu. A šta je istina?

Smatram da bismo se mi već rodili drugačiji da smo trebali na ovome svijetu biti drugačiji! Na kraju krajeva, znamo li od čega smo postali? Ništa nismo poduzeli mi! Sve nam je dala Kreacija/ Bog. Da, dogodila se ćelija koja smo postali mi, a sve ostalo je dio savršenstva koje smo danas.

I mi smo povjerovali u laž koja nam je predstavljena, kakvi navodno trebamo biti da bi nas smatrali lijepim, pametnim, sposobnim i sl. Upravo ta laž je učinila da se osjećamo „manjim“, te da tom opterećenju dozvolimo da nam ne da živjeti željeni život i onemogućiti nam da budemo autentični MI.

A koga će sutra biti briga što smo mi odustali od sebe, od svojih snova?

Baš tako, nikoga!

Ovdje se samo može dodati – PRESTANITE!

Potrudila sam se na razne načine da ukažem na važnost razumijevanja i spoznaje koja se treba dogoditi da znamo kako i zašto je sve tako kako je.

Jedanaesti korak

PO JUTRU SE DAN POZNAJE

Svakoga jutra se rađamo ponovo. Najvažnije je ono što uradimo danas!
Buddha

Do sada vam je možda donekle jasnije šta je neophodno učiniti da biste doveli svoj život na viši nivo. Da se još jednom podsjetimo: potrebno je znati o djetetu u sebi i osloboditi to dijete tj. te dijelove sebe od trauma, nametnutih ograničenja i svega što nije u skladu sa osobom koja sada živi u vama. Dalje, rekli smo da se mora izlaziti iz poznatog ustaljenog stanja i raditi stvari drugačije.

Moramo po cijenu svega koristiti moć namjere, inače nećemo nigdje stići.

Još smo rekli da se treba shvatiti gdje se nalazimo sada i šta se nalazi između toga i onog gdje želimo biti. Znati ljudske potrebe i zašto radimo to što radimo. Prepoznati svoj ego tj. dijelove sebe koji trebaju pažnju. Oprostiti. Znati kako mozak radi. A sljedeći korak je ustvari najvažniji od svih. Mislim da se on mora uspješno napraviti, jer bez njega nećemo moći pokrenuti momentum neophodan za sve ostale korake.

Radi se o koraku koji sam nazvala PO JUTRU SE DAN POZNAJE.

Bez obzira ko ste i šta radite, ako ne budete imali ohrabrujuće jutarnje rituale, vaš uspjeh, kako finansijski, tako zdravstveni i emotivni, neće biti na nivou neophodnom za konstantan uspjeh.

Mnogi misle da se uspjeh dogodi preko noći jednom Đokoviću ili jednoj Oprah, Toniyu Robbinsu ili bilo kome drugom, nekom vašem idolu. Svaki uspjeh se gradi godinama i jedino oni koji to ne rade misle da je to sve bilo preko noći, no nisu mogli vidjeti utrošene neograničene sate i dane u to što je jedan idol uložio dok smo mi spavali, partijali, tugovali, gledali filmove i sl.

Dakle, ako želite ostvariti nešto konkretno u životu predlažem da se oprostite lijepo od ideje danas ću, sutra ću. Kada se ovo dogodi i ono, itd. Jednostavno sada odlučite, dogovorite se sa sobom, napravite plan i počnite svoje čarobno jutro.

Nauka i svi poznati učitelji će vam reći da način kako započnemo jutro direktno utiče na to kakav će nam biti dan.

Možemo mi i dalje tražiti izgovore kako nema šanse još da i to stavimo na raspored. Osim toga nismo mi jutarnja osoba... Ma koja korist kad smo već sve probali... I ko zna kakav je vaš izgovor, zašto je nešto neostvarivo. A, ključno pitanje je: je li to isitna?

Jeste li sve probali ili to uporno ponavljate kao izgovor tako da ste i sami povjerovali u to?

Mnogi provedu dane i godine ponavljajući istu priču/ izgovor, tako da više ne mogu ni primijetiti da im je to izgovor. Ali, evo, došlo je vrijeme očigledno, čim ovo čitate sada to je definitivan dokaz da je došlo vrijeme za promjene.

Dat ću vam nekoliko koraka, koje ako ih budete implementirali u vaše čarobno jutro, garantujem vam svim i svačim da će se vaš život promijeniti u vrlo kratkom roku.

Zamislite: koja je svrha uopće imati sat za buđenje ako ga nećemo efektivno korisiti. Mnogi kažu da ne vole ustajati rano, ali veoma vole kada urade nešto kvalitetno za sebe. Izazov je, kako se probuditi i ostati budan ujutro, te započeti svoje jutro kvalitetno?

Evo nekoliko dokazanih koraka. Ipak, prije njih ću vam ispričati jednu lijepu priču šta su meni donijela čarobna jutra.

Naravno, na početku je bilo teško ustajati ranije, jer ja sam lav u horoskopu, a znate da su lavovi budni samo četiri sata dnevno, bude se da jedu i vode ljubav!

Naravno, mislim na one lavove iz džungle. A onda čak i nakon prvog jutra osjetite neku novu snagu u sebi i polet. Jer to vam je uistinu lični uspjeh kada radite nešto za šta znate da je tu za vaše dobro i donosi vam uspjeh.

Nakon nekoliko dana ustajati rano nije više problem, jer mozak se veže za ono što će biti poslije, tj. onaj osjećaj poslije toga što ste uradili. Posebno ako ste neko ko je oduvijek sumnjao u svoje sposobnosti, ne zato što ih niste imali, već vam ih nije niko gajio u vama, kao što je bio moj slučaj. Ovo čudesno jutro probudi u vama svaki atom snage za koji niste ni znali da postoji. E, to vam se dogodi, dragi moji, kad stanete u svoju ličnu moć tj. kada radite ono što želite i držite se toga. Prvi put u svom životu sam osjetila ličnu moć, nakon samo par ovih jutara. Mislite da je to nešto što sam htjela zapostaviti samo zato što mi se spava? O ne! Nikad više.

Evo dokazanih koraka koji mogu i vama pomoći da se osjećate nezaustavljivim i da se svaki vaš dan po jutru poznaje:

Odredite jasno da li je to 30 minuta ili sat vremena koje ćete uložiti u sebe. Idealno je sat, ali nije važno, s vremenom ćete i sami željeti više tog vremena.

Uvijek planirajte noć prije da ćete ustati rano sljedećega jutra. Vaša zadnja misao, prije nego zaspite, je vaša prva misao sljedećeg jutra. Neka bude ohrabrujuće prirode. Uzmite odgovornost i neka te misli budu pozitivne. I, stvarajte viziju kako će vaše jutro izgledati. To gledanje unaprijed je kao mapa za mozak.

Odmaknite sat od sebe. Ovako ćete morati ustati iz kreveta, obavezno biti odgovorni da ostanete van kreveta.

Ko vi trebate biti? Kakvi trebate postati?

Ne dozvolite sebi da se vratite u krevet nakon što sat odzvoni! To odmah razjasnite sa sobom, jer kad znate to, ne dajte sumnji da vas smeta. Uzmite par trenutaka i protegnite se, zahvalite se Bogu što ste se probu dili živi i zdravi, pomislite na svoje voljene, osjetite taj lijepi osjećaj u sebi. Potpuno osjetite tu zahvalnost u sebi.

Kupatilo, pranje zubi i umivanje odmah pojača buđenje. Ni slučajno nemojte uzimati telefon u ruke prije nego završite svoj sat lične snage.

Sada ste već spremni da počnete neki vama važan ritual. Predlažem da posvetite sebi puni sat vremena za ovo čarobno jutro ili sat lične snage. Možda po deset minuta da radite različite stvari: 10 minuta molitva (konekcija s Bogom, Višom Siom) i odavanje zahvalnosti za bar tri stvari. Neka jedna od njih bude veoma jednostavna, kao npr. zahvalnost za čist zrak. Vrlo je važno da, kad mislite o ovome, uistinu osjetite emociju zahvalnosti. Pomoći će vam ako se sjetite nekog trenutka iz prošlosti, kada ste doživjeli nešto što vas je učinilo da se tako osjećate.

Možda 10 minuta svjesne prisutnosti (meditacija), ili samo sjedite u miru i pratite dah, a kada misli počnu lutati vratitie ih. Uzmite 10 minuta yoge ili nekih vježbi za jačanje tijela. Odvojite 10 minuta na čitanje nečeg što je dobro i pozitivno, tako da možda toga dana implementirate to što ste pročitali.

Vi izaberite ono šta znate da će vas učiniti zadovoljnim i dati vam snage i volje da taj dan napravite uspješnim.

Nakon toga planirajte svoj dan. Pored onoga što znate da morate uraditi u tom danu, stavite na raspored dvije do tri stvari vezane za vaše veze, biznis ili zdravlje – ovo treba biti jednostavno i lako ostvarljivo. Svrha je da radite to što obećate sebi da ćete, a ne samo da pišete i pravite se važni kako planirate to uraditi.

Ovakvo djelovanje svakoga dana i rad „pomalo“, na stvarima koje nisu vaša svakodnevnica već su želje ili ciljevi, vodi ka ostvarenju vaših ciljeva.

Možete li sebi stvoriti sliku i vidjeti kako bi život izgledao kada bismo djelovali ovako. Šta bismo sve mogli postići? Kako biste se osjećali u takvoj prilici?

Fenomenalno!

I to vam onda postane životni stil, postanete osoba koja ima vremena za sve i koja ima volje da uživa u onome što ima.

Znam da ste već uzubuđeni zbog ove ideje i već vidite kako to sve lijepo izgleda. Samo da vas podsjetim da će vaša sreća biti kratkoga vijeka (jer to je normalno da vas vaš mozak vrati u staro, poznato stanje), ako ne usvojite jednom za svagda pravilo: ČUVAJTE SVOJU RIJEČ!

Ni po koju cijenu nemojte sebi lagati i govoriti: „Radit ću ovo", i kada sat zazvoni vi se okrenete na drugu stranu. NI SLUČAJNO! To će vam ubiti samopouzdanje i podsvjesno svaki put, kada prekršite svoju riječ, dokazujete sebi da ne vrijedite i da ne možete.

Neka vam ovo bude pravilo za život i opet kažem, ako iz ove knjige uzmete samo ovaj savjet (koji je tako jednostavan) cijeli život možete promijeniti. Sada je sve na vama!!!

Šta mislite šta bi se desilo kada biste svakoga dana uložili barem 10 minuta u početak vašega jutra? Kako bi život mogao izgledati samo za mjesec dana, a tek za jednu godinu?

Pogledajte se u ogledalo i slavite ko ste, slavite osmijehom, plesom, zagrljajem... Slavite to ko ste i ko postajete.

Nema ništa ljepše nego ujutro stvoriti konekciju sa sobom i Stvoriteljem, osjetiti zahvalnost što smo još tu i što imamo svoje voljene. Samo ovo će probuditi u vama hormone koji će vas učiniti sretnim.

Morate ustati svakoga jutra odlučni, ako mislite ići u krevet sa zadovoljsvom.
George Lorimer

Da bi se ovo dogodilo trebate to čvrsto odlučiti noć prije. Treba to biti dio vaše rutine, isto kao što morate oprati zube, morate i dan započeti pravilno. Pravilno po vašim standardima naravno, ali isto tako znajući da, ako niste strogi prema sebi, mozak će vas odvesti ka stimulansima.

- Uzrok i posljedica

Uspjeh je ništa drugo nego nekoliko jednostavnih disciplina praktikovanih svaki dan.
Jim Rohn

Tvoj uspjeh se ne mjeri tvojim ostvarenjima, već ko si postao u procesu.

Jedan od zakona prirode je baš ovaj, svaka radnja ima posljedicu, svaka akcija ima reakciju. Ako ste legli na vrijeme probut ćete se odmorni. Ako poštujete druge, bit ćete poštovani. Ako ste navikli puno jesti, nećete imati željenu figuru i dovoljno energije. Ako radite na sebi, izgrađujete se, imat ćete veće šanse da se efektivnije nosite sa onim što život donese. Ako se stalno žalite osjećat ćete se u skladu sa žaljanjem.

Ako ste navikli galamiti na djecu za svaku sitinicu nećete imati njihovo povjerenje. Ako vjerujete da su ljudi loši i tražite to u njima, lako ćete ga i naći. Ako idete na fitness redovno, imat ćete zgodno tijelo i dovoljno energije da radite šta želite. Ako se molite Bogu, imate jaku vjeru koja vam pomaže da se lako nosite sa izazovima i manje vas je strah životnih iskustava. Ako njegujete prijateljstva, jasno vam je da uvijek imate na koga računati. Ako ne ulažete vrijeme na svoje emotivno stanje, žrtve ste naviknute automatske reakcije na događaje (sjetite se koliko puta vam dijete nešto uradi što ne odobravate i pogledajte da uvijek isto reagujete, odnosno slijedi ista priča i kritika), ili kada bračni drug ponavlja istu grešku, da li reagujete isto ili ste se izgradili dovoljno da reagujete efektivno?

Pogledajte neke od svojih izazova. Možda ste navikli odlagati stvari i šta se dogodi? Planirate i mislite o tome, onda dođe taj trenutak i koju radnju ponovite (mentalno ili stvarno), da vas navede da po ko zna koji put to odgodite?

Znači, ta ponavljana radnja, obično se radi o mentalnom procesu, je ustvari uzrok što imate odlaganje kao posljedicu ponovo.

Sve, baš sve, ima uzrok i posljedicu. Kada smo svjesni ove činjenice, u svakom trenutku, dobro pazimo koje radnje biramo. Svaka tvoja misao, riječ ili akcija pokrene određeni efekat koji će se eventualno ostvariti. Da bismo bili kreatori svoje sudbine, čovjek mora postati master (šef) svoga uma, jer sve u tvojoj stvarnosti je mentalna kreacija. I sa upornošću, istrajnošću i redovnom koncentracijom na željeno, po ovom glavnom zakonu, neminovno je da će se željeno pojaviti u realnosti.

Svakodnevno vježbanje svjesne prisutnosti tj. stavljanje uma u sadašnji trenutak, bar nekoliko minuta više puta dnevno, je jedan od najlakših načina da se postane master svoga uma. Možete samo staviti fokus na dah i pratiti ga ili jednostavno osjetiti otkucaje srca. U ovim trenucima vi ste u kontroli. Vježbajte mozak da ide tamo gdje vam je fokus i bez obzira koliko ovo jednostavno izgledalo jedan je od najefektivnijh načina. Jednom sam slušala Echarta Tolle, koji je prvi duhovni učitelj na svijetu (Dalaj Lama je na drugom mjestu), kada je govorio o važnosti ove jednostavne tehnike. Kada bi se vježbala godinu dana redovno, na način da pet puta dnevno imate fokus na dah, barem jedan svjestan dah, to bi bilo bolje nego ići na pet desetodnevnih seminara o smirivanju uma.

Dakle, ovaj uzrok stavljanja uma u svjesno stanje ima dramatičan efekat na to kako ćete biti u stanju da vladate njime. Sljedeći put, kada budete trebali reagovati na situaciju, imate mnogo veće ako ne i 100%-tne šanse da izaberete bolju, kvaliteniju reakciju. Kada se čovjek dovoljno uvježba da bude prisutan u svome umu, u stanju je da brzo razmisli prije nego reaguje: kakav ishod ću dobiti nazad od moje reakcije? Hoću li biti sretan i hoće li mi dijete postati bolje ako ovako reagujem? Je li to najbolje što znam? Ili ću izabrati reakciju koja će ukazati mom djetetu na greške, ali ga neću odbiti od sebe i učiniti manje vrijednim ovom reakcijom. Bićete u stanju ovako izabrati.

Vjerujte, mogućnosti su neograničene. Uvijek možete izabrati kvalitetniji i za vas poželjniji ishod određenih situacija. Jer u stanju svjesne prisutnosti ne reagujete egom i nemate potrebu da se nekome učinite važnim nekim svojim određenim reagovanjem. Vaš fokus je uvijek usmjeren ka najboljem i najkvalitetnijem ishodu za sve uključene.

Ako samo uzmete ovaj savjet i počnete živjeti polazeći iz stanja prisutnosti bit će dovoljno da kreirate svoj idealni život i veze.

A hoćete li?

Je li ovo dovoljno da vas ponuka da zaista počnete mijenjati organizaciju života, svojih misli i strukturu svoga postojanja? Samo vi znate odgovor! Ja ću vas nježno, kao savjetnik, podsjetiti da pomislite unaprijed na svoj život i ako ne napravite pozitivne promjene, koliko će vas koštati: zdravlja, sreće, veze s najmilijima?

Pogledajte 5 ili 10 godina unaprijed i vidite kako izgleda život ako ništa sada ne promijenite. Jeste li zadovoljni sa tim što vidite?

Slobodno ostanite s tom neželjenom slikom nekoliko trenutaka. Mozak će se „prepasti" i neće vam dati da idete tamo gdje je strašno i nepoznato. Zato vam danas ne da da se mijenjate, jer mu je posao da vas zaštiti od nepoznatog. Ako vi mislite na nešto u životu što trebate ili želite raditi, a vidite i osjećate strah zbog toga, mozak će vas lako odgovoriti da ne idete tamo, čak i ako je to lijepo mjesto, a pošto nema zagarantovnog puta njemu to predstavlja opasnost.

Možete li sada vidjeti kako, čim ovo shvatite i naučite, imate velike šanse da stanete ispred svojih strahova, i ne samo to. Sada trebate, na vaše još neostvarene ciljeve, gledati s dozom uzbuđenja i znatiželje. To neće aktivirati odbrambeni sistem u mozgu tj. prepasti ga, i on vas neće morati odgovoriti od toga.

Sve što danas imate ili nemate je posljedica vašeg znanja, djelovanja i razmišljanja.

- Okruženje kontroliše naš život

Nova nauka epigenetika – kontrola iznad gena, dokazala je suprotno od onoga što smo do sada vjerovali. Mi ustvari nismo isključivo kontrolisani našim genima kao što smo do sada vjerovali. Učeni smo da nemamo kontrolu nad ovim; nemamo izbor gena; ne možemo promijeniti gene; time smo osuđeni da budemo žrtve našeg naslijeđa.

Ako je neko imao u familiji neku bolest, vjerovalo se da su mogućnosti oboljenja od te bolesti vrlo velike, što se i pokazalo tačnim u mnogim slučajevima. No, dr. Bruce Lipton, celularni biolog, dokazao je suprotno. Mi nismo kontrolisani našim genima i ne znači da trebamo dobiti neku bolest koju su imali naši roditelji ili familija.

Ova nauka otkriva da, kako vi reagujete na okolinu i kako se mijenja vaša reakcija, tako se mijenja i sudbina vaših ćelija. Vi imate priliku da promijenite percepciju i samim tim postajete gospodar tj. imate kontrolu nad svojim genima.

Kad je stavio ćelije raka u drugu posudu tj. promijenio im okruženje ćelije su ozdravile. Zamislite to, samo im je promijenio okruženje. (www.brucelipton.com)

Pored našeg okruženja, ljudi, okolnosti, događaji i sl. naše glavno okruženje je u našoj glavi. To što nam se konstantno vrti po glavi dirguje svim ostalim što nas okružuje.

Ako razumijete načela ove nauke, koja tvrdi da mi nismo kontrolisani našim genima, onda možete kreirati svoj idealan život. Uvidom u lična vjerovanja, razmišljanja i stavove možete postati dirigent svojih gena, podmladiti ih, ozdraviti, naučiti bilo koju vještinu, razveseliti itd. Kako vidimo, svijet oko nas kontroliše načine kako se osjećamo i na kraju šta ćemo postići sa tom slikom.

Dat ću vam jedan primjer iz moga života. Vjerujem da će vam biti teško povjerovati u suprotno jer smo većina nas čuli od malih nogu: – Skloni se, *ubit* će te promaha!

I meni se baš to i dogodilo 1992. godine, kada me promaha toliko *ubila* da sam dobila apsces lica i iskrenulo mi se pola strane lica i oko kada sam izašla vani nakon što sam oprala kosu. I godinama poslije toga, svaki put poslije pranja kose, dogodilo bi mi se slično i uvijek me je boljela glava. Kada sam ovdje u Americi kod očnog doktora spomenula ovaj problem, nakon nekoliko minuta njegovog čudnog pogleda rekao mi je da to nikad do tada nije nigdje čuo ni pročitao. Ja sam naravno, poslije toga, promijenila doktora (jer šta će mi on reći kada ja znam i imam čvrste dokaze da me može *ubiti* promaha).

Moje čvrsto vjerovanje je učinilo da se moje ćelije ponašaju dosljedno tome.

Kada sam čula dr. Bruca L. na njegovom predavanju, pošto sam već duže vrijeme pratila njegov rad, odlučila sam da promijenim svoje vjerovanje o propuhu i danas sa velikim zadovoljstvom i ponosom mogu reći da promaha nema apsolutno nikakvog uticaja na mene. Kada sam ovo pokušala reći mojim prijateljima, niko osim moje najbolje prijateljice tada nije mogao da prihvati ovu činjenicu. Mada joj je trebalo neko vrijeme za to, ona je danas također slobodna žena i promaha joj ništa ne može.

Mi smo kontrolisani svojim umom, svjesnim i podsvjesnim. Naš svjesni um se poistovjećuje sa našim identitetom. Svaki naš izbor je vezan za njega. To je kreativni um, on misli o budućnosti, rješava probleme. Podsvjesni um je vezan za navike.

Zato, kada jednom nešto naučimo, više ne moramo misliti o tome kako se to radi. Vožnja bicikla, vožnja auta, plivanje i sl. Sve što se uporno ponavlja postane automatizovano.

Do naše šeste godine upijamo svijet oko sebe, ponašanja, razmišljanja i vjerovanja. Budući da 95% funkcionišemo na podsvjesnom nivou, sve ono što smo jednom dobro naučili u životu, bilo da su to naučene emocije, ponašanja, vjerovanja, djelovanja ili razmišljanja, mi i dan-danas funkcionišemo po njima. Mi smo ustvari programirani od malih nogu, s najboljom namjerom naših roditelja, kako da djelujemo i razmišljamo.

Mi danas praktikujemo stavove svojih roditelja, okoline i društva u kojem smo odrasli. Ako sumnjate u ovo upitajte se: da mi nije važno šta drugi misle, da li bih i dalje živio ovakav život i imao ovakva uvjerenja?

Da bi se promijenilo bilo kakvo vjerovanje koje osoba ne želi više praktikovati u svom životu, potrebno je znati kako podsvijest radi. Sve što se ponavlja, od riječi do emocija, naglas i u sebi, podebljava se u podsvijeti, postaje istina.

Dokazano je da mozak ne razumije razliku između stvarnog i zamišljenog. Zato kada gledate neki film na televiziji možete plakati, smijati se ili bojati, zavisno o kakvom se filmu radi. Iako znate da je sve to nestvarno i namješteno, vaše tijelo, kojim mozak diriguje, i dalje doživljava razne emocije predstavljene na ekranu. Zar ne?

Kada osoba postane svjesna ovoga i odluči svjesno promatrati misli i emocije, tada ih svjesno može zaustaviti, tj. ne povjerovati im. Može promijeniti mišljenje o njima, paziti koje značenje im daje, jesu li istina ili su dio našeg straha i proizvod ega. Ponavljanjem se može promijeniti ovaj negativan proces. Kao i sve što smo nekad naučili, a i dan-danas to znamo, isti proces je potreban da bi se sada promijenilo to što ne želimo više praktikovati.

Najjednostavnije rečeno, trebamo se odučiti od samoga sebe. Kreirati novo ja. Vježbanje svjesne prisutnosti je ključ za promjenu podsvjesnih procesa.

Otpočnite i vi proces odvikavanja od svega što vam više ne koristi. Aktivirajte u sebi ono najbolje što je do sada bilo zatrpano i zagušeno. Ovdje imate mogućnost da download[1] Vježbu svjesne prisutnosti, koja će vam omogućiti da počnete trenirati mozak da ide tamo gdje vi želite. Zamislite samo kako bi život izgledao kada biste bili u stanju raditi ono što kažete da hoćete: kad kažete: „Idem!" – mozak kaže: „OK". A ne da vam predstavi milion malih razloga zašto ne biste sada trebali to učiniti. S redovnim vježbanjem svjesne prisutnosti za samo 5-7 dana moći ćete primjetiti promjenu na sebi.

Vježbanje svjesne prisutnosti je umirivanje uma. Uči nas da budemo prisutni u svom tijelu, tako da možemo iskoristiti svoj puni potencijal. Svjesna prisutnost je lijek za relaksaciju i podmlađivanje ćelija u našem tijelu.

Svi smo toliko zauzeti i totalno smo izgubili konekciju sa samim sobom, a znamo da nema veće moći do biti u harmoniji sa samim sobom.

Naš um nas često odvede u prošlost, na žaljenje za nečim, odvede nas u neki strah i ljutnju, u negativne događaje i sjećanja, u strah od budućnosti itd.

U tim trenucima naš um nije u našem tijelu i bez obzira koliko to sve daleko bilo u prošlosti, u našem tijelu se aktiviraju emocije, kao da se te stvari sada dešavaju, a emocije aktiviraju hormone.

Zavisno od toga da li su u nama emocije pozitivne ili negativne, u tijelu se otpuste hormoni koji proizvode posljedice: radost ili bol. Sve to se može kontrolisati kada naučimo svoj mozak da ide u stanje svjesne prisutnosti.

Vježbe svjesnog disanja nam pomažu da unesemo naš um u tijelo i samo tada možemo imati pristup svim čarima života, koje su nam dostupne. Samo tada možemo imati kontrolu nad svojim akcijama i reakcijama.

---

1 www.elvisasi.com /downloads – Pogled u budućnost - skinite free vježbu Pogled

Previše smo uključeni u razgovore, u vjerovanja i pravila drugih, da nismo u stanju živjeti život po svom šablonu. Možemo samo biti ono što jesmo i onog trena kada se prihvatimo kao takvi – dovoljni sebi, bit ćemo slobodni.

Ti nisi tvoja prošlost, nisi ta priča koju sebi ponavljaš, nisi slomljen/a, ne treba te popravljati... Ti si samo usvojio/la ta vjerovanja i ograničenja drugih. Predugo vjeruješ da su istina.

Ti si neograničen potencijal. Rođen/a savršen/a, baš takav/va kakav/va jesi.

Mnogi ljudi nikad nisu bili učeni da koriste sve ono što im njihov um pruža. Svaka uspješna osoba zna ovu tajnu i to je glavni razlog njihovog uspjeha.

Izbore koje pravimo svakodnevno imaju dramatičan uticaj na to kako će nam izgledati budućnost.

Svaka misao koju imamo kreira našu budućnost, pa zašto ne bismo bili glavni urednici onoga što se dešava u našem umu? Male postepene promjene jednog dana će postati veliki uspjeh.

Neke od benificija vježbanja svjesne sprisutnosti su:

- smanjuje krvni pritisak;
- smanjuje holesterol;
- smanjuje raspiratorne levele i ritam srca;
- povećava samopouzdanje;
- poboljšava protok kisika;
- pomaže bržem zacjeljenju rana;
- smanjuje bol;
- povećava sigurnost/smjelost;
- povećava seretonin-hormon za smirenje;
- povećava emotivnu stabilnost;
- bolji kvalitet sna.

Mi smo rezultat naših razmišljanja i akcija.

Kada imamo jaku vezu između našega tijela i uma, u stanju smo promijeniti svoj život.

Nauka o uspjehu je dokazala da ljudi koji su u stanju kontrolisati svoje emocije u stanju su ostvariti svoje snove, bez obzira kako to teško izgledalo. Jer takvi ljudi znaju upravljati svojim umom i ne dozvoljavaju da um upravlja njima.

Osigurajte sebi pozitivno okruženje, kako u svome umu tako i u životu, i počnite primjećivati pozitivne promjene u svojoj svakodnevnici.

Kada se radi o životu u globalu, neophodno je shvatiti da nema prestanka. Nema toga dana kada ćemo moći reći: – Eh, sada sam sve sredio do kraja života!

Nećemo nikada uspjeti otići na fitnes samo jednom i očekivati da će nam to pomoći da budemo zdravi i zgodni. Čak i kada bismo imali doživotne zalihe omiljene hrane opet bismo poželjeli nešto novo da pojedemo. Jedna molitva nas neće učiniti da se osjećamo sigurno i imamo konekciju s Bogom. Itd. Ništa nije vječno i nema ništa da nas može usrećiti zauvijek.

Život uvijek ide i ako mi ne idemo s njim imat ćemo osjećaj da nismo zadovoljni ili sretni, a ustvari nismo uspjeli uskladiti sebe s tim što je život donio.

Moj mentor Tony Robbins ima običaj reći: "Život se događa za nas, a ne nama"!

Ponekad izgleda da se život dogodio nama i nije nas upozorio na ono što će se dešavati. To što se dogodilo može biti i neželjeno, ali ako na kraju analiziramo sve ono što nam se dogodilo, shvatit ćemo da je imalo velikog značaja na naš razvoj i tok puta. Često je veoma teško to primijetiti kada se događa, jer rezultat tih lekcija obično nema ljepotu u sebi, već njegove važnosti možemo postati svjesni tek kasnije, kada sve prođe. Zato, dozvolimo sebi sada, kada je sve prošlo, da pogledamo na te životne događaje, koji kad su se događali nisu bili ni malo lijepi. Danas možemo vidjeti njihov pozitivan značaj. Učinili su nas jačim, hrabrijim i ovakvim kakvi smo danas.

U trenucima kad izgleda da ništa nije kako treba, u kojima se možda osjećate sami i napušteni, neophodno je ostati prisutan i dozvoliti tome što se događa da nam pokaže veću sliku, važnu za naš razvoj i svrhu postojanja.

Mi naravno nikada nećemo prestati da se trudimo, da budemo bolji i da idemo naprijed, ali nekada se mora predati bitka tj. prepustiti stvari u ruke Više Sile. Let go and let God/ otpusti i pusti Boga, što bi rekli Amerikanci.

Ljudi koji ne žele da vide životna iskustva kao poziv na rast i razvoj, propuštaju glavnu životnu lekciju i osuđuju sebe da pate zbog određenih iskustava, umjesto da izvučena pouka bude jedan od neophodnih koraka ka sopstvu.

Imate sigurno priliku da oko sebe stalno vidite ovakve ljude, koji nisu voljni da odbace svoj bol, jer ne znaju da njihov bol neće pomoći ničemu, već im samo oduzima dragocjeno vrijeme na ovome svijetu.

Nekad se pitam da li ljudi stvarno ne znaju da to sebi rade ili je to zaista ono što njihova duša želi da prođe na ovom svijetu?

Odustanem onda kada vidim da čovjek nije voljan da se pogleda u ogledalo i pokaže interes za boljim. Svaka duša zna.

Dvanaesti korak

DAJTE SEBI VALIDNOST

Sve dok se ne suočiš face to face sa svojim sjenama, stalno ćeš ih viđati u drugima, zato što je vanjski svijet refleksija tvog unutrašnjeg svijeta.

Trebalo je mnogo vremena da shvatim da moja prošlost nema veze sa tim kako će izgledati moja budućnost. Da se nisam suočila sa svojom tamom, ne vjerujem da bih ikad pronašla svoju svjetlost. Moja potraga da shvatim zašto sam se osjećala nezadovoljnom i depresivnom, dovela me do ove spoznaje da postoje ranjeni dijelovi nas, koji trebaju našu pažnju. I da su velikim dijelom zaslužni za naša nezadovoljstva.

To su sve one neriješene emocije i bolna sjećanja upisana u naš nervni sistem. Mi smo ih tu pohranili kao djeca i s tačke gledišta djeteta, međutim ako se ne suočimo s njima kao odrasli ljudi, ti dijelovi nas počinju da vladaju nama.

Nikad nas ne napuštaju i često se maskiraju na razne načine.

To su ustvari naše maske. Svi ih nosimo s vremena na vrijeme, to i nije neki problem. Znate koliko puta se dogodi sa se osjećamo očajno i odjednom se pojavi neko i automatski promijenimo naše stanje. Pričamo s njim kao da smo najraspoloženiji. Sjetite se koliko se puta desilo da se osjećamo umorno, nazove nas prijateljica i kaže da dolazi za sat vremena. Šta slijedi? Brzinom munje ustajemo, pospremimo kuću, sebe i još uspijemo nešto skuhati dok gosti nisu došli.

Uradit ćemo bilo šta samo da neko ne vidi naše slabosti! Bez obzira koliko unutra bili nezadovoljni mi nabacimo svoje maske i zagušujemo glas iznutra, koji vrišti: – Upomoć!

Ovo su djelovi nas koje ne želimo da drugi vide. To su stvari koje krijemo. Stvari koje lažemo i sebi i drugima. To je naša tamna strana koju smo razvili kao mali. Rodi se kad je naš logični razum nedovoljno razvijen. Sve što mu se negativno ponavlja ili vidi u svom okruženju prihvati kao istinu. Pojavljuje se u raznim formama: osuđivanje, ovisnost, prevare, krađa bilo koje vrste, samosažaljenje, obilno uzimanje hrane, prekomjerno kupovanje, držanje čvrstog stava po cijenu svega, egoizam, sebičnost, galama na djecu i suprugu nakon uzornog dana na poslu, itd. Svi smo na neki način maskirani, kao pojedinci i kao svijet.

Niko od nas ne želi priznati da ima ove maske, jer bi to bio znak da nismo dovoljni. Ali istina je da imamo razvijene ličnosti/maske za različite situacije i ljude. Većina nas ima javni život i tajni život. Nosimo maske za koje vjerujemo da će nas odvesti gdje želimo. Međutim, naše maske vremenom postanu naš zatvor, tj. dijelovi nas koje smo potisnuli, jer smo nekada formirali mišljenje da nije u redu da to bude u javnosti.

Kao što vam je poznato često nam pomognu ove maske. Važno je priznati sebi ovo i analizirati, zbog čega se pojavljuju one koje ne volimo. One što nam ne daju da spavamo navečer i pojavljuju se, čak i kada nam i najbolji prijatelj priča o svome uspjehu. Dok god ne uzmemo sve ono što smo potisnuli i ne iznesemo na svjetlo dana, bit ćemo žrtve ovih dijelova nas. Dok god ih ne priznamo i postavimo se drugačije prema njima, vladat će nama u raznim vidovima.

Pogledajte svoj život. Koje stvari ne volite o sebi? Šta vam se događa kada ste sami: koje misli i emocije se pojavljuju i okupiraju vas?

Od čega bježite i šta ne biste voljeli da iko sazna o vama?

Je li to istina ili je to samo neriješena emocija iz prošlosti, koja zahtijeva vašu pažnju?

To su dijelovi nas na kojima se treba raditi. Istina je da to niste vi – to je dio vas koji pokušava da vas zaštiti, da vas učini važnim i u mnogim slučajevima vas čuva sigurnim.

Proces je jednostavan za priznavanje ovih dijelova sebe:

* Dati ime tom dijelu nas. Neko lijepo ili nježno, jer se obraćate neriješenim emocijama, koje ste usvojili kao mali. Stoga je vrlo važno da se obraćate tom dijelu vas sa posebnom pažnjom.

* Svakoga dana dočekajte neki od tih dijelova sebe (tuga, ljutnja, bol, stres ili bilo šta da se pojavi a čest vam je gost) s poštovanjem i pitajte taj dio sebe otvoreno: šta možete učiniti za njega da se on osjeća bolje?

Da li uraditi to što već dugo odlažete: ići na fitnes, promijeniti fokus, svjesno disanje, sjetiti se svojih vrijednosti, razjasniti neriješene situacije, raditi stvari koje se moraju uraditi da se osjećate bolje itd. Sa ovim stičete ličnu vrijednost, a to je nešto što su ovi dijelovi do sada radili za vas, samo u negativnom.

* Imajte samilost za sebe u ovom procesu i ovim dijelovima sebe. Jer oni su zaslužni i za mnoge dobre stvari u našem životu. Npr. ego, da ga nema, često ne bismo završlili neke projekte koje smo zamislili ili smo započeli nove stvari zato što nismo željeili da neko misli da nismo sposobni. Sve što su oni htjeli jeste da vam pomognu, nažalost ovi su dijelovi nas stvoreni sa dječije perspektive i to je najbolje što su znali.

* Njegujte se, umirite um i srce nekim vježbama i dozvolite da ovi dijelovi vas sada vide da ste vi ipak u kontroli, tako će se umanjiti njihova potreba da rade za vas. Da izmišljaju priče koje će vas učiniti važnim, stvaraju problem zbog istog, kreiraju situacije koje će vam za trenutak dati raznovrsnost koja nije dobra za vas. Pozitivne stvari koje budete usvojili će biti dokazi ovim dijelovima da više nisu potrebni.

* Kada ojačate sebe i stvorite dnevne pozitivne akcije koje će vas zadovoljiti, ovi dijelovi vas će otići na odmor. A vi ćete biti glavni urednik vaše svakodnevnice. Zahvalite se Bogu na svemu i ovim dijelovima vas koji su pomogli da postanete to što ste danas.

Kada pogledamo nazad kroz život, ako smo bili svjesni ovoga što smo radili na sebi, prepoznat ćemo svoju sjenu koja je nekada morala da se maskira na razne načine, a danas je to dio nas koji sja punim sjajem, zbog svojih trijumfa.

Ne postoji nikakva magična pilula koja nas može izliječiti ili neke dijelove naše ličnosti. Čovjek se jedino može osloboditi kada se suoči sa svojom sjenom, kada se pogleda u lice. Ako prepozna odakle je i došla ta potreba za dokazivanjem, sumnjom, strahom i šta god da je pratilo osobu – i onda napravi mir sa svim tim dijelovima svoje ličnosti/ svojom sjenom. S ljubavlju i poštovanjem za sve što su ti djelovi naše ličnosti radili za nas.

Ko jednom sebi obeća ljubav i poštovanje, bez obzira na sve, taj je osigurao sebi stadion navijača.

A znate da je lako onda pobjediti.

- Najvažniji atribut - samopouzdanje

Najbrži način da steknete samopouzdanje
je da uradite baš ono čega se najviše bojite.
Anon

Vjerovali ili ne, meni je trebalo puno vremena i novca da počnem vjerovati u sebe. Da ono što mi je bilo godinama na duši provedem u realnost. Nevjerovatno je koliko nas naš program, odnosno usađena negativna vjerovanja, mogu držati u zatvoru. I dan-danas mi se desi da imam problem sa shvatanjem zašto je to toliko jako u nama. Često kažem kako mi je trebalo skoro 10 godina da se odučim od onoga što sam bila, a nisam željela da budem.

Negativna vjerovanja koja usvojimo (ili su nam nametnuta) u ranoj mladosti, zaista diriguju našim životima i nije ih se lako riješiti, posebno ako ne znate da ih imate.

Kako ćete znati da ih imate?

Dovoljno je da se zapitate: živim li ja život po svom ili stalno gledam šta će ko reći i hoće li odobriti moj stav?

Naš cijeli životni tok ovisi o našem samopouzdanju. Ako nemamo vjeru u sebe, bez obzira kakve sve šanse imali pred sobom, nećemo ih moći ostvariti zbog straha od neuspjeha. Možda se nekim čudom i usudimo da šanse realizujemo, ili nam ih neko da na dlan. Naša lična psihologija, naše viđenje sebe i cjelokupnog života, odlučit će hoćemo li moći od toga napraviti išta ili samo propasti dublje i potvrditi svoj strah da nismo dovoljni.

Psihologija uspjeha i ostvarenja nas uči i dokazano je da uspjeh bilo kojeg pojedinca ili kompanije ovisi 80% od lične psihologije tog lidera.

Dakle 80% uspjeha ovisi o tome koliko je on siguran u sebe i kakva su mu vjerovanja, razmišljanja i model svijeta po kojem živi, a samo 20% je ovisno o svemu ostalom.

Pogledajte bilo kojeg uspješnog pojedinca ili kompaniju. Analizirajte šta rade i kakvo im je samopouzdanje. Sve će vam biti jasno i sami ćete se uvjeriti u ovo istraživanje.

Šta to znači za nas?

Sve. Pogledajte sebe u oči i odredite da li vam nedostaje samopouzdanja. Da li je to uzrok što niste gdje želite biti finansijski, profesionalno i privatno?

Ponekad mi čak i ne damo sebi da vidimo svoj sjaj, čak i kada je tu. Međutim, mi moramo dozvoliti sebi da sjajimo punim sjajem. Evo jedna vježba za to ako ne želite nastaviti imati osjećaj bezvrijednosti, straha, samosažaljenja i slično.

Šta je potrebno: papir i olovka, vrijeme u tišini, malo vremena i napora. Da, i to onog napora koji najmanje koristimo – mentalnog. Najvažniji sastojak ovoga recepta je upornost. Upornost koja će se dobro isplatiti. Obećavam!

Počnite! Nacrtajte vertikalnu liniju na sredini papira. Sada, napravite listu svih svojih ostvarenja, ama baš svih, bez obzira koliko vam mala ta ostvarenja izgledala. Potrudite se maksimalno (za promjenu) za sebe i sjetite se svega što ste ikad ostvarili, postigli. Slobodno budite sebični ovdje, zaslužujete ovu pažnju. Iznenadite sami sebe svime što ste zaboravili o sebi. Upozorenje! Ova vježba će učiniti da se osjećate u najmanju ruku sjajno! Nije preporučljiva ako ne želite da se osjećate dobro.

Nije potreban redoslijed. Samo pišite na lijevoj strani papira, desna će doći poslije na red.

Dakle, pišite o svim svojim ostvarenjima. Vaša ostvarenja se nižu čak od malih nogu – od toga kako ste bili prijatelji sa...? Važna je i ona diploma na kraju školske godine. Pjevanje u horu. Bio je to veliki uspjeh kada ste naučili voziti bicikl (znate li vi koliko odraslih ljudi ni dan-danas ne zna voziti bicikl). Zatim srednja škola, itd. Sve do danas, posao, porodica, prijatelji, bašta, kuća, fakultet, baš sve...

Sada, nakon nekoga vremena, kada vam više ništa ne može pasti na pamet, sva svoja ostvarenja ste izlistali na divljenje svoga mozga. Vratite se sada na početak i počnite popunjavati desnu stranu papira. Pored svakog ostvarenja napišite ličnu vrijednost, odnosno vrlinu koju ste korisitili da to ostvarite.

Samo pišite, nema veze ako se vrline ponavljaju (možda spoznate da su vam to glavne). Pitajte se: koju sam vrlinu ili snagu koristio/la ovdje, a pomoglo mi je u ovom ostvarenju?

Dok pišete sigurno ćete se sjetiti još nekih ostvarenja. Slobodno ih dodajte na listu na lijevoj strani. (Koristite koliko vam je potrebno stranica) ŠTO VIŠE TO BOLJE!

Kad ste gotovi recite sebi – Bravo JA! Dobili ste dugu listu ostvarenja i vrlina tj. lične moći koju posjedujete u sebi, koja je vjerovatno bila zaboravljena i zapostavljena do sada. Kada pogledate svoje vrline shvatit ćete da su vam nekada zlata vrijedile. Zar ne? Skupite ih sve i stavite u svoje srce i dušu. Budite ponosni na sebe. Dozvolite sebi da budete ponosni na sebe i nikada više ne čekajte da vas neko drugi učini takvima. Imate sada taj osjećaj u sebi. I kada god zatreba znate da je tu. Uvijek je i bio, samo niste znali da ga njegujte kao sada.

Kako nećete biti impresionirani svojom životnom listom snage, vrlina i moći. Stvarno, pogledajte iza sebe. Sada ste tu snagu stavili na raspolaganje svome umu, da je upotrijebi kad god mu zatreba.

Ma vi ste fenomenalni! I nikad više nemojte sebi dozvoliti da idete igdje bez svojih vrlina.

A vi koji želite malo dublje ići u samospoznaju, na desnoj strani dodajte koje emocije i osjećaje ste morali imati kada ste ostvarili određene uspjehe.

Ova vježba je moć bez granica tj. ako je uradite može se korisiti i u drugim aspektima života (posebno). Npr. samo za biznis, za ljubav (ako ste je nekada imali)... Kako i šta ste koristili pa je bila takva?

Također je vrlo efektivna za mlade i djecu.

Pošto se sada osjećate nezaustavljivi, puni snage i slobodni, svjesni svoje moći – dobro bi bilo da dodate ovo na vaš dnevni red:

Tvoje riječi su moćne – one koje sebi govoriš. Čak imaju veću moć od riječi koje ti bilo ko kaže. Od dana današnjeg (nisam sigurna da je ovo pravilno, ali zvuči moćno), kada god govoriš, imaj jasan i odlučan stav da će minimum 85% tvojih dnevnih razgovora biti pozitivno, s dobrom namjerom za sve oko tebe. Ovo će ojačati tvoj um, kreirati mogućnosti za više takvih stvari u tvom životu. Kad god ti se dogodi negativna misao ili riječ, stop! Zaustavi se i reci svom umu ne, stop, ne važi se. Uporedo sa vježbom gore ova vježba svjesnog filtriranja riječi i misli će drastično transformisati vašu realnost.

Nedavno sam imala klijenta, 45 mu je godina i cijeli život je osjećao da nije dovoljan. Dok smo išli dublje u razgovor i traženje uzroka takvoga stanja otkrili smo pravi razlog. Kada je bio mali, otac mu je nakon svake utakmice, iako je odigrao fantastično i bio najbolji, uvijek prigovarao čak i najmanju sitnicu. To je njemu bilo krivo i uvijek je imao odbijanje prema ocu. Nikada nisu imali dobar odnos.

Pitala sam ga je li ikada pitao oca zašto je bio takav prema njemu i zašto ga nije nikada hvalio?

Rekao je da nije.

Mi često pravimo greške i sumnjamo u neprovjereno. Stvorimo razna uvjerenja o ljudima i događajima, bez čvrstih činjenica. U njegovom slučaju imamo pojavu da je on bio uvjeren da ga otac nikada nije volio. Dogovorili smo se da je došlo vrijeme da sazna pravu istinu, te da treba pitati oca zašto je to činio i reći mu kako se osjećao zbog svega.

Naredne sedmice, kad smo imali razgovor, mislila sam da je dobio premiju na lotu, jer je izgledao tako sretan.

Pitala sam ga odakle ta sreća? S velikim uzbuđenjem je rekao: „Moj otac me voli, uvijek me je volio! Pitao sam ga zašto je bio takav prema meni i nije me nikada hvalio. Otac je rekao da me nije hvalio jer bih u toj situaciji ja mislio da je to nešto što trebam dobiti da bih pobjeđivao. „Tvoje pobjede i uspjesi su bili uobičajeni i očekivani, nešto što se trebalo dogoditi za tebe, a ne za mene. Zašto bih te ja trebao hvaliti".

Wow! I kad je to čuo, u njegovom životu se sve promjenilo.

Otac mu je rekao da ga je, naravno, uvijek volio i izvinio se što to nije dovoljno pokazivao. Rekao je da je i sam od malih nogu učen da roditelj prema muškoj djeci ne treba biti nježan, da ih ne učini mekušcima.

Moj klijent je sada bio potpuno svjestan i tek je ustvari sada mogao vidjeti sve što je njegov otac činio za njega, što do sada nije mogao vidjeti od pogrešnog uvjerenja da ga ne voli. To uvjerenje je kontrolisalo načine kako se on odnosio prema ocu i stoga nije mogao osjetiti očevu ljubav.

I ne samo to, već je shvatio da je sav uspjeh koji je ostvario, zapravo došao zbog navika koje mu je otac od malih nogu usadio svojim čvrstim stavom. Pokušavao je da udovolji ocu da bi ovaj bio ponosan na njega.

Bio je sada veoma zahvalan ocu za sav uspjeh koji je ostvario. Bio je siguran da on ne bi radio tako puno i da danas ne bi uživao u svim blagodetima koje ima da mu otac nije bio tako strog.

Pouka ove priče je da možete biti godinama zarobljeni pogrešnim uvjerenjima i predrasudama, koji vas mogu koštati toliko puno nepotrebnog nezadovoljstva.

Pitajte, pokušajte saznati pravu istinu, koja je skrivena iza vaših osjećanja i uvjerenja. A jedno trebate znati, ako budete išli pitati, trebate ići s energijom iskrene želje da se oslobodite toga što vas smeta, a ne da idete i krivite te ljude, bilo da su krivi ili ne.

Već ste potrošili dovoljno energije i godina na to. Vrijeme je da čovjek odmakne sa svojih leđa nepotreban teret, s namjerom da ga spusti i ne podiže više nikad.

Imate li vi s kim popričati na ovakav način? Trebate li se nečega osloboditi?

Kad ćete ako ne sada?!

Tony uvijek kaže: „Kad je sada najbolje vrijeme za to"?

- Prestani kriviti bilo koga i uzmi svoju moć nazad

Ne dozvoli buci tuđih mišljenja da uguše glas tvog srca i osjećaj iz stomaka, oni nekako već znaju šta ti uistinu hoćeš da postaneš. I najvažnije, imaj hrabrosti da slijediš svoje srce i intuiciju.
Steve Jobs

Na kraju svih krajeva, kada se zatvorimo iza četiri zida, najvažnije je kako se osjećamo sa osobom koju gledamo u ogledalu. Šta mislimo o njoj i šta osjećamo prema njoj su ključni odgovori, koji će uticati na to da ta osoba ustane zadovoljna sljedećeg dana. Mi trebamo obaviti razgovor sa sobom, jer naše najveće ostvarenje treba biti intimna konekcija sa svojom dušom i naša odluka da slijedimo svoje srce.

Lično vjerujem, svim svojim srcem, da je to presudno, jer sam srela toliko ljudi koji imaju sve na raspolaganju: nevjerovatno bogate živote i resurse, ali i dalje imaju tolike emotivne izazove. Stalno ovise od ovog stručnjaka, one terapije, onog prirodnog lijeka itd. Lično poznajem čovjeka koji je milioner, druži se s najuticajnijim ljudima, ima dostupne najbolje savjetnike i gurue/ duhovne učitelje iz Indije, a i dalje nije u stanju prestati pušiti.

Ostvario je ogroman finansijski uspjeh, ali još sa sobom nije uspostavio konekciju, jer stalno traži spas izvana.

I dobije on to, ali šta se dogodi kada svi odu?

Kada se zatvori sam u četiri zida, on osjeti nešto što mu ne da da bude OK i ispunjen sobom, te mu treba još jedna cigareta da mu kreira iluzornu sigurnost i konekciju sa sobom.

A znam i sama da je sve bilo lakše kada sam počela da vidim osobu u ogledalu očima ljubavi, samilosti i razumijevanja. Nisam više morala ponavljati stari ciklus žaljenja i krivice. Ustvari, sve se i promijenilo kada sam prihvatila da je uredu ono što jesam i ono ko sam.

Pokušajte vidjeti kako bi stvari bile drugačije kada bismo se probudili zadovoljni sobom?

Ako slučajno već niste. Naravno, ako jeste – svaka čast!

Za one koji misle da ima mjesta za poboljšanje u ovom segmentu, samo napravite odluku, obavite taj razgovor sa sobom ili ako imate nekog bliskog, a primjetite već da možda ne ustaje zadovoljan sobom – nježno mu ukažite na važnost toga.

Dalje, još jedna super važna lekcija je da vidimo stvari onakvima kakve jesu, a ne gore nego što jesu. Kada se radi o propustima, treba poći od toga da je svaki promašaj ništa drugo do neophodna lekcija iz našeg života. Naše greške su naši najbolji učitelji na planeti.

Ljudi koji nemaju samopouzdanje uvijek krive druge za svoje greške, jer nisu u stanju pogledati istinu unutar sebe.

Svakoga puta kada osjetiš odbijanje od nečega/odboj ka nečemu, to je zato jer se aktivirao dio tebe koji baš ne voliš.

Ali to je i jeste glavni dio lične transformacije. Što prije otvoriš oči, prije ćeš uspjeti doći do hrabrog dijela sebe, koji je, još od malih nogu, vjerovatno bio sve do sada zagušen. Ako pak odlučiš da nastaviš igru krivnje, sebe ili drugih, nikada nećeš uzeti nazad svoju moć.

Treba puno snage da jako otvoriš oči i vidiš koja vjerovanja na tebe utiču negativno. Prestani kriviti druge za to gdje si sada. Uzmi 100% odgovornost za to to gdje si sada i onda odluči gdje želiš ići. Kada prihvatiš odgovornost potpuno, tvoja moć je tu!

Baveći se ovim poslom imala sam priliku da idem u Kinu i da tamo radim s mladim ljudima. Imala sam 2016. godine petodnevni seminar na kojem sam radila s njima. Bio je to tzv. transformirajući seminar.

Bilo je divno iskusiti njihovu kulturu. Vrlo su slični nama kada se radi o tradiciji i ponašanju. Drže do starijih i prilično su konzervativni. Divni su, nema govora. Međutim, primijetila sam da su definitivno gori od nas, kada se radi o ograničenim vjerovanjima. Imaju veoma čvrsta pravila kako život treba organizovati da bi čovjek bio smatran uspješnim.

Imaju veoma čvrsta pravila o poimanju i pokazivanju ljepote. Žene ne vole imati ten, jer se smatra da je bijela koža najljepša. Skoro sve žene su pokrivene, od glave do pete, da se zaštite od sunca i da ne pocrne. Nose čak i marame preko lica dok se voze na motorima (to im je često prevozno sredstvo).

Važno je napomenuti da nije identično gledanje na ove pojave u Beijingu/Pekingu, glavnom gradu Kine i u ovom manjem gradu, u kojem sam boravila, dva sata vožnje udaljenom od Pekinga.

Definitivno se mogla primijetiti razlika u ponašanju i odijevanju. Npr. u Pekingu su hostese bile ljubazne, ali nisu trčale za mnom ili ispred mene, da mi otvore vrata i slično.

Dok su u manjem gradu to radili svi koji su me na neki način služili: konobari, radnici hotela, trgovci... Dok su me služili, bili su pokorni i svojim govorom tijela su željeli pokazati da su manji od mene. Nimalo mi se to nije svidjelo.

Poznajući psihologiju i ljudsko ponašanje odmah sam to primijetila i očekivala sam da ću vidjeti negativne posljedice toga odnosa upravo kada budem radila sa studentima.

Bila sam u pravu itekako.

Sva djeca, bez obzira na spol, imaju problem sa samopouzdanjem. To je ustvari bio glavni problem svih studenata. Nije me nimalo začudilo, jer sam očekivala da to vidim. Njihovo društvo je naučeno da bude ponizno.

Poniznost može biti kvalitetna vrlina, ali to kod njih nije slučaj. Šta se dogodi kada djeca vide poniznost ovakve veličine?

Naravno, uče to ponašanje. Uče kakav treba imati izgled ponizna osoba: držanje ramena, glava povijena dolje, tihi glas, osjećaj niže vrijednosti... Osoba koja to radi ne može imati visoko mišljenje o sebi, jer joj govor tijela i uma to ne dozvoljavaju. Ako osoba trči skrušeno prema meni, da mi otvori vrata ili šta bilo, ona se ne može osjećati važnom u tom trentuku. A takvih trenutaka je puno, što postane ustaljena ruta u mozgu, koji diriguje i kreira određeno vjerovanje.

Tako se kreira mišljenje o sebi, o životu ili bilo čemu. Cilj našega postojanja je da se ostvarimo kao uspješni ljudi. Njihovo ponizno ponašanje im to nikada neće dozvoliti, jer se stalno moraju stavljati u stanje poniznosti. Fiziologija njihovoga tijela je u položaju koji govori da oni nisu uspješni i ostvareni. Već isključivo ponizni.

Djeca naravno gledaju i uče od svojih roditelja, htjeli mi to ili ne.

U Kini je do prije dvije godine na snazi bio zakon da porodice ne smiju imati više od jednog djeteta. Ako imaju više djece, onda moraju plaćati visok porez. Tako da većina ljudi ima samo po jedno dijete na koje polažu sve karte. Ono mora biti pametno i sposobno, jer to je glavni cilj svakog roditelja, da odgoji uspješno dijete. Međutim, taj pritisak na njih je ogroman. Imaju samo jednu šansu da se dokažu kao dobri roditelji. Svaki roditelj živi za svoju djecu i u njih ulaže svu svoju energiju. Ponekad veoma pogrešnu energiju!? Možete li vi sebe prepoznati u ovome?

Ja sebe mogu i te kako. Silni pokušaji da se dokažemo kao vrijedni, vrlo često nanose emotivne povrede našoj djeci. Djeca sa kojom sam radila u Kini bila su veoma nesretna. Izrasli su u mlade ljude, pred kojima je ozbiljno iskušenje: ako ne uspiju dostići zacrtane životne ciljeve, očigledno je da neće imati živote kakve su željeli. Jasno je da se većina njih neće uspjeti osloboditi mnogobrojnih ograničenih uvjerenja kakvi trebaju biti da bi bili smatrani uspješnim.

Naravno, mnogo te djece će izrasti u veoma uspješne ljude (po mnogim standardima), ali mnogi od njih će živjeti veoma jadne živote. Bit će potpuno nezadovoljni. To možemo primijetiti kod velikog broja *uspješnih ljudi* današnjice.

Jedini uspjeh koji čovjek uistinu i od srca cijeni jeste lični uspjeh i osjećaj lične vrijednosti. A to je nešto što, ako se nije usadilo u nama od rođenja (kao što nam je bilo usađeno da pazimo šta radimo, jer šta će ko reći), onda se mora izgraditi.

Evo nekih važnijih koraka do postizanja lične vrijednosti:

- *Ti si na prvom mjestu.* Možda zvuči malo sebično, ali ako ne stavite sebe na prvo mjesto i ne vidite važnost toga riskirate da vaši najmiliji stradaju. To podsjeća na situaciju opasnu po život u kojoj morate staviti masku sa kisikom, da biste preživjeli. Ako tu masku stavite prvo nekome drugom na lice vi ćete stradati, a samim tim i vaši najmiliji, jer niste sebe uspjeli spasiti. Ovo pravilo morate početi korisiti u svom životu.

Kada znate kako da prepoznate svoje lične potrebe i imate više opcija kako da ih zadovoljite, ne morate ovisiti o drugima da to učine za vas. Tako postajete model djelovanja, uzor drugima, posebno vašoj djeci. Ako posmatrate ljude koji se brinu za sebe primijetit ćete da su veoma brižni i za druge. To je zato što briga o sebi, vodi ka brizi o drugima – taj osjećaj brižnosti se prelijeva, tako da ne moramo grabiti po suhom.

- *Slušaj svoje srce i obavezno imaj plan akcije.* Slušaj svoje srce. Poštuj sebe kao eksperta svog života i vjeruj sebi. Moraš vjerovati u nešto, bilo da je sudbina, Bog, karma, Univerzum... Šta god, samo da ti u njega vjeruješ po svojim vjerovanjima. Moraš vjerovati da te nešto vodi, da će ti dati hrabrost da slijediš i slušaš svoje srce. Da ga slušaš čak i kada ti ono tiho govori da se usudiš i napraviš taj prvi korak, koji je nerijetko korak sudbine, čak i kada ne možeš vidjeti gdje ideš.

Jednom sam čula Oprah, kad je pričala o tome kako se trebamo nasloniti ka svom snu: *lean in it*. Uživam danas da se nježno naslonim k mojim snovima.

- *Briga o sebi*

Samokontrola. Šta leži u našoj moći da uradimo,
leži u našoj moći da ne uradimo.
Aristotel

Veliki dio lične vrijednosti je poštovanje svoga tijela. Zato je neophodno voditi računa šta unosiš u njega. Jedeš li mrtvu hranu ili unosiš neophodne minerale i vitamine?

Započneš li dan kao uspješna osoba: tijelo, um i garderoba pripremljeni za uspjeh? Ili provodiš dane u trenerci, bez plana za taj dan?

Vjerovali ili ne, svaka ova radnja je poruka mozgu kako se vi osjećate i šta mislite o sebi. Kako se hraniti i oblačiti šalje poruku vašem mozgu šta zapravo mislite o sebi. Poštujte se, poštujte svoje tijelo i tretirajte se kao predivan dar koji i jeste.

Kad se ovo počne svakodnevno događati, vaša psiha i svaki dio vas će zauzeti novi identitet. Možda će trebati malo snage i redovnog rada na sebi/ponavljanja, i kada vam se ne radi i kada se ne osjećate tako, no sve to će eventualno postati normala za vas. Vaš novi identitet. Pa zar se ne isplati dati malo više od sebe za nešto što će vam poboljšati svaki nadolazeći dan i dati više života vašim godinama?

Trinaesti korak

POSVETITE PAŽNJU SVOJOJ INTIMNOJ VEZI

Da li znate kako vaš partner najbolje odgovara na komunikaciju? Da li mirno u tišini, ili dok radi, ili pak kada je dobro raspoložen? Možda kada sve drugo pospremi?

Da li znate koje su mu glavne potrebe u braku: ljubav, razumijevanje, poštovanje, intimnost? Da li znate šta ga nervira, šta ga čini sretnim, ispunjenim?

Kada tek uđemo u brak ili vezu ova pitanja su nebitna, jer tada smo naelektrisani, zaljubljeni i ništa nam nije važno, sem da budemo s tom voljenom osobom. No, s vremenom taj elektricitet oslabi, izgubi se konekcija. Atraktivnost i život kakvim smo ga zamišljali nestane iz našega vida. Mnoge stvari doprinesu ovome, a neke od njih su: postanemo zauzeti životom i svime što je život donio, toliko da smo izgubili sebe iz vida, a kamoli vezu. Žene-majke su preuzele previše odgovornosti na sebe. U početku im to nije smetalo, ali sada, kada su se premorile, ljute su na sebe i na cijeli svijet. Krivnja ne prestaje. Nježnost im je nepoznanica. Sve to što se dogodilo i događa čini ih da se ponašaju i djeluju kao muškarci.

Više ne dozvoljavaju nježnost, jer osjećaju da se ne cijeni. Ili je namjerno ne daju, jer se osjećaju povrijeđenima. Ili smatraju da nisu cijenjene za sve ono što rade. Uskraćivanjem nježnosti ustvari zadovolje potrebu za značajnost.

Muškarac, trudeći se da zadovolji (koliko je to u njihovoj moći) ženine mnogobrojne želje, da prati njene ideje i boreći se sam sa svojim ličnim nesigurnostima, kao muž i otac, izgubio je muškost, i život mu je počeo izgledati kao da živi sa dobrim cimerom.

Strast je nestala, nagomilane kritike i greške jednih i drugih su postale svakodnevica. Sve je to dovelo do toga da danas mnogi brakovi postoje još samo zakonski, zato što se mora.

Iz ovog stanja partneri nisu u stanju vidjeti svoje lične greške i procijeniti kako doprinose negativnoj situaciji. Posebno taj problem imaju žene, jer one imaju tendenciju da jednu stvar pomjere deset i više puta tj. to što im smeta prevrću po glavi, jer nikako ne uspijevaju da dopru do muža s time. A muž, budući da sasvim drugačije procesuira stvari od žene, osjeća da se njegov trud ne cijeni, i polako se povlači u sebe ili nalazi hobi, prijatelje ili pak duže radi da bi izbjegao konflikt. On smatra da je već pokušao sve i da ništa ne pomaže. Ima osjećaj da šta god uradi nije dobro. Tu on gubi svoju muškost.

Međutim, žena ne zna da je to razlog njegove izolovanosti i osjeća još više odbojnost prema njemu. Tu se gubi polarnost i privlačnost. Muškarci vide ženu kao hladnu i odbojnu, a žene vide muškarce kao slabiće, koji ne poduzimaju ništa. Ako ostanete ovako neko vrijeme, bit će teško povratiti nježnost, povjerenje i strast.

Ali, stvari se mogu popraviti. Čak se mogu dovesti u prvobitno stanje i dobiti oblik i izgled kao u početku. Kao što možete oživjeti u sebi bilo koju drugu emociju, isto tako se može oživjeti i strast koja je nekad postojala. Neko će reći: – Ne treba meni strast! Treba mi samo razumijevanje!?

Da!? Ali takav život je i dalje daleko ispod idealnog. Zaista, zašto biste živjeli tako, kada može bolje i uzbudljivije. Na kraju krajeva, slika našeg braka koju predočimo našoj djeci, bit će putokaz njima, da znaju kako treba izgledati dobar brak, šta je prihvatljivo, a šta ne.

Tako da nama treba biti cilj da dovedemo svoj brak na zavidan nivo. Ponekad se dogodi (srela sam se sa takvim primjerom i lično) da je žena odrasla u porodici u kojoj su roditelji imali divan brak, pun ljubavi i razumijevanja, i sve su radili skupa. Ona je zamišljala da će takav biti i njen brak, ali nije. Ni blizu tome. Sada ona pati i patit će, sve dok ne promijeni svoju viziju braka, tj. svoja očekivanja od muža, koji nije kao njen otac. On nije imao sliku braka kakvu je ona gledala kao uzor, već je možda vidio da muškarac hoda i izlazi, dok žena kod kuće sjedi i čuva djecu. On jednostavno ne zna bolje.

Dakle, ponekad ispred sebe postavimo zadatu sliku kako stvari trebaju izgledati i ne puštamo je iz vida. Pokušali smo da je realizujemo, ali ne ide. Kao što je Einstein rekao: „Raditi stvari po istom, a očekivati drugačije rezultate, ravno je ludilu".

Dakle, ako imate izazov u braku ili vezi, prvi korak koji vodi ka rješavanju problema je da shvatite na kojem nivou braka djelujete. Trebate znati da prema Toniyevoj teoriji, postoje tri nivoa.

Prvi je, kada smo samo fokusirani na svoje lične potrebe. Kad se bavimo samo sa svojim osjećajima. Ova ljubav bi se mogla nazvati sebična ljubav, u kojoj moje potrebe dolaze prve. Partneri pokušavaju kontrolisati jedno drugog. Veza je tada vrlo krhka. Prisutni su regularni konflikti i nerazumijevanje. Sve se kalkuliše i ništa se ne daje džabe. Teško je i prihvatiti ljubav, jer nikad ne znamo šta se krije iza toga.

Drugi je, kad se partneri fokusiraju na razmjenu. Kad daju od sebe samo onda što znaju da će dobiti nazad. Daju i uzvraćaju pažnju samo kad su sigurni da će je i oni dobiti. A to je ljubav pod uslovom, ti ćeš dobiti svoje, a ja svoje. Poštuju jedno drugo, ali među njima nema uzbuđenja i strasti. Ovaj odnos je zasnovan na dogovoru među partnerima. Pravilo: tebi tvoje, meni moje, uvijek je prisutno i postoji opasnost da odatle lako zakorače u nivo broj jedan, u kojem važi pravilo da ako ja nisam dobila moje nećeš ni ti dobiti svoje. Kod mnogih parova na ovom nivou postoji uzajamno poštovanje, igraju fer igru jedno sa drugim, ali nema strasti među njima. A sve ostalo je fino, lijepo, kulturno...

Treći nivo ljubavi je najidealniji, a to je bezuslovna ljubav. Partnerove potrebe dolaze prve na red. Oboje daju prednost drugome. Tu strast cvjeta. Kada jedno prepozna potrebu drugog trudi se da je zadovolji na najbolji način bez očekivanja nagrade ili uzvratne usluge. Partneri se konstantno trude da razumiju jedno drugo i traže na koji način da udovolje drugom. Vole se bezuslovno i ništa se ne mora dogoditi posebno, da bi izrazili ljubav jedno drugome. Tu postoji duboko vjerovanje, može se slobodno izraziti riječima i djelima, onako kako to jedno drugome zaista žele. Kako u svakodnevnom životu tako i intimnom, što čini njihov intimni život svježijim i privlačnijim. Ovo je najbolji način za imati savršenu vezu/brak.

Na kojem nivou ste vi?

1. Sebična ljubav – mislite samo na svoje potrebe
2. Razmjena dobara – dajete samo onoliko koliko dobijete
3. Idealna ljubav – živite ispunjen život

Svaki brak je refleksija nivoa na kojem partneri djeluju. Statistički, mnogi brakovi su na nivou dva – vrlo dobri cimeri.

Ako imate nesuglasice u braku neophodno je da odgovorite na ona pitanja na početku. Morate znati šta se očekuje od vas: da ste pažljivi, strpljivi, smireniji itd. I isto tako trebate izraziti vaše želje. A to zahtijeva komunikaciju. Nešto što je prilično teško, jer su mnogi zauzeti, prije svega svojom ličnom pričom koju sebi ponavlljaju, o svim nezadovoljstvima koja osjećaju i svim drugim životnim obavezama.

Stagnacija veze se može prevazići sa iskrenom željom oba partnera da to postignu.

Naravno svaka veza ima svoj izazov. Ovo što sam vam donijela kao maksimalno sažetu formu, sigurno može promijenti ritam veze, pod uslovom da se identificiraju nivoi veze.

Jedno je sigurno, niko vam neće dati ljubav na način na koji vi želite, jer ne znaju šta vi očekujete. Osim ako ste im to nacrtali, ponovili i pokazali više puta. Možda i jeste, a opet nije tako? U tom slučaju trebate shvatiti da dvije osobe mogu gledati u istu stvar, a vidjeti različito. Jednostavno, nismo svi u stanju vidjeti isto, osjetiti isto i doživjeti isto.

Neki od glavnih razloga nesuglasica i problema u braku su:

– Za žene, osjećaj da su neprimjećene. Žene su vrlo emotivna i intuitivna bića koja su u stanju osjetiti vašu autentičnu prisutnost i pažnju. Možete se vi pretvarati ženi da je slušate, možete čak i klimati glavom, ali ona će osjetiti i znati ako niste prisutni potpuno, tijelom i duhom.

Solucija: uvjerite je da ste tu, potpuno, tako što ćete biti prisutni svim svojim bićem upravo tu. Primijetite kako joj oči izgledaju kad je uvjerena da ste tu za nju.

– Drugi razlog za žene je, osjećaj nesigurnosti. To znači, ako se žena pored vas ne osjeća slobodno, da bude ona, ako ne smije iznijeti svoje mišljenje od staha kako ćete reagovati, ona ima osjećaj nesigurnosti. Taj osjećaj također može imati ako osjeća da niste tu kad njoj zatrebate i ako mora sumnjati u sigurnost braka ili veze iz bilo kojeg razloga. U ovom slučaju žena nije otvorena u intimnosti.

– Treći razlog problema u braku za žene je osjećaj da ju se ne razumije. Ako vam žena uporno pokušava nešto reći, nešto do čega je njoj stalo a vi je ignorišete, bez pokušaja da razumijete, dolazi do stagnacije veze. Veza se pogoršava i slabi. Ako joj zanemarujete potrebe, ako ne cijenite njen rad i svu snagu koju ulaže u porodicu, žena gubi ličnu snagu.

Solucija: posvetite vrijeme i pokušajte razumjeti šta ona očekuje od vas i pokušajte joj to dati. Dajte joj male trenutke sreće i zahvalnosti za sve što radi za vas i porodicu.

Sada ću navesti neke od glavnih razloga koji izazivaju nesuglasica u braku kod muškaraca:

- kad su kritikovani;
- osjećaj zatvorenosti;
- kad se osjećaju da su kontrolisani.

Muškarcima nema ništa gore nego kada ih stalno kritikujemo. Oni su još kao mali usvojili osjećaj da su snažni i da trebaju biti jaki. Kada se u vezi muškarac osjeća neadekvatno tj. kada se njegov trud ne cijeni, iako je on uradio sve najbolje što je znao, plus kada se taj trud kritikuje, nakon nekog vremena on gubi moral i odustane od svega.

Solucija: Prije svega neophodno je razumjeti da muškarci i žene ne vide stvari isto, iako gledaju u istu stvar. Mentalni procesi su znatno drugačiji kod jednih i drugih. Žene sve procesiraju kroz emocije i pogledom u budućnost, dok muškarci više gledaju na stvari logički i u datom trenutku. Zato se žena može sjetiti one svađe od prije petnaest godina i svega što je rečeno, dok muškarac nema pojma o čemu se radilo. Razlog je jednostavno što nam mozak nije isti. Muškarac se nosi sa jednim problemom u datom trenutku, a žena može da se nosi sa više problema u jednom trenutku.

Muškarcu treba potvrda od voljene žene da je, to što je uradio, dobro. Kada bi žene imale više strpljenja i dale muškarcima ovu potvrdu, mada i ne bilo istina u tom trenutku, mnogi bračni problemi ne bi postojali. U takvoj situaciji muškaci bi željeli više ovakvih potvrda i trudili bi se bolje da zadobiju pohvale žene, što znači radit će više i pomagati više.

Drugi glavni razlog nesuglasica kod muškaraca je osjećaj zatvorenosti, koji nastaje upravo zbog stalnog kritikovanja. Oni su pokušali, dali sve od sebe, a i dalje se to ne cijeni. Kao što sam rekla, izgube moral i nemaju ništa što će im dati podsticaj da pokušaju bolje. Oni se tada povlače u sebe ili izlaze vani; posvete se nekom hobiju ili se zatrpaju poslom... Sve su ovo načini da osjete značajnost koju nemaju u kući.

Solucija: dajte im potvrdu i pohvale za to što su do sada ostvarili. Pređite preko svojih uvjerenja da su oni mogli nešto bolje učiniti, a nisu. Oživite u njima značajnost koju su izgubili. Imat ćete veliku korist od toga. Umjesto da se držite u krugu krivnje koja ne vodi ničemu pozitivnom otvorit ćete mogućnost boljih odnosa u braku ili vezi.

Treći i glavni razlog nesuglasica u braku kod muškarca je osjećaj da su kontrolisani.

Vjerujem da će se mnogi muškarci složiti da im nema ništa gore nego kad ih se stalno provjerava i kada se kontroliše njihovo djelovanje. Mnoge žene ne vjeruju muževima kada oni ostanu sa djecom, smatrajući da će nešto zabrljati ili da neće pravilno postupiti u određenoj situaciji.

Osjećaj da su pod nečijom uredbom uništava muškarcu ličnu moć i tada on gubi samopouzdanje, mada žene nisu ni svjesne toga. Svaki muškarac ima duboko usađenu potrebu da bude glavni i ako smatra da mu je to pravo oduzeto obično traži mjesta i prilike gdje će zadovoljiti tu duboku potrebu.

Prema nekim studijama, muškarci koji su imali vanbračne veze, nisu varali sa ženema ljepšim od svoje, niti pametnijim. Njih 80% je izjavilo da su varali zato što ih je ta žena učinila da se osjećaju važnim i što im je dala osjećaj značajnosti.

Dakle, solucija je: dajte muškarcu značajnost; pohvalite to što radi i s ljubavlju ukažite kako bi se moglo, to što on radi, popraviti. Ali ga pitajte šta on misli o tome? Što znači, odmah ste mu dali priliku da bude značajan.

A da bi osoba bila u stanju da se postavi u nečije cipele tj. da razumije njegov stav i poglede, ona mora promijeniti svoj mentalni okvir. Ako i poslije ovih savjeta osjećate da niste u stanju promijeniti ništa u vašoj vezi, to je samo ograničeno vjerovanje, vjerovatno vezano za emociju ljutnje ili neku drugu negativnu emociju, koju imate prema svom partneru. Sve to može biti validno, ali nije dobro da dalje nastavite bez pokušaja da se oslobodite te emocije koja vas sprječava. Šta ćete dobiti time? Koliko će vas to koštati?

Sjednite s vašim partnerom i otvoreno kažite šta vam smeta. Recite šta biste voljeli da se dogodi i na koji način. Recite mu kako se i vi volite osjećati voljenim ili voljenom. Odnosno, kažite šta se treba dogoditi da biste osjetili ljubav, da biste ostvarili ostale potrebe neophodne da se dobro osjećate u braku. Znači, ako im ne kažete da volite raznovrsnost na visokom nivou, partner neće nalaziti načina da unese u brak ili vezu tu dozu raznovrsnosti. Ako im ne kažete šta vas čini značajnim, oni mogu napraviti nenamjernu grešku i kada se nađete u javnosti, naprimjer ne otvoriti vam vrata ili ne izraziti među prijateljima koliko cijene vaš rad i slično. A možda je baš to ono što će vas učiniti da se osjećate značajnim. Jer, to je naravno nešto što samo vi znate da vam je važno, jer niste komunicirali.

Komuninkacija, razumijevanje i ljubav na način na koji oni žele i blaga doza raznovrsnosti u vezi, potrebni su za dobru vezu. Zapravo, ne dobru, nego odličnu vezu ili brak.

Sve što se dogodi u braku treba riješiti i treba o tome obavezno razgovarati. Često dosta muškaraca nema potebu da raspravlja i objašnjava šta se dogodilo, dok žene uglavnom imaju ovu potrebu. I onda često ne ispolje važnost te svoje potrebe, a muškarci su vjerovatno već i zaboravili na to. U takvim situacijama žena bijesni unutra što on nije to zapazio i dao tome na značaju. A kako će dati kada uopće nije znao da to nije završena tema.

Nemojte misliti da vas muškarac ne osjeti kada ste hladne. Osjeti i te kako! Ali često ne želi da vas napomnje na stvari koje zna da vas brinu. Pri tome vi možete misliti: kakav je to on, pa ni da spomene onu, vama tako važnu stvar. Vi možete potrošiti sate u negativnosti, a da on nema pojma da vi imate problem zato što on nije rekao naglas nešto što ste vi mislili da on treba reći. Sada vidite koliko neznanje i nerazumijevanje mogu napraviti nesuglasica.

Bez obzira gdje živite, ako u vezi imate bilo kakav problem ne prikrivajte ga. Sve što se ne riješi sada nagomilat će se poslije i biti mnogo teži problem. Tražite stručnu pomoć. Recite partneru da imate problem sa tim kako sada stoje vaši odnosi i da želite da se i on uključi u traženje solucija za vašu vezu.

Neophodno je da žena bude ženstvena, a muškarac muževan da bi postojala atrakcija među njima, tj. da bi bila aktivna polarnost među partnerima. U suprotnom život izgleda kao da živite s dobrim prijateljem, odnosno cimerom. Sjetite se kako ste se ponašali na početku vaše veze kad je sve bilo dobro i kad niste mogli skinuti ruke s vašeg partnera/bračnog druga i kada ste stalno željeli da budete u njegovom prisustvu. Šta ste tada mislili o sebi, o njemu? Kako ste se ponašali?

Sada pogledajte kakav vam je trenutni redoslijed misli, koji čini vaš brak ili vezu beživotnom i bez atrakcije. Koja vjerovanja imate o svom partneru/bračnom drugu, a čine vas takvima da ne želite biti intimni s njim /njom?

Budite iskreni ovdje. Ako jeste, moći ćete primijetiti da ste usvojili negativan ili zaštitnički redoslijed misli i emocija. Šta dobijate s tim?

Jeste li zadovoljni s tim što dobijate?

To je samo negativan način zadovoljavanja ljudskih potreba. Njegov ishod ne donosi dobro nikome. Živite prazan život.

Možete ovo lako promijeniti spoznajom iz prethodnih par rečenica. Kada odgovorite na ova pitanja i vratite film unazad, kada se prisjetite vremena kada je među vama sve bilo kako želite, onda ste spremni da poduzmete korake koji vode pozitivnoj promjeni. Možete vi to! Samo, radite ovoga puta pravilno i sa svrhom, s ciljem da podignete kvalitet vaše veze i intimnosti.

Četrnaesti korak

PRONAĐITE SVOJ BLISS

Ne pitaj šta svijet treba. Pitaj se šta te čini živim.
I onda radi to. Jer šta svijet treba su ljudi koji su oživjeli.
Harlold Whitman

Iskreno ne znam ni kako se to na bosanskom kaže, bliss, valjda blaženstvo ili stanje potpune ispunjenosti, kako bih ja nazvala nešto što nam niko nikad nije ni spominajao da postoji. A postoji, vjerujete.

Kod nas je skoro bilo zabranjeno maštati ili pričati o nečemu o čemu mnogi nisu ništa znali. Oni koji su se usudili pričati o tome bili su proglašeni blesavim, da se blago izrazim.

Bliss stanje je specifično stanje potpune ispunjenosti i potpune konekcije sa svime oko nas. Čak i sa onim listom na grani. Taj osjećaj se počne stvarati kada se u nama otvori prozor mogućnosti i vjerovanja u nešto takvo, neviđeno.

Rekli smo da naša vjerovanja, naš doživljaji svijeta oko sebe, kontrolišu rad naših ćelija. Dakle, da bi čovjek mogao doživjeti ovo stanje potrebno je da se potpuno otvori i vjeruje.

Meni je u tome pomoglo nekoliko stvari koje sam radila. Prvo, to je bila vjera u Boga, odnosno Višu Silu. Dakle, vjerovanje da postoji nešto puno veće od mene, što nas je sve stvorilo i uredilo cijeli naš unutrašnji sistem.

Drugo je bilo moje otvoreno srce i otvoreni um. Bila sam voljna naučiti više o svemu i otvorena da povjerujem u neprovjereno. Jednom sam čula negdje da ako principijelno ne vjerujemo u neprovjereno, kako onda vjerujemo da postoji Bog?

A ja sam vjerovala da postoji Bog, jer nije bilo drugog, logičnijeg i ubjedljivijeg objašnjenja za moje postojanje. Nije mi imalo smisla da smo svi mi mogli postati od one jedne ćelije. Naša, do savršenstva organizirana tijela, sa svim organima i funkcijama organizma, sa svim na svome mjestu, spremna da rade i nose nas kroz život, ne mogu tek tako nastati. Moralo je postojati to univerzalno Biće, koje je upravljalo i upravlja tim.

To je nešto što me oduvijek fasciniralo. Zaista, zar nije fascinantno da smo postali ovako savršeni od jedne ćelije?

Ko je sve to uredio u nama i kako? Bog, Viša Sila, Univerzum... U šta god da vi vjerujete činjenica je da je to neviđena energija, koja nam, kada joj se otvorimo, kada ne sumnjamo da ona postoji, otvori puteve za koje nismo mogli čak ni sanjati da postoje.

Međutim, da bismo mogli uistinu i bez sumnje otvoriti svijetu svoje misli i svoje srce, potrebna nam je vjera. Moramo usitinu biti autentični i otvoreni, inače nećemo moći dosegnuti neviđeno. Posebno ako smo analitičari, kojima intelekt bez crnog na bijelo ne dozvoljava da čak ni vidimo druge mogućnosti.

- Ako ne vjeruješ u čuda, čuda se ne mogu dogoditi.

Postoje samo dva načina da živimo život: jedan je kao da ništa nije čudo. Drugi je kao da je sve čudo.
Albert Einstein

Da bi se došlo do ovoga stanja blissa, naravno kao i za svaku drugu destinaciju, potrebno je poduzimati određne korake.

Prvi korak je: vježbati zahvalnost.

Kada ovo kažem mislim na autentično biti zahvalan za nešto, za nekog, za trenutak, za dah, za oči, sunce... Vidite gdje idem sa ovim, neophodno je pomisliti na nešto za šta smo nekad osjetili iskrenu zahvalnost ili je sada osjećamo. Sadašnjom zahvalnošću treba oživjeti taj dobri osjećaj u nama. To je vježbanje zahvalnosti. Ako ste pomislili na nešto, a niste oživjeli taj osjećaj, ne vrijedi vam. Osjećaj je taj koji kontroliše sve.

Svakoga jutra kada se probudite pomislite na tri stvari za koje ste zahvalni. Možete početi od vašega jastuka.

Drugi korak do blissa je DAVATI.

Davati sebe ili nešto od sebe za nešto za šta ne čekamo nagradu ni zahvalnost. Dajemo prosto zato što znamo da je to nešto što želimo i čini nas sretnim. Davati zato što znamo da je zakon Univerzuma – koliko daš, toliko ćeš i dobiti.

Ponekad je dovoljno dati osmijeh ili samo dati svoju mirnu prisutnost, topli zagrljaj, iskrenu želju da pomognete, jer to je često drugima potrebno da vide da je nekome uisitnu stalo.

Davati sebe za nešto skida sav fokus s nas, što je dokazano kao čvrsta činjenica i ima moć da naš život drastično promijeni na bolje. Ako je neko bolestan ili depresivan prva stvar koja se preporučuje je da ide volontirati tj. davati sebe. Sa ovim jednim aktom ćete zadovoljiti sve ljudske potrebe na visokom nivou.

Treći korak ka blissu je OPROST.

Također, istraživanja su pokazala da oprost doslovno liječi osobu od bilo čega. Godine 1978. dr. Dabeny Ewin, hiriurg hitne pomoći, uvijek je predlagao svoijim pacijentima, obično žrtvama velikih tragedija, da zamisle taj dio tijela ili cijelo tijelo, zavisno od povreda, u savršenom stanju. Pokazalo se da pacijenti koji su to radili su imali znatno brži oporavak. Onda je predlagao onima koji su bili ljuti, ili su krivili nekog ili nešto za svoju nesreću, da počnu koristiti metodu oprosta. Oni su do tada imali problem prolongiranog ozdravljenja, međutim, primjenom nove tehnike ozdravljenje je intenzivirano. Pacijenti su bili upućeni da oproste ono što je bilo, ne da bi dali dozvolu ili na znanje da je to uredu od strane tih ljudi, već da bi sebe/svoje tijelo oslobodili negativne emocije i samim tim pokrenuli proces ozdravljenja. Možete naći nebrojena istraživanja na temu oprost.

Dakle, neophodno je za vaše dobro da oprostite.

I kada ste ispunili ove korake, otvorili ste se ka nečem višem. Vaš bliss će vas naći. Zagarantovano.

Evo jednostavne vježbe da se oslobodite negativne emocije, da oprostite sebi ili nekome.

Zamislite sebe u ovome vremenu, upravo onakve kakvi ste sada. Zatim zamisite dijete u vama tj. dio vas koji je možda i usvojio povredu. Sada zamislite mudri dio vas, onaj što je povezan sa svime. Ako u mislima odete unaprijed 20 godina, taj mudri dio vas će biti u stanju da vam da adekvatan savjet za trenutnu dilemu. Sada zamislite mudri dio vas kako dozvoljava djetetu u vama da oprosti nekome ili nečemu ono što ga je povrijedilo. Samo zamislite. Dijete u vama će vas poslušati ako mu s ljubavlju i sigurnošću kažete da je ok ako pređe preko toga i oprosti.

Sada zamislite da se to dijete stapa u trenutnog vas, jer taj dio vas je uvijek u vama – vi.

Osjetite sada da je negativna emocija iščezla. To je sve što je potrebno da oslobodite tijelo od negativne energije/emocije. Nastavite ići kroz život kao potpuna osoba, osposobljena svime potrebnim da se nosi sa životom.

Naš život je puno više od hrpe nagomilanih negativnih uvjerenja, nesuglasica, neoprosta i držanja našeg stava po cijenu svega. Oh, puno više. Sada, u ovom trenutku, neko se bori svom snagom za život, neko je već izgubio bitku, neko se bori se teškom bolešću, neko s velikim emotivnim problemima i sl. Neko je gladan i žedan, nekome je veoma hladno, nekome veoma vruće itd. Vi i ja nikad nećemo biti u stanju znati šta nas čeka i šta nam je sudbina, ali znam da smo u mogućnosti uticati na to kako će naši dani izgledati i znam da možemo učiniti dane koje imamo ne samo lijepim već fantastičnim.

Imamo jednu šansu ovdje, i nakon svega što smo vidjeli i prošli, mislim da nam treba biti želja i ambicija da živimo ovaj život punim plućima.

Nadam se da osjetite ovo kao istinu i da vam srce lupa jače u ovom trenutku. Napravite odluku sada, ovoga momenta, da će ostatak vašega života biti ispunjen ljubavlju i pogledom na život koji nudi mogućnosti za sve.

- Zašto patimo

Najveći problem u komunikaciji je iluzija
da je komunikacija uopće uspostavljena.
George Bernard Shaw

Nepoznati autor kazao je da je ponekad jedini izlaz iz patnje direktni prolazak kroz nju.

Osjećaji podjele, nedovoljnosti i neadekvatnosti su među glavnim uzrocima ljudske patnje.

Osjećaš li se povezan s drugima, osjećaš li ljubav i radost, imaš osjećaj neobjašnjene ljubavi ili si fokusiran na sebe... Na ono što nemaš.

Moglo bi se reći da smo sebični ako patimo, jer ljutnja, razočaranje, srdžba i ostale negativne emocije se dogode samo kada smo potpuno fokusirani na sebe i na ono što nam je urađeno da se ovako osjećamo. Zar ne?

Uglavnom, svaki put kada se nađete u negativnoj emociji, ako dozvolite sebi da obratite pažnju na proces razmišljanja, uvidjet ćete da se sve svodi na vas.

Čovjek mora postaviti redoslijed važnosti stvari u životu. Ova knjiga će vam pomoći u tome. Da shvatite da je život najljepši dar koji smo dobili i da iz stanja u kojem se nalazimo možemo doći, uz značajan napor i želju da se to desi, u stanje blissa-blaženstva. Sve ostalo je manje važno. Treba živjeti ovaj život iz stanja ljubavi, blissa, konekcije s drugima... To će nas učiniti da se ne osjećamo sami.

Trebamo shvatiti da postoji put koji vodi od osjećaja patnje do osjećaja blissa. Kao i obrnuto.

Odgovorite na ovo pitanje: koji će put, tj. koji će vas redoslijed misli, djelovanja i fiziologije odvesti u stanje uma, u kojem se osjećate fantastično i u stanje u kojem vidite izlaz iz bilo kakve situacije?

A sada odgovorite koji će redoslijed misli da vas odvede u zonu u kojoj se osjećate nemoćno i gdje nema solucija ni na vidiku?

Kada ste odgovorili na ovo pitanje, sada jasno znate gdje ne trebate više ići, a gdje trebate stalno boraviti ili bar većinu vremena provoditi tamo.

Nažalost, mnogi ljudi ni dan-danas nisu svjesni da se nalaze na negativnom emotivnom putu koji je doveo možda i do potpune patnje.

Ali, ako znamo biti prisutni u tijelu i umu, ako smo svjesno uključeni u svoje mentalne procese tj. ako radimo na sebi, lako ćemo primijetiti da smo došli u zabranjenu zonu i lako se izvaditi odatle.

Nismo učeni da se odmaknemo od ovih negativnih puteva, zato je potrebno učiti.

Imaj viziju svog mentalnog i emotivnog stanja, imaj prelijepu viziju sebe, ako želiš biti slobodan.

Činjenica je da većinu života i ne znamo da patimo, dok se odjednom ne pojave simptomi.

Kada postanemo dio sebe, kada prepoznamo svoje redoslijede i kada sebe prihvatimo onakvima kakvi jesmo, tada dajemo sebi šansu za trajnu konekciju sa sobom i svime oko sebe.

Ako išta želite promijeniti u sebi obavežite se da živite u prelijepom stanju uma. Patnja se dogodi kada nismo svjesni da se vozimo ka njoj, ni šta nas vozi tamo. U mnogim slučajevima ne znamo ni da smo došli tu, jer kao da nismo nikada ni otišli odatle.

Promijeniti vozilo je sve što je potrebno.

Kada smo rođeni nisu nam dali uputstvo u kojem stoji da je svrha našeg postojanja dosezanje našeg punog potencijala, te da će to zahtijevati redovan red, rad i disciplinu. Da jesu, mi ne bismo imali nikakvih problema da idemo za svojim snovima svakoga dana, istrajni, sigurni, čak i uzbuđeni, sa željom da otkrijemo koja se to još naša snaga krije iza prevaziđenog izazova.

Nije li tako?

Životi mnogih se mogu promijeniti ukoliko to spoznaju. Zgrabite život za uzde i uzmite što je vaše.

Stvarno nije tako teško. Vjerujte mi da je najteže povjerovati u ovo što vam pokušavam reći, kroz cijelu knjigu: vi ste sebi najpotrebniji i zapravo, sebe cijeli život tražite. Samo vi, niko drugi i ništa drugo.

Vi imate ključ da otključate vrata svoje sreće, i ne, ne govorim ovo samo zato što lijepo zvuči. Kažem vam kao najbolji prijatelj na svijetu i kao neko ko je potrošio puno vremena uzalud, jer nisam ni sama vjerovala da ja to mogu i da je to prilično jednostavno.

Pokušajte shvatiti da ste samo jednu misao daleko, jednu jedinu odluku, od početka vaše ljubavne idile tj. vašeg idealnog života.

Ako ste već ostvarili svoje snove i čitate ovo sada, molim vas podijelite ovo s nekim u vašem životu. Mi uvijek pravimo sebi put, prije svega svojim djelima, i tako ostavljamo trag iza sebe. Neka vaš trag uvijek bude istkan sretnim i radosnim trenucima i neka bude putokaz mnogima.

Šta um nije u stanju procesuirati,
a usta izgovoriti – to će tijelo manifestirati.
Pat Allen

Naš um nije u stanju procesuirati puno stvari. Počevši od vremena dok smo u utrobi majke, kada se određene emocije prenose na nas, poput onih kada majka doživi neki šok ili udar. Dok smo mali mi ne znamo kako procesuirati stvari. Ako se dogodi neki šok ili trauma, analitički um se ugasi, jer mu je to prebolno ili preteško procesuirati i samo ga pohrani u podsvijest. Ako se dogodi da smo u nesvijesti i ne radi nam analitički um, mozak i dalje pohranjuje sve što čuje, osjeti, namiriše, a mi i ne znamo za to. I pored toga sve to će biti pohranjeno u podsvijest i bit će zauvijek tu. Nekada ćemo čak raditi stvari koje smo pohranili nesvjesno i nikada nam neće biti jasno zašto mi to ustvari radimo.

I sami znate da se nekada nešto dogodi što mi ne razumijemo ili je mimo naše kontrole. Naš um to nije u stanju procesuirati, jer nema objašnjenja kako se to i zbog čega pojavilo. Sve se pohranjuje u našu podsvijest i uvijek igra u pozadini.

Npr. koliko puta vam se dogodilo da ste imali tako jak impuls da reagujete zbog nečega, a niste imali pojma zašto je to tako? To je bio neki pohranjeni, trigiran impuls koji su trenutne aktivnosti aktivirale, iako nije imao sličnosti s njima. Slični impusli koje su čula aktivirala bili su: emocija, zvuk, miris, okus i sl.

Ima puno razloga zašto usta ne smiju nešto izgovoriti, a sve je vezano za strah: od osuđivaja, gubitka, diskonekcije s ljudima oko nas ili ko zna zbog kojega straha.

Ponekad je nemoguće fizički govoriti.

Ponekad smatramo da je tako najbolje i da ćemo, ako ne pričamo o tome, zaboraviti na bol. Ali, ako je bol poznato stanje, mozak će nas uvijek vraćati tamo gdje je poznato.

Dakle, što um – aspekt intelekta i svijesti, doživljen kao kombinacija misli, percepcije, pamćenja, volje i mašte, uključujući i sve nesvjesne, kognitivne procese, nije u stanju procesuirati, a usta izgovoriti, naše tijelo će ipak manifestirati. A to se dogodi nakon izvjesnog vremena odlaganja ove prve dvije akcije. Tijelo koje ima sakupljene neriješene emocije gubi životu energiju, gubi alkalnost organizma, što uzrokuje razne bolesti.

Nemojte zaboraviti da je naš mozak najsavršenija mašina i da mu je glavni posao da nas zaštiti, zato nas uvijek stavlja u poznata stanja i stanja udobnosti. Često to nije željeno stanje, ali je naviknuto i najlakše je doći do njega, tj. ostvariti ga.

Mnogi ljudi ne znaju ovu činjenicu i ne mogu prepoznati kako se samo sabotiraju zbog ove iste radnje mozga... Npr. ako osoba ima neki izazov i nije u stanju da ga riješi iz bilo kojeg razloga – mozak nastoji da zaštiti tu osobu od proizvedene emocije, zbog izazova koji je stalno prisutan: ne možete smršati, problemi u braku, niste u stanju ostati trudni, dijete ima neki izazov s mentalnim zdravljem i sl. dakle neki stalno prisutan izazov. Mozak odvede tu osobu na druga mjesta, gdje se ne osjećaju emocije tog izazova. Kao npr. gledanje televizije, shoping, uzimanje hrane, uređivanje kuće, preokomjeran rad i slične stvari, koje ustvari služe kao bježanje od stvarnosti.

Osoba je obično jaka, a ukoliko nije onda se razvije depresija i fizički problemi.

Osoba ne želi priznati sebi ni drugima da se osjeća loše, te se trudi na svaki način da izbjegne suočavanje sa tim izazovom.

Često se samo vrti u krug bez pomaka na bolje. Ovo stanje, ako se ne riješi, tj. ako osoba ne potraži pomoć (za emocije koje osjeća, a ne želi priznati sebi da ih osjeća i trudi se na svaki način da ih ne osjeća), eventualno dovede do tzv. raspada sistema. Ili se razbole ili ostave situaciju, u kojoj su, bez nade da mogu išta popraviti.

A ustvari mogu, kada se suoče sa onim što jeste. Sve ostalo je samo bježanje i eventualno će ih sustići. Ako se suočite sa izazivom svjesno, imate sve šanse da izađete iz njega jači, snažniji i bolje opremljeni da se nosite sa svim ostalim izazovima, koji, ako ste živi, sigurno dolaze. Možda ne iste vrste, ali dolaze.

S čime se vi trebate suočiti? Čemu je vrijeme da se prestane izbjegavati i prestane bježati od njega?

Ako vam treba pomoć, zatražite je, ali se usudite i suočite se s tim. Obećavam da neće biti ni blizu teško kako ste mislili.

Petnaesti korak

KOMUNIKACIJA U PORODICI

Najveći problem komunikacije je što ne slušamo da bismo razumjeli. Slušamo da odgovorimo.

Steven Covey

Mnogi od nas ne smatraju da je komunikacija nešto posebno što se treba učiti. Mi komuniciramo uglavnom onako kako smo navikli u djetinjstvu i kako se s nama komuniciralo. Često čujemo da neko kaže: – Zvučim kao moja mama ili otac.

Uhvatimo se ponekad da oponašamo komunikaciju roditelja, iako nam se možda nije ni sviđao taj način komunikacije. Kao što smo naučili jednom hodati i to nismo nikada zaboravili, isto je i sa svim ostalim što smo naučili od malih nogu. To je i danas uglavnom naš način djelovanja.

Komunikacija ili problem s komuniciranjem može uništiti ljudske živote. Znati pravilno komunicirati u porodici, ili bilo gdje, je ekstremno važno.

Da bismo mogli imati bolju komunikaciju u porodici ili bilo gdje potrebno je to željeti, potrebno je ustvari priznati sebi ili bar primijetiti da trenutno niste baš dobar komunikator. Samo tada ćete moći zastati na trenutak, tj. zaustaviti se u dosadašnjem nepoželjnom redoslijedu komunikacije i implementirati neke od kvalitetnih postupaka koje ću vam dati ovdje.

No, prije toga, kao što sam i rekla, važno je prepoznati gdje ustvari griješimo i šta nam od onog što radimo izaziva neželjenu kominikaciju.

Ljudi su naučeni, doslovno programirani, da osuđuju jedni druge. Konstantno evaluiramo svijet oko sebe po onome što se nama sviđa ili ne sviđa, šta je dobro a šta ne, šta je u modi a šta nije. I sve to po našem modelu svijeta, tj. po načinu kako mi preferiramo da nešto ili neko treba biti. Ova navika je ustvari program koji se koristi i kod kuće.

Znate kako imamo običaj da automatski unaprijed formiramo svoje mišljenje o osobi, bazirano samo na tome kako izgleda ili kako priča?

To je taj program u nama koji se automatski javi i iznese svoju evaluaciju prema onome što vidi. A po čemu mi to evaluiramo? Jeste li se ikada pitali?

I jeste li se uhvatili nekad kako ste pogrešno evaluirali ili protumačili osobu ili događaj? Sigurno jeste. Ne kaže se džaba: – Ne sudi knjigu po koricama.

Mudraci su nam zaista sve ostavili u amanet, samo što slabo znamo i rijetko koristimo mudre izreke. Dakle, po kojoj formuli djeluje to automatsko javljanje u nama?

Svako naše vjerovanje koje imamo danas naslijedili smo iz djetinjstava. Neka su nam bila nametnuta i čvrsto ponavljana, dok ih nismo utvrdili. Ne znači da to nisu bila dobra vjerovanja za to vrijeme i ne znači da su naši roditelji mislili nešto loše. Ne, to su jednostavno bila vjerovanja po kojima su oni živjeli, najbolje kako su znali. Naravno i oni su ih naslijedili od nekoga. Ako se na trenutak vratite u prošlost možete li naći neko vjerovanje koje je vama bilo često ponavljano? Sigurno i vi danas djelujete po tom istom vjerovanju i pokušavate ga prenijeti na vašu djecu. Zar nije tako?

Nikakav problem, je l' da! Posebno što smo mi zaista karakteran narod i mi uistinu imamo tako lijepa i čvrsta vjerovanja za mnogo stvari. Kao što je integritet, prijateljstvo, humanost, lične vrijednosti itd. Dakle, lijepo je imati jaka vjerovanja, međutim mi zaboravljamo jednu važnu činjenicu. Mi se nalazimo u drugom stoljeću i mnoga vjerovanja, po kojima smo mi odrasli, danas zaista nemaju istu svrhu koju su imala u prošlom stoljeću. Jednostavno, okruženje u kojem se nalazimo danas čini ta vjerovanja nebitnim.

E, tu se krije problem. Mi smo jako čvrsti u svojim vjerovanjima. Ako ne vjerujete samo se sjetite neke situacije kada niste mogli doći do daha dok niste dokazali svoju tvrdnju ili svoj stav o nečemu. Zašto je to dobro ili loše za osobu s kojom ste pokušali komunicirati. Možete li se sjetiti?

A sada se sjetite da je ona s istom jačinom pokušavala vama da objasni da to što vi tvrdite nema smisla. Ustvari je pokušla da kaže kako nema smisla za nju.

Djeca nekada nisu u stanju da vide i shvate nešto što im se pokušava objasniti. Ne vide jer to nije po šablonu njihovog svijeta. Jednostavno, ne mogu vidjeti to što vi vidite, jer im nije postalo duboko urezano vjerovanje kao vama.

E, sada se vjerovatno pitate kako nije, kad ste im ga ponavljali od malih nogu?

Kada su vama roditelji pokušali dati neko vjerovanje, npr. ne valja sjediti na promahi, na početku niste bili sigurni u to, a onda je došla tetka i potvrdila to isto. Zatim ste se vozili s daidžom u autu i htjeli ste otvoriti prozor, a šta je daidža rekao? Naravno: – Ne može sine, ubit će te promaha!

Ili ste bili u školi i bilo je vruće, a nastavnica nije dala da se otvore prozori iz istog tog razloga. Što znači, vi ste dobili vjerovanje koje je bilo istina za sve oko vas i svi su vjerovali u njega, pa zašto ne biste onda i vi?

Eto tako se stiču vjerovanja. Kada svijet oko vas to radi, ponavlja i čvrsto vjeruje u to.

A mi smo stvorenja navika i djelujemo po naviknutom. I još ako je nešto potvrđeno sa svih strana, nećemo ni posumnjati u njegovu istinu.

Sad se vratimo na djecu i na stvari koje djeca ne prihvataju tako lako. Iako im se nešto ponavljalo od malih nogu, ono nema čvrsto uporište u njihovim shvatanjima, jer svijet oko njih to ne podržava. Prijatelji im to ne rade, ne vjeruju, a okolina djeluje suprotno tome. Jednostavno nema dovoljno dokaza da se to vjerovanje podrži i za njih postane istina.

A pošto mi nemamo sumnje u svoje vjerovanje, imamo i dokaze za to, te znamo neke ljude koji su se razboljeli od promahe ili šta je već tema vašega razgovora, mi nismo u stanju razumjeti njihovo negodovanje ili odbijanje ovog našeg savjeta. Jedino što nam preostaje jeste da ih osuđujemo.

Poznata priča, je l' da. Kada počnemo osuđivati, zatvaraju se sva vrata komunikacije.

Ovdje bi bilo dobro da se prisjetite neke situacije gdje ste se vi osjećali osuđivanim, a niste smatrali da trebate, šta više, bili ste ubijeđeni da ste u pravu i da je osoba koja osuđuje vaš postupak potpuno u krivu.

Ovdje sam se zadržala dugo, u želji da dočaram cijeli ovaj proces, jer mnogi od nas zaista nisu u stanju primijetiti koliko su kontrolisani svojim ličnim vjerovanjima.

Carl Rogers, jedan od najpriznatijih svjetskih psihologa, tokom svog dugogodišnjeg rada je zaključio da: „Najveća barikada između ljudskih odnosa jeste naša prirodna tendencija da osuđujemo, evaluiramo, odobravamo ili zabranjujemo izjavu druge osobe ili organizacije."

Dakle, ako želimo da imamo dobru komunikaciju moramo prestati osuđivati. Ustvari, mi se moramo naučiti da ovo prestanemo konstantno raditi, osuđivati druge i stavljati ih u kategorije kojima smo mi dali značenje, po našem modelu svijeta i našim ličnim iskustvima.

Da bismo omogućili dobru komunikaciju u porodici (s djecom), evo nekoliko stvari koje trebate pokušati eliminisati iz svoga redoslijeda ponašanja:

1) *Osuđivanje*, bilo koje vrste, jer zatvara sva vrata komunikacije i stavlja osobu u stanje preispitivanja i nesigurnosti. U toj situaciji takva osoba će početi sumnjati u svoje sposobnosti i vrijednosti.

2) *Kritikovanje*, to je ustvari samo drugi način osuđivanja. Vama daje ličnu moć i podebljava vaše uvjerenje da ste u pravu, a moguće je i da niste.

3) *Zvanje imenima*, mi klasificiramo druge davanjem obično pogrdnih imena, što je najveća forma dehumanizacije. Iako i ne mislimo da su oni

to kako ih zovemo, u trenutku bijesa i najnježnija pogrdna imena izustimo s tolikom jačinom da mogu postati isitna onome kome je upućeno. Posebno ako se radi o djeci.

4) *Analiziranje*, po principu: „ti samo to radiš da mene naljutiš", bio bi dobar primjer pogrešnog analiziranja. Znači opet stavljamo sebe na vrh i dajemo sebi moć.

Ponekad više ne znamo šta da kažemo, jer smo pokušali na razne načine da sprovedemo neku aktivnost i onda nam ostane samo ova opcija, koja je također u većini slučajeva pogrešna, jer ne razumijemo dovoljno.

Dakle, da postanemo bolji komunikator neophodno je eliminisati: osuđivanje, kritikovanje, davanje imena i analiziranje. Kad ovo prestanemo raditi, umanjit ćemo snagu našeg ličnog ega, koji je i glavni krivac što imamo potrebu za svim ovim.

A ovo su neke od ključnih stvari koje trebate početi raditi:

1) *Razumijevanje*. Bez ovoga nemojte ni počinjati razgovor. A da bismo mi mogli dozvoliti svom automatskom setu misli da stupi na scenu, moramo znati svoje lične vrijednosti. Zamislite da uđete u razgovor, s bilo kim, a vaša polazna tačka i ljudska vrijednost je ljubav prema ljudskim bićima?

Zamislite kako bi izgledali vaši razgovori kada bi razumijevanje te osobe bio vaš cilj, prije nego im pokušate reći to što trebate, razumijevanje njihovog puta, patnji, izazova itd. Samo zamislite kako bi sve drugačije moglo izgledati kada bismo ušli u razgovor s ciljem da ishod tog razgovora bude povoljan za obje strane?

Iz ovog stanja ste pripremili vaš um da ne reaguje već da pokuša razumjeti.

Razumjeti nekoga zahtijeva od nas da imamo otvoren um, a to je upravo ono što sam sada navela.

Otvoren um, to znači da dozvolite sebi da gledate na stvari sa tačke gledišta osobe s kojom komunicirate. Ako samo insistirate na svojim pravilima, dogmi i kako vi smatrate da stvari trebaju biti, izgubit ćete kontakt s tom osobom. Ni drugi neće željeti komunicirati s vama. Ljudi, djeca, zapravo svi žele komunicirati s nekim ko ih bar pokušava razumjeti. Morate saslušati i njihove ideje, bez obzira što se ne slažete s njima. Ako dozvolite alternativne scenarije i ideje, postoji mogućnost da i vi vidite tu ideju kao dobru. Ako se samo držite svojih ličnih, ne samo da nećete nikada moći dobiti to što ste pokušali, već ustvari pokazujete koliko ne cijenite njihove poglede. I to vas sprječava da rastete kao osoba.

Komunikacija nije ono što ste htjeli reći, već ono što osoba pred vama čuje da ste rekli. Bazirano prema vašem tonu, držanju tijela i ekspresiji lica.

Ljudi žele da znaju da ih se čuje. Nije dovoljno samo ih slušati da bi oni vjerovali da ste ih čuli. Trebate ih zaista čuti, primijetiti s kojom emocijom vam to govore, a ako vam nije jasno nešto što uporno ponavljanju, zastanite i pitajte da vam pojasne to. Recite im iskreno da ne razumijete njihov stav i dozvolite da vam pojasne. Vrlo je moguće da osoba ni sama ne razumije zašto je zauzela takav stav i ovo je prilika i za nju da, pokušavajući da vama objasni, prepozna cijelu suštinu svega. Posebno ako su djeca u pitanju.

Mi imamo neurone u mozgu koji su zaduženi za ovo. Dozvoljavaju nam da osjetimo što drugi osjećaju. Sjetite se ove situacije: kada vidite nekog da se udari slučajno, bude vam žao i doslovno osjetite taj njegov bol. Ovi neuroni kada su aktivirani dozvoljavaju nam konekciju. Moći ćete ustvari razumjeti druge osobe. Kad osoba s kojom komunicirate vidi na vama da osjetite njenu bol, tada će vam se i otvoriti.

Ako vidi na vama da ne vidite njen bol, pomisit će, on me ne razumije, zašto i gubiti vrijeme pričajući o ovome s njim.

Empatija je posebno važna u intimnim vezama.

Mi smo svi ovdje da učimo, kako jedni od drugih tako i jedni sa drugima. Svaki čovjek u našem životu je lekcija ili dar, i tu su s razlogom. Da bi nam pomogli da se izgradimo. Ako ne usvojimo ovo životno pravilo nećemo moći vidjeti ni lekciju ni dar.

Šesnaesti korak

NE ČEKAJTE, NAJBOLJI SAVJET SVIH VREMENA

Tvoje tijelo čuje sve što tvoj um govori.
Naomi Judd

Nepoznati autor je kazao da ako postoji razlika između uspjeha i propasti onda je to trenutak kada ne odustaneš i trenutak kad odustaneš.

Sigurno će mnogi automatski pomisliti: razlika je u tome što su neki rođeni sretni, a neki nisu. Međutim, bazirano na raznim istraživanjima, to nije razlog njihovog uspjeha ili neuspjeha. Kada pogledamo danas najuspješnije ljude svijeta mnogi od njih nemaju završene fakultete, niti su rođeni u bogatim porodicama. Šta više, većina ih je bila u vrlo teškoj situaciji u djetinjstvu. Mnogi su čak bili siročad ili su pak iz razrušenih domova. A danas te iste ljude poznajemo kao najuspješnije u svijetu.

Ljudski um je, kao što znamo, fascinantan i još uvijek do kraja neobjašnjen. Postoje osobe, koje su doživjele veliki bol u djetinjstvu. Ali su odlučile da neće tako završiti svoj život i dale su se na ozbiljan i važan posao. Barem je to istina za mnoge od današnjih mogula svijeta.

Za nekoga je prekretnica u životu određena bolest, kada mu se kaže: „Ako to ne prestaneš raditi nećeš živjeti dugo“. Nekoga je strah da će izgubiti voljenu osobu ako nastavi tako raditi – i to mu bude prekretnica. Uglavnom, čovjek se drastično mijenja samo onda kada je to pod moranje i kada shvati da će, ako se ne promijeni, izgubiti nešto veliko u životu.

Ovo su neke velike stvari i razlog zbog kojeg sam ih navela je moja želja da vas podsjetim na neke događaje u vašem životu, u kojima ste morali napraviti čvrstu odluku da ćete se promijeniti.

Da li se sjećate nekih?

Šta vas je natjeralo da se mijenjate i šta ste tada odlučili? Da li ste to uradili isključivo za sebe ili pak iz straha da nekog ili nešto ne izgubite?

Ovo je važno da se zna, jer mi se uglavnom mijenjamo iz straha i vrlo rijetko onda kad mislimo samo na sebe.

A naravno, tu je i problem, jer svu našu sreću polažemo na nekoga ili nešto.

Danas mnogi od nas žive neispunjene živote, a razlog je baš ovaj koji smo pomenuli. Očekujemo od drugih i od okolnosti da nas usreće. Radimo samo ono što moramo, jer nismo u harmoniji sa sobom i svojom dušom.

Ja sam također bila žrtva ovakvog djelovanja duži niz godina. Nisam bila zadovoljna sobom ni svojim životom i što je još gore, nije bilo nikoga da se brine za to. Svako je vodio svoju brigu, a ja sam očekivala da se neko brine za mene. Međutim, kao što znate, to vrijeme traje samo dok smo mali. Kada odrastamo brigu o sebi moramo preuzeti sami.

Danas, kada pogledam unazad, prosto mi bude žao svih potrošenih godina koje sam provela u nezadovoljstvu, umjesto da sam ih iskoristila na ličnom izgrađivanju i učenju onoga što bi me moglo usrećiti i učiniti moj život boljim.

Problem je bio što mi to niko nije rekao kada sam bila mala. Niti mi je bilo usađeno vjerovanje da mogu sama ostvariti sve što želim. Živjela sam nekim običnim životom, koji nije bio u skladu s maštom moje duše.

Nije bilo nikoga da ide iza mene i da me gura naprijed. Da me upita zašto izgledam tako, kao da mi nešto fali.

Ali eto, jednoga dana, kad dođe mak na konac, tj. kada se dogodi nešto veliko u našem životu, što iziskuje od nas promjenu, dogodi se čudo.

Odjednom smo se promijenili ili započeli proces mijenjanja, jer nam nije bilo druge. Ili nam se dogodila bolest – psihička ili fizička, ili nas je neko povrijedio (a mi se, da im dokažemo da smo vrijedni i sposobni, počnemo izgrađivati), ili nam se dogodilo nešto što nas je probudilo na jednom posebnom nivou svijesti, gdje smo spoznali vrijednost života i naših dana na ovom svijetu.

Zaključak i poruka svega ovoga je: zašto čekati?! Zašto čekati nešto veliko da nas natjera da se mijenjamo?

Zašto izgubiti godine u nepoželjnom stanju, kad ih možemo iskorisiti da se izgrađujemo i da radimo na tome što znamo da će nas usrećiti?

Razlog našeg čekanja je što nismo u harmoniji sa svojom dušom.

Molim vas pokušajte sada odgovoriti na ova moja pitanja:

- Kakva ste vi osoba?
- Jeste li vrijedni boljeg?
- Da li zaslužujete da budete sretni?

Ja sam sigurna da je vaš autentičan odgovor: da.

Sigurno osjećate ljepotu svoje duše i sigurno cijenite svoje vrijednosti. Uvjereni ste da zaslužujete sve ljepote koje nam ovaj život pruža. Sigurna sam u to 100%.

Pa u čemu je onda problem? Zašto ste odustali od sebe, ili samo mislite da ne može bolje?

Na ovo pitanje ćete jedino vi moći tačno odgovoriti. Ja ću samo navesti neke og glavnih razloga zbog kojih mnogi od nas odustanu od najvažnije osobe u svom životu – od sebe.

Pomirili su se sa onim što jesu u ovom trenutku. Izgubili vjeru u proces, poistovjetili se sa tom negativnom pričom u glavi ili u okruženju, zanemarili svoju dušu, a kada se to dogodi i traje duže vrijeme, tuga postane istina za tijelo i ono se počne ponašati u skladu s tim. Pojavi se nemoć, počnu fizički bolovi itd. Misli se više ne mogu kontrolisati i sve su iste, negativne.

Čovjek ima osjećaj da nije dosegao ono što je mislio da će uspjeti u tim godinama. Život nije onakav kakvim ga je zamišljao i tako u beskraj. Da ne dužim, jer bismo mogli napisati minimum pet listova razloga, koji bi vjerovatno bili vrlo slični kod mnogih ljudi.

Dat ću vam savjet i garantujem vam svim svojim srcem da, ako ga implementirate, da ćete moći započeti proces mijenjanja svoga života na bolje. Iskreno vjerujem da su mnogi od nas u mogućnosti da ostvare željeno i samo kao takvi možemo pomoći onima koji zaista nemaju ništa i trebaju nas. A isto tako vjerujem da svi znamo šta nam je činiti, da dovedemo svoj život na nivo koji želimo i zaslužujemo.

Ja ne mogu reći da će ovaj savjet pomoći svima da se pokrenu, jer nekima treba profesionalana pomoć da se izbalansira biohemija u mozgu ili tijelu, ali sam sigurna da 70% ljudi koji trenutno nisu na željenom nivou zadovoljstva, ako uzmu ovaj savjet mogu promijeniti svoj život.

A taj savjet je:

Nalazite se samo jednu misao daleko od koraka koji vas može dovesti gdje želite. Samo jednu misao, a ona je: ustani i uradi to!

Žao mi je ako ste razočarani, ali to je to!

Zamislite kako vaš život može izgledati za godinu dana od sada. Ako od sutra počnete poduzimati barem jedan korak dnevno ka vašem cilju?

Samo zmislite.

Život nije ravna linija, on nije izvjesnost u kojoj smo sigurni šta nosi sljedeći trenutak. Naprotiv, život je jedna zapetljana vrpca, a zanimljivost i ljepotu mu daju upravo njegova neizvjesnost i nepredvidivost. Da je drugačije, on bi bio dosadan i ne toliko lijep kao sada.

Mnogi su se odlučili da prihvate sigurnost, da se pomire s njom. Na taj način prihvatili su sigurnost u svoj bol – jer nije se lako suočiti se sa svojim bolom. Nije lako pogledati u oči mržnji i neoprostu, koji se vuče još od malih nogu. Lakše je živjeti malim životom godinama, nego dati sve od sebe i rizikovati još jedan poraz. A bilo ih je mnogo, barem tako mnogi sebe ubijaju u pojam. Pripišu sebi i komšijine poraze. Doslovno.

Biti u stanju potpune nesigurnosti, kao što smo mi bili, bez sigurnog krova nad glavom, bez prijatelja i rodbine, bez struje i vode, bez čiste posteljine i spavati u podrumu s miševima, dok padaju granate, a kamoli još spavati po šumama što su mnogi doživjeli, kao i ostale strahote koje je moderan čovjek na pragu 21. stoljeća doživio, je stanje potpune nesigurnosti.

Kad se doživi ovakvo stanje, ono izazove jake emocije i duboko se ureže u nervni sistem, tako da ga se nije lako riješiti.

Često se to stanje i danas aktivira u nama. Recimo, kada nam neko uzme parking ispred nas. Ne, ovoga puta ne padaju granate i nismo ni gladni, ali nam se trigira onaj dio nas kojem je u jednom trenutku sve bilo oduzeto. Počevši od časti, pa sve do komada hljeba. Kad čovjek jednom doživi nešto takvo, on nije i ne može biti isti. I danas, kada se pojavi bilo šta u njegovom okruženju, što podsjeća na neki način na onaj duboko urezani događaj, ton, emocija, okus, senzacija/ osjećaj na tijelu, koji je trenutan, a ima sličnosti s onim starim emotivnim stanjem – aktivira se isti osjećaj kao kad je i bio „rat", iako se sada radi samo o parkingu. Čovjek bježi ili bori se/ odbrambeni sistem u nama, koji je Bogom dat, automatski se javi da nas zaštiti.

Iako se možda radi samo o gubitku parkinga, izgovorenoj riječi, čuli ste da je neko nešto rekao o vama, neko je možda slučajno razbio nešto u vašoj blizini itd. Ako se jave dva ili više istih podsjećanja, čula imaju svijest i po tome što osjetila izvuku iz uma pohranjenu emociju, povezanu za nečim takvim. Možda sam vas malo zbunila, ali pokušajte da razumijete; naša čula imaju svijest i zato sam vam ovo pokušala približiti. Znate kako vas pjesma podsjeti na školske dane i emociju vezano za to vrijeme, kako vas miris vrati u rano djetinjstvo – to se svijest tih čula aktivirala i vratila vas tamo. Zato možete osjetiti iste emocije vezane za tu muziku ili miris. E, to vam je isto s parkingom, samo 100 puta jače. Sve što je bilo vezano za jaku emociju se vrati i možete ga osjetiti kao da se sada dešava.

Pretpostavljam da je sada lakše razumjeti. Zato ljudi mogu osjetiti istu emociju kada se vrate mislima u prošlost. Nažalost, to mnogi rade i nesvjesno aktiviraju stare rane. Sve te stare rane se trebaju procesuirati svjesno da bi se otpustile, zato vam naravno treba stručna pomoć, za sada razumijevanje ovog što sam napisala gore može vam pomoći da drugačije pristupite situacijama. Da zastanete i prepoznate da niste u opasnosti i da ne morate reagovati kao da jeste.

Ali zapamtite da su naše reakcije usko vezane za emocije koje smo doživjeli.

Onaj ko jednom osjeti strah od blizine zmije i guštera se boji.

Kad funkcionišemo nesvjesno, tj. kad ne znamo zašto imamo određenu reakciju, obično djelujemo na autopilotu i aktivira se ono što imamo pohranjeno u svome umu.

Tako obično nastane onaj ružni, negativni osjećaj ili neki drugi, za tu osobu, ustaljeni osjećaj. Sve je to za nas preteško, jer smo ionako imali težak dan, a i sutra nas čeka slično. Djeca nisu gdje mi želimo da budu, tijelo je umorno, duša prilično prazna, veze monotone da ne mogu biti gore, a sad još nema ni parkinga – e, neće moći ove noći, jarane! Dosta sam ja bio žrtva! Tada mozak krene u raspravu zašto i kako... A sve to je samo sabotaža i iluzorna značajnost u tom trenutku. Negativna naravno.

Ono što nam je bilo oduzeto silom, sada silom i preko svojih vrijednosti pokušavamo sačuvati. Načine ne biramo u mnogim slučajevima.

Ali, život nas neće čekati da shvatimo koliko je to pogrešno, mada i sami to već godinama osjećamo, ali teško skupimo snage da se sa tim nosimo.

Zaboraviti sve što smo nekada znali i voljeli je krajnji bol na koji smo se osudili. Živjeti malim životom je postao normalan izbor za nas. Šta više, ne dopuštamo ikome da kaže da bolje i postoji, niti da je moguće.

- Kakva je razlika između uspješnih i neuspješnih?

Neki ljudi, koje danas smatramo uglednim i uspješnim ličnostima, do jučer su možda bili u sličnoj, ako ne i goroj situaciji od one u kojoj smo mi. Međutim, nisu dozvolili strahu da ih pobijedi. Pomjerili su se iz svoje ugodne zone i dočekali život na nogama, spremni da se bore za sebe. Neko je tražio izlaz i dan i noć iz svoje mračne jame; neko je sigurno padao više puta, dok je našao put koji ga je eventualno doveo do željenog cilja. Imala sam priliku da u zadnjih nekoliko godina upoznam mnogo zanimljivih ljudi. Dok sam slušala njihove životne priče bila sam fascinirana. U neke priče skoro da ne možete ni povjerovati. Ali, te priče je ispisao život.

Svi ti ljudi su negdje tokom puta usvojili vjerovanje da su poput *ratnika* i da kao takvi mogu i moraju osvojiti teren. Ovdje se radi o ličnoj psihologiji! Vjerovali vi u to ili ne, ali činjenica je da naš uspjeh ovisi o našoj psihologiji 80 %, a 20 % je sve ostalo. Vaša lična psihologija su vaša vjerovanja, razmišljanja i reakcije, po kojima uređujete život.

Oni koji su uspjeli, oni naporno rade u samoći, tj. vježbaju, grade se, izučavaju i ponavljaju. Oni koji se probude i znaju da je njihovo psihičko stanje najvažnije, imaju jasan i strog ritual svakoga dana, oni će sigurno i bez sumnje doći do svojih ciljeva. Jednostavno, nemoguće je ne doći.

Sve to će biti puno lakše kada se vratimo na basics (na svoje temelje). Koje su vam glavne potrebe po kojima organizujete život? Šta je vaše zašto? Koje su vam glavne vrijednosti? Ko vam je tim? Šta je vaša svrha postojanja? Itd. Sve ovo je već navedeno na prethodnim stranicama ove knjige.

Ali, na kraju svih krajeva, potrebno je voljeti sebe i željeti sebi i svima oko sebe dobro. Željeti voditi ovaj život sa svrhom i ne žaliti na kraju za propuštenim. To zahtijeva jasnoću koju vam niko osim vas samih ne može nametnuti.

Koliko vi to želite, koliko ste povezani s Silom koja vas je stvorila i jeste li spremni ići putem, čak i ako na početku budete išli sami?

Da li su vaša jutra ispunjena radošću i žarom što ste otvorili oči, što ste na dar dobili novi dan ili se jedva izvlačite iz kreveta?

Ako je odgovor nepoželjan, znate da samo jedna odluka može promijeniti sve, od ovog trenutka, baš sve.

Šta kada bismo sada, ovoga trenutka, napravili odluku da život više neće biti isti?

Znate da je to moguće i da to ne bi bio prvi put da ste nešto takvo uradili. Možda ne na tako visokom nivou, ali ste sigurno imali ovakve odluke, koje su promijenile tok vašeg života.

Nećete valjda opet propustiti šansu i dozvoliti da ostanete u neželjenom stanju. Ne, ni govora!

Sada, ovoga trena, napravite odluku koju ćete moći odmah sprovesti u djelo. Čisto da sebi dokažete da je to moguće i ne tako strašno.

Ako želite napravite neku veliku odluku, onda stanite pred ogledalo i obećajte sebi: ne više! Od ovoga trena, sve se mijenja!

Ja sam tako prestala pušiti cigarete i to nakon četiri godine pokušavanja i povremenog prestajanja. Jednog dana sam toliko bila ljuta na sebe što ne poštujem svoju riječ i obećala čvrsto, kao nikad do tada: Ne više! Odredila sam datum i jedva čekala da dođe četvrtak, da prestanem pušiti, jednom za svagda. Do tada je to bio strah: joj kako ću i šta ću bez njih. Ovoga puta je bilo sasvim drugačije. Jedva sam čekala da počnem živjeti svoju istinu i da budem zdrava i oslobođena ove ovisnosti. Tako je i bilo. Zaista, ovoga puta je sve bilo drugačije.

Možda zato što sam to dugo željela? Možda, jer sam istrenirala mozak? Možda je bila presudna Vjera? Uglavnom je uspjelo, hvala Bogu.

Sigurna sam da je način na koji se ophodimo prema sebi ključan za naš uspjeh. Pod kojim modom upravljamo i uređujemo život, da li imamo tenedenciju da smo smiješni, ozbiljni, kreativni, vjerujemo da će najbolji rezultat doći, da nema pomoći i sl. Dakle, biti svjestan pod kojim modom najviše djelujemo, odredit će naše ishode uveliko.

Moramo se sjetiiti da je ovaj život nama dat na dar i moramo mu pokušati doprinijeti koliko možemo, a možemo puno sa ovakvim i sličnim strategijama. Kada u svome životu budemo imali osjećaj odgovornosti za sebe, tj. kada prestanemo da krivimo bilo koga i bilo šta za okolnosti u kojima se nalazimo, veće su nam šanse da prepoznamo svoje greške i propuste.

U suprotnom, naš način odbrane i pokušaj da ublažimo svoju bol, bit će i dalje okrivljivanje drugih ljudi i događaja. Međutim, to nas neće dovesti ni do čega, samo je gubljenje vremena.

Čovjeku da bi doveo svoj život na željeni nivo potrebno je samo nekoliko jednostavnih strategija koje treba da implementira.

A to su:

1) Treba naučiti da bude jasan: šta želi, šta treba i o čemu sanja.

Ako je nešto tebi važno, a to nisi jasno definisao u svojim razmišljanjima, niti si jasno komunicirao sa ljudima oko sebe, velike su šanse da ćeš biti nezadovoljan. Ljudi oko tebe ne znaju šta ti je važno, a njih to ne zanima, jer su im važne u životu neke druge stvari, koje tebi možda uopće nisu važne. Ponekad mi damo neke male znakove tim ljudima, ali ako i dalje pokazuju nezainteresovanost znači da nismo bili dovoljno jasni, nismo dovoljno izrazili ko smo mi i šta to želimo.

Treba biti slobodan da jasno izneseš šta želiš i voliš, a šta ne. Ko to uspije, on je sretan čovjek. Glavna i najveća čovjekova želja je da bude slobodan. Oni koji se usude sanjati velike snove imaju veće šanse da se oslobode okova koje su poprimili. Zamislite ovo, kakve su šanse osobi koja se boji sanjati velike snove, kakve su joj šanse da u stvarnosti ostvari nešto veliko kada ne može uopće vidjeti mogućnost ostvarenja ni u svojoj mašti? Ne baš velike, je l' tako?

Čovjek se mora usuditi i krenuti na više ako želi više! Jednostavno mora! A ta lična sloboda o kojoj svi maštamo, šta god da to značilo za pojedinca, dolazi onda kada se počnemo oslobađati okorjele sumnje. Sumnje u sebe, u mogućnosti, u druge i u zakone Univerzuma.

Kada smo slobodni jasno je da znamo ko smo i šta želimo. Odatle sve ide lakše. Obećavam!

Sedamnaesti korak

OSTVARITE NEŠTO VAŽNO SVAKOGA DANA

Jasno je, ako čitate ovu knjigu, da ste sigurno osoba koja već ima listu željenih stvari, ako ne napisanu onda sigurno definisanu u glavi. Ali se lako dogodi da se u tome danu ništa ne ostvari sa te liste. Ova ideja je važna jer vas poziva da se obavežete po cijenu svega, da nešto ostvarite svakoga dana. Vi izaberite šta je to. Po mogućnosti nešto što je najteže i što već dugo odlažete, jer vam to oduzima puno energije.

Doslovno, ako želite biti u igri, morate svakoga dana biti kao lovac, tj. imati taj mentalni sklop – *mind set*. Time se daje veoma jasna poruka mozgu da se nešto toga dana treba uloviti, odnosno ovom slučaju ostvariti. Dakle, jasan cilj za svaki dan: ulov se mora dogoditi, bez obzira na sve oko vas, bez obzira što ste trebali djecu pokupiti, skuhati ručak, prati ili peglati veš, ići na posao i šta je već vaša rutina. Ako želite biti u igri uspjeha morate znati šta je ulov za svaki dan, gdje se krije i šta vam treba da biste ga ulovili.

Dozvolite sebi da tražite pomoć.

Bilo da se radi o vašim najmilijim, o prijateljima ili kolegama na poslu, tražite pomoć kada vam je potrebna. Nije potrebno da čovjek nosi sve sam na leđima i nije ni zamišljeno da bude tako. Zato nam je Bog dao ljude oko nas da možemo biti podrška jedni drugima.

Ako niste u stanju tražiti pomoć, zapitajte se – šta ja dobijam s tim što ne želim pomoć od drugih?

Reći ću vam: značajnost, ali u negativnom.

Vaši snovi zaslužuju najboljeg vas. Zahtijevajte najbolje od sebe. Ovo je možda trebao biti korak broj jedan. Uvijek imajte na umu da vas gleda ili sluša neko vama veoma važan. Znači, trebamo naći način kako se trebamo ponašati i djelovati, da bi taj neko bio ponosan na nas.

Ako se dogodi propust, bez krivljenja sebe počnite opet. Nema potrebe da ne nastavite graditi svoju bolju budućnost samo zato što ste propustili ili imali neki, po vašem mišljenju, poraz.

Poraz ili neuspjeli pokušaj i jeste ustvari mogućnost za napredak i rast. Jednostavna odluka koja će vas dići iz pepela, jer ćete dati mozgu šansu da traži solucije. Mozak sada zna da ovo nije tako loše.

Najveći ljudi svih vremena su vjerovali u ovo pravilo. Znali su da nije bilo neuspjelih pokušaja, oni nikada ne bi mogli doseći svoj puni potencijal.

Evo jednostavnog pitanja za vas: kako bi vaš život izgledao samo za sedam dana kad bi se obavezali i ostvarili nešto važno svakoga dana?

Dozvolite sebi malo prostora da ovo procesuirate. Usporite i pogledajte šta je sve moguće – osjetite to u sebi. Pogledajte malo u budućnost i kako ona izgleda sa ovakvim djelovanjem. Ljudi se varaju kada misle da mogu preko noći doći do svojih snova. Isto tako se varaju kada misle da im jedan ovakav savjet neće puno donijeti.

- Ljutnja i ponos – dva igrača koja trebate prepoznati

Ljutnja ima moć da varira od bijesa do blage ljutnje. Uključuje: osvetu, ljubomoru, osvetoljubivost, neprijateljstvo, svađu, sarkazam, frustraciju, nestrpljivost, negativnost, agresivnost, nasilje, revolt, odbojnost, eksplozivno ponašanje, agrivaciju, zlostavljanje, mržnju i tvrdoglavost. Ovo su smo neki vidovi ljutnje.

Ljutnja se može javiti iz beskonačno mnogo razloga: zato što trebamo nešto oprostiti, a ne možemo; zbog gubitka; zbog emocija koje imamo, a ne želimo; zbog nedostatka kontrole koju toliko želimo, a nismo je u stanju ostvariti; zbog politike i ostalih bezbroj razloga.

Energija ljutnje obično sa sobom nosi produktivnu energiju. To je dobra pojava koja prati proces javljanja ljutnje. Znate kad vas neko nazove nekim pogrdnim imenom ili vas ismijavaju, kao da ne možete nešto uraditi, i nakon toga se toliko naljutite, i da biste im dokazali svoju vrijednost upišete fakultet, ili se prosto pokrente nakon toga, dobijete polet.

Ljutnja vas tjera na akciju i djelovanje. Ljutnja je bolja od emocije očaja i tuge. Ljutnja pokreće u odnosu na tugu koja stavlja u bespomoćno stanje.

Kažu neki stručnjaci da se može izmjeriti energija ljutnje u jednom gradu po tome koliko ima nasilja, pljački, ubistava i sl.

Veoma se često dogodi da potisnemo ljutnju jer ne želimo da je osjetimo ili pak ne smijemo iz nekog razloga da je ispoljimo, pa je i dalje držimo u sebi, misleći da smo je prevazišli ili zaboravili. Ali se ispostavi da ona i dalje kontroliše naše ponašanje.

Međutim, mnogo veća šteta nastaje po fizičko i psihičko zdravlje ako u sebi držimo zaključanu emociju ljutnje.

O opasnosti čuvanja ljutnje u sebi, govori upravo sljedeća izreka: "Namjera iza ljutnje je negativna, i imat će iste posljedice čak i ako se ne izrazi".

Savjet za rješavanje ovoga problema je da pokušamo vidjeti energiju ljutnje kao pokretača svojih pzitivnih akcija. Da kao posljedicu ljutnje imamo odluku da uradimo nešto što želimo, kao način da konačno izađemo iz letargije i drugih stanja koja nas čine manje produktivnim.

Ljutnja uistinu može poslužiti kao pokretač ili inspiracija u namjeri da poboljšamo sebe, svoje stanje ili vještine, kao i komunikaciju.

Posebno kada se radi o intimnim vezama. Koliko puta vam se dogodilo da ste bili ljuti na voljenu osobu zato što nije primijetila nešto čemu ste vi poklonili toliko pažnje. Na taj način nije data pažnja vašem trudu. Šta se događa u tom slučaju?

Nastavite dalje, kao da vam to ništa ne znači, ali ustvari imate od tog trenutka u stomaku čvor i osjećaj odbojnosti prema toj osobi.

Možda ona od vas traži nešto u tom trenutku i vi odbojno reagujete, a da voljena osoba ne zna zašto. Vaša reakcija kreira sada odbojnost u njima i tako nastavite satima biti jedno pored drugog ili pak danima, nesretni, povrijeđeni, neshvaćeni...

A sve zato što nije bilo potrebne komunikacije. Zato što nije energija ljutnje bila usmjerena kako bi mogla. Zato što ne znamo da emocije vladaju nama.

Kada se radi o ponosu, svakako da trebamo biti ponosni na sebe zbog svojih ostvarenja i zbog toga ko smo.

Ali, ponos je često jedini način na koji smo uspjeli zadovoljiti svoju potrebu za značajnost. I s tim mu ubijemo vrijednost, jer iako mi reagujemo u trenutku i osjećamo da smo u pravu, i dalje duboko unutra znamo da to nije pravilna reakcija. Njom pravimo unutrašnji konflikt te gubimo vrijednost našeg ponosa.

Važno je prepoznati koji ponos ispoljavamo, iskreni ili odbrambeni.

- Morate postati master svoga vremena

Za vaše optimalno djelovanje i uspjeh, još jedan od ekstremno važnih koraka je da postanete master svog dnevnog rasporeda.

Možete dati isti alat i istu tehnologiju svim ljudima, ali nećete dobiti iste rezultate od svih.

Svi ljudi se međusobno razlikuju, a jedan od glavnih razloga je što svi ne koriste vrijeme na isti način. Svi mi imamo na raspolaganju podjednako sati u jednom danu, međutim, mnogi nisu nikada pogledali kako to vrijeme koriste.

Kada je istina na vidjelu, znači da ste u stvarnosti.

Svi želimo puno ostvariti u jednom danu. Ako želite oprimalno koristiti svoje sate i minute evo nekoliko vrhunskih ideja koje sam tokom godina naučila od svojih mentora.

Razvrstajte ciljeve po prioritetu. Uzmite obavezno dnevni kalendar u kojem ćete svakoga dana imati svoje ciljeve. Najbolje je noć prije ispisati šta se treba uraditi sljedećega dana, osim ako ste već stavili na kalendar ranije zakazane termine.

Odredite po tri cilja svakoga dana za vaš profesionalni život: npr. svakoga dana nešto na social media, uspostaviti konekciju sa klijentima, poslati ponude, uvesti neke inovacije i sl. Dakle, sami odredite šta je to što trebate uraditi svaki dan za svoj biznis.

Ako nemate biznis, onda je to vezano za vašu profesiju i odlučite šta možete unijeti svakoga dana u svoje radne obaveze, da biste poboljšali kvalitet svoga rada ili odnosa sa ljudima sa kojima radite.

Drugi cilj je: uraditi svaki dan nešto za familiju! Da li je to obavezna večera s najmilijima, kvaliteno vrijeme gdje ćete uložiti bar pet minuta potpune pažnje djetetu ili partneru.

I, treći cilj bi bio: lično zadovoljstvo. Neka to bude fitnes, određeni način ishrane, meditacija, odmor uz muziku, čitanje, vođenje dnevnika, molitva itd.

Kada ovo uradite prvoga dana, kada stavite na kraju dana kvačice da ste to uradili, automatski ćete osjetiti ličnu moć. Jer, šta se dogodi kada radite ono što želite? Vi time kroz sebe otvarate protok životnoj energiji.

Nezavršeni poslovi i odlagane obaveze uzimaju vašu životnu energiju. Jer mozak to ne zaboravlja. On stalno u podsvijest pohranjuje podatke. Aktivan je i kada ga ne koristimo. On je poput otvorenog programa na kompjuteru, koji niste zatvorili kada ste završili njegovo korištenje. On i dalje radi, iako mi ne upravljamo tim procesom. Zato jasno planirajte i svakodnevno poduzimajte akcije oslobađanja tog mentalnog tereta, koji vam uzima energiju.

Sjetite se koliko ste puta pomislili: e, trebam to; trebam očistiti ogledalo; trebam nekoga nazvati; trebam pospremiti kuću i sl. Bez obzira na šta ste pomislili ozbiljno nekoliko puta, to je postala ozbiljna obaveza za vaš mozak i neće se prestati vrtiti u mozgu, sve dok je ne uradite ili ozbiljno ne odustanete od nje. A uzima vam više energije nego da je ustvari uradite. Pa vi sad pogledajte koliko stvari se samo vrti po vašem mozgu. Kolika je vaša tzv. to do lista i koliko vam bez potrebe uzima životne energije, koju možete usmjeriti na prave stvari, koje će vam donijeti to što želite.

Neke od tih stvari definitivno počnite stavljati na dnevnu listu obaveza i odradite ih. Neke svjesno sklonite s liste za neko drugo vrijeme. Zapišite ih u kalendar za tri mjeseca ili slično, da se trebaju dogoditi i tad ih počnite raditi, tako da vam bezveze svakodnevno ne uzimaju energiju.

Znači poredajte listu po prioritetima. Tako ste oslobodili mozak od nevažnih stvari i onih koje sad nisu u mogućnosti da se urade i dobili ste automatski više energije da se suočite sa trenutnom listom.

Pogledajte sada jedan od ciljeva na svojoj listi i učinite sve da vam bude jasno da je to pravi cilj, ne želja, ne ideja i ne nešto što je ičiji drugi cilj do vaš lično. Dakle, cilj koji ste vi izabrali, plus prava kazna ako ga ne ostvarite. Nešto što ne želite da se dogodi ni po koju cijenu.

Stavite na papir taj cilj i odredite ove četiri stvari:

- Trenutna nagrada: Opišite sebi jasno zašto vi to želite i šta će vam donijeti realizacija toga cilja u skoroj budućnosti.

- Dugoročna nagrada: Šta ćete dobiti od realizacije cilja na duge staze, odnosno u budućnosti? Koje benificije ćete imati ako sada ostvarite taj cilj? Šta će vam donijeti?

- Koje su posljedice trenutno ako ne ostvarite taj cilj sada: Koliko će vas koštati i kako ćete se osjećati ako ga ne ostvarite?

- Dugotrajne posljedice: Koliko će vas koštati u budućnosti, ako ne ostvarite ovaj cilj sada? Opišite detaljno kako ćete se osjećati i šta će vam to donijeti.

Nadam se da vidite gdje idemo postavljajući ova pitanja i tražeći odgovore. Svrha je da sada budete svjesni bola koji će doći ako ne ostvarite taj željeni cilj. Važno je da znate je li vaš cilj vrijedan dostizanja i kada odgovorite na ova pitanja koja smo postavili i razjasnite odgovore, znat ćete tačno da li je cilj ili nije vrijedan truda.

Kad dodate na to jasnu sliku nečeg što ne želite da iskusite, a dogodit će se ako ne ostvarite svoj cilj, vaš mozak će učiniti sve da vas zaštiti toga bola. Što znači, radit će sve moguće da dođete do željenog cilja.

Osjećati mir ne znači da je vaš život uvijek blissful (blaženstvo). Znači da ste u stanju dodirnuti to stanje uma u trenucima haosa i užurbanog života.

Jil Bolte Taylor

Sve nam je dato na dlanu. Tehnologija je skoro nevjerovatna. Zamislite samo šta sve možete imati na dohvat ruke za samo nekoliko sekundi ili minuta, ovisno o vašem Internetu. Pogledajte na You tube ljude koji su u stanju nadmašiti ono što moderna medicina ponekad i ne može objasniti. Za njih kažu da su fenomeni.

Nama nije u školama predočeno koliko ljudski um i tijelo mogu da podnese, da izdrži i dosegnu. Jer, kada bi svi znali, onda bismo svi bili Michel Felphs i oni iz Ginisove knjige rekorda ili ljudi čijim se vrlinama mi divimo. Neki ljudi imaju nevjerovatnu moć da ostanu u ledu ili da se popnu na Mounth Everest u šorcu u po zime. Oni su se na taj poduhvat odlučili iz nekog njima poznatog razloga. Odlučili su da žele više. Da ne žele biti obični ljudi.

U čemu je poenta spominjanja ovih ljudi? Ako čovjek, koji je građen isto kao i mi, apsolutno isto: ima isti centralni sistem, isti probavni i disajni, može napraviti takve poduhvate i uspjehe, onda po zakonu prirode mi možemo isto to, ako slijedimo njegove korake. Zar nije tako?

Jeste! To znamo i vi i ja, i cijela zemaljska kugla, ali vjerovatno to sebi nećemo priznati (jer je teško prihvatiti tu istinu; lakše je diviti se njima, pričati ili osuđivati ih po našem modelu, smatrajući da je njihovo ponašanje čudno ili ludo, u većini slučajeva je to ustvari samo hrabrost).

Spomnula sam već da tako zadvoljavamo ljudske potrebe, ali i ovo je važno spomenuti. Dakle, istina je da će mnogi naći mnoštvo razloga zašto je nešto nemoguće, prije nego će pokušati ostvariti moguće. A kako mogu biti sigurni da je nemoguće kad nisu probali? Kako možemo reći da je nešto nemoguće – pogledajmo da to rade ljudi iz Ginisove knjige rekorda. Znači da može.

Ljudi obično tvrde da je nešto nemoguće bez pokrića i bez čvsrstih dokaza za svoje tvrdnje. To je dio zadovoljavanja ljudskih potreba i daje tim ljudima u tom trenutku značajnost. Lakše im je tako osjećati se značajnim nego da i sami ostvare nešto veliko.

Možete se sada, ovoga trena, složiti sa svime ovim ili možda donekle, a isto tako možete formirati neko vjerovanje po svome viđenju. Međutim, ne možete ignorisati činjenicu da u šta god odlučite vjerovati, ne samo o ovome već o bilo čemu, to će biti odraz vašeg uspostavljenog šablona viđenja svijeta, odnosno vaših vjerovanja.

Sve, baš sve odluke u našem životu proizilaze iz naših vjerovanja.

Ako vjerujete da je život bajka, da smo tu da se igramo, istražujemo, izučavamo, rastemo i uživamo, vaš život će biti predivna vožnja u kojoj ćete uživati, poput djeteta koje provodi vrijeme u igri. Kada vam se pojave izazovi, energija kojom vibrirate i vaš životni stav će vas brzo izvući iz tih izazova, jer ćete ih smatrati neophodnim i u neku ruku važnim za vaš dalji razvoj. A ako smatrate da je život patnja i preživljavanje konstantno ćete se i vrtiti u tom krugu. Sve će izgledati teže nego što jeste, jer nećete imati životnu energiju da vidite solucije, čak i kada vam budu pred očima.

Vibracija kojom budete okruženi, odrediti će vibraciju koju ćete privlačiti u svoje dane i svoj život.

Ne pišem ovo samo reda radi, uistinu je to jedan od najvažnijih koraka koji se treba kultivisati ako želite ostvariti svoje snove i živjeti ispunjen život.

Ovo zahtijeva upornost i želju da uspijete zadržati pozitivnu vibraciju i među ljudima koji nisu na pozitivnoj frenkvenciji. To zahtijeva od nas da svakoga dana osiguramo svoju pozitivnu frekvenciju nekim svojim ritualom.

Morate znati ko ste i šta želite od života. Osloboditi se potrebe za odobravanjem svojih postupaka od okoline, od bilo koga. Morate imati jaku vjeru u nešto, makar to bilo i drvo.

Vjerujte, mnogi vas neće razumjeti ni podržati. Ne zato što vas ne vole, već što jednostavno niste na istoj frekvenciji i to već stvara određeni nesporazum. Zato uvijek morate imati čvrsto vjerovanje u nešto vama sveto, da se uvijek možete osloniti na to, kad se osjetite sami.

Ukažite sebi zahvalnost za istrajnost i ojačajte želju da idete naprijed. Volite to ko ste, jer ništa svakako ne dobijate ako je suprotno. Pričajte s Bogom – Višom Silom, s prijateljima, ali odabranim, koji vam neće uništiti snove svojim uskim pogledom.

Vaš bliss ili stanje ispunjenosti, ovisi o vašoj moći da se oduprete normi i zadržite visoku vibraciju.

Zagarantujete sebi uspjeh tako što ćete svake nedjelje imati sastanak sa sobom, vidjeti kako je prošla protekla sedmica, šta je bilo dobro, a šta ne i šta bi se moglo popraviti?

Uvid u trenutno stanje vam daje veću šansu da u narednoj sedmici poboljšate stvari.

Zatim uzmite malo vremena i planirajte narednu sedmicu, stavite stvari na kalendnar/planer. Budite specifični, kad i u koliko sati se nešto treba odraditi. Što više djelujete strateški, veće su vam šanse za uspjeh.

Možete li primjetiti kako samo ovaj mali sedmični ritual, koji može biti dug samo 15 minuta, može transformisati vaše dane i uskoro i život!

Vaše zadovoljstvo i sreća ovise o tome koliko ste sigurni da uređujete svoj život na najbolji mogući način. Šta će proizići iz toga je stvar lične snage i moći.

Ali sve to je sitnica u odnosu na to kako će stvari izgledati kada dodirnete osjećaj koji će doći. Osjećaj blissa, kada znate da ste na pravom putu, kada svakodnevno kultivišete zadovoljstvo koje je posljedica toga rada na sebi i svome životu. Možda sada i sumnjate da to i postoji, a postoji vjerujte. Sigurno će doći kada budete otvoreni ka tome. Zato, sklonite stvari s puta da vam lakše dođe ova energija.

Znam, kad je jednom osjetite, meditacija i ostali rituali neće biti više nešto što se mora, to će biti vozilo ka onome što život čini najljepšom bajkom.

Osamnaesti korak

FOKUS

Sve će biti jasno kad se usudite zamijeniti strah sa hrabrošću. Problemi će izgledati kao poziv na rast, a sve prethodne patnje kao lekcije. Sva će iskustva biti kao put do spoznaje sebe. Ljudski bol i nemili događaji, čiji smo svjedoci na ovom svijetu, bit će kao putovanje i izbor duša koje su ga i odabrale takvog, u svrhu svog ličnog razvoja na ovom svijetu.

Sve što nam se dogodilo, bilo je važno i korisno za nas i naš put, koji je duša izabrala. Najgora životna iskustva su bili najvažniji događaji u našem razvoju i oni su značajno utjecali na to ko smo danas. Da ih nije bilo, ne bismo ni mi bili ovo što smo danas.

Ovo je putovanje na koje se naša duša opredijelila, iako mnoge stvari, nama običnim smrtnicima, nikada neće biti jasne. Teško je shvatiti zašto bi naša duša odabrala nešto takvo, ali to je normalno. Mi smo sposobni da funkcionišemo samo sa pet čula, dok duša ima neograničene okvire. Osim toga, duša zna. Da nije tako ne bismo ni mogli izaći iz nekih situacija, iz kojih uobičajeno i bez problema izlazimo.

Kada idemo kroz život sa spoznajom, da je naš život sada ono što duša hoće da iskusi na ovom svijetu, sve izgleda lako. Zapravo, sve jeste lako, jer je to duša izabrala da iskusi/osjeti/prođe kroz to – mi smo samo tijelo koje duša koristi kao vozilo na svom putovanju.

Zamislite kako bi život mogao izgledati kada bismo počeli gledati na njega sa ove tačke gledišta. Posebno kada život donese neke nemile događaje i emocije. Zamislite da na sve to gledate sa stajališta duše, koja je to sama izabrala, u svrhu svog razvoja i iskustva na ovome svijetu. Samo zamislite.

Ovo mijenja sve. Zar ne?

Na kraju svega, zamislite se sada i kažite šta ste naučili iz ove knjige? Šta nosite sa sobom iz nje kao svoje bogatstvo ili kapital? Šta više nećete tolerisati u svome životu, a šta ćete početi raditi?

Pošto se bliži kraj ove knjige sada ću vam dati savjet koji će osigurati da imate dovoljno energije da počnete implementirati stvari. Energije koja će da pročisti vaš sistem.

- *Vježba jačanja energije:*

Trebate disati ovako: udahnite jedan dah; čuvajte ga dok mentalno brojite do četiri; izdahnite brojeći do dva. Ako udišete četiri sekunde, trebate držati to šesnaest sekundi i izdahnuti osam sekundi.

Razlog zašto izdišete duplo duže nego što ste udahnuli je da tako eliminišete toksine kroz vaš limfni sistem.

Držanje daha četiri puta više – ovako se potpuno unese kisik u krvotok i aktivira limfni sistem.

Kada dišete, trebate početi duboko iz stomaka, kao da usisavate zrak.

Dakle, za optimalnu funkciju i vitalnost zastanite i udahnite 10 puta po ovome receptu. Udahnite jedan, čuvajte četiri; izdahnite dva, a možete početi i sa više, uglavnom trebate slijediti ovaj omjer - udahnuti po želji, čuvati dah četiri puta toliko i izdahnuti duplo od toga što ste udahnuli.

Izdah je spor i skoncentrisan kao i udah. Nikad se nemojte naprezati, počnite s malim brojem i uskoro ćete bez problema biti u stanju povisiti broj.

Radite ovo tri puta dnevno i osjetit ćete dramatično poboljšanje svoga zdravlja. Osjećat ćete se mnogo bolje nego do sada. Ništa na svijetu nije moćno da popravi kvalitet vašeg života kao pravilno disanje, u ovom slučaju optimalno.

Znam i već vidim mnoge da su samo prešli preko ovoga, a da nisu ni probali poduzeti korake. Znam da je lakše popiti red bull ili tabletu za energiju, ali propuštamo mnogo ako ne koristimo Bogom date resurse. I nije ni teško, samo trebamo to pokušati. Čim osjetite bilo koju pozivinu promjenu na sebi zbog toga, mozak vas više neće odgovarati od toga.

Pokušajte sada nekoliko puta ponoviti ovaj proces disanja.

- *Fokusiraj svoju energiju na svoje ciljeve*

Život ima sve u sebi, a mi vidimo samo ono što nam naša percepcija dozvoljava.
Bruce Lipton

Paradigma je mentalni program koji ima najjaču kontrolu nad našim ustaljenim redosljedima. Po definiciji, paradigma predstavalja skup osnovnih pretpostavki ili pravila koja uzimamo zdravo za gotovo u cilju poimanja određenih stvari. Paradigma je ono bitno što svako od nas uočava tokom interakcije stvari i pojava koje ga okružuju.

Zahvaljujući ovome stvaramo mentalni filter kroz koji naš um propušta samo one informacije koje se njemu uklapaju u sliku svijeta.

Paradigma se stvara od informacija i iskustava koje dobijamo u najranijem djetinjstvu. A mi smo stvorenja ovisna o navikama. Sve što radimo radimo po navici, zar ne?

Tako da smo mi kontrolisani upravo svojim navikama.

Da bi se ovo promijenilo potrebno je ponavljanje (o tome sam više puta govorila u ovoj knjizi). Koja je svrha pročitati nešto ako ne shvatite smisao? Slažete li se sa ovim stavom?

Da biste nešto promijenili zasvagda ta radnja ili ponašanje se treba ponavljati. Treba se u kontinuitetu raditi na sebi – treba na sebe uložiti novac i vrijeme. Da bi konačno čovjek izašao iz svojih okvira, ponekad ga treba pogurati malo. Postoji više načina da se to učini. Trebate poznavati čovjeka da mu možete reći nešto, a da to ne smatra kao uvredu. Ja vas ne znam i zato sam pokušala s raznih strana da ukažem na to da je sve na nama i samo nama.

Mi smo ti koje čekamo.
Elvisa K.

Naša duša želi da budemo slobodni i da uživamo u ovom životu. Negdje tamo, vrata raja su ostala otvorena i mogli smo vidjeti pravu istinu. Mogli smo ostaviti iluzije iza sebe. Ponekad se tamo vratimo, ali uvijek nas bude strah: šta ako se desi ovo ili ono; šta ako neko nešto kaže itd. Međutim, svaki dah nam daje šansu da idemo iz početka i da živimo po svome.

Slavimo ovaj život, odnosno kolo života, i zapamtimo da se sve događa s razlogom, da nam je sve došlo isto kao i naša duša, koja je odabrala ovaj put.

Život dođe i prođe. Prođe i naš tok, isto kao što protečе rijeka kroz neko mjesto.

Kada smo jedom davno dobili dar kreacije bili smo sretni što je to tako. Danas se desi da to često zaboravimo i odlutamo ulicama sumnje. Zaboravimo suštinsku istinu: da nismo trebali biti tu, ne bismo ni bili jedna od billion ćelija, koja je uspjela da se zakači tamo gdje je trebala. Od nje smo nastali mi, savršeni sa svime što nam je potrebno.

Zašto onda sumnjamo u sebe i u sve oko sebe?

Tu smo kratko vrijeme i šta god je naša duša izabrala da iskusi na ovom svijetu, to naše tijelo i um mogu podnijeti. Jer duša je izabrala adekvatno tijelo za svoj put.

Wow, ovo mi stavlja toliki osmijeh na lice. Ovo zvuči kao istina. I jeste istina. Pogledajte sebe ili neke ljude koji imaju velike izazove. Kada ih vidimo pomislimo kako mi nikad ne bismo mogli podnijeti takav teret, a vidimo da ti ljudi imaju snagu i da će se uspješno nositi s tim i tolikim izazovom.

Ovo je zapravo potvrda mojoj novoj spoznaji koju sam iznijela gore: duša je izabrala adekvatno tijelo koje može podnijeti njen put.

S ovom spoznajom mi možemo sa sigurnošću usvojiti vjerovanje da ćemo biti OK i da je sve OK. Da svaka stvar u našem životu ima svoju svrhu, mi samo trebamo da je gledamo s tačke stajališta duše.

Mnogima ovo neće biti lako prihvatiti na početku, jer stari program sumnje lako se rodi, posebno ako nemamo svakodnevnu konekciju sa Stvoriteljem/Višom Silom.

Ko diše za vas 100.000 puta u jednom danu? Ko upravlja svime? Ko je uvijek tu kada kad vam je najteže – jasno, to je Sila koja nas je i stvorila. Energija koja sve pokreće.

Kad vjerujemo da smo zaštićeni, sigurni i vođeni, život je onda igralište. To su i mislili veliki učitelji prije nas sa ovom izjavom: Život jeste igralište kad znamo da je sve igra/put, za nas i naš razvoj.

Što prije usvojimo ovo vjerovanje život će se prije početi mijenjati. Počet ćemo djelovati s tačke gledišta duše, a ne čovjeka koji ima samo pet čula i nije u stanju da osjeti, vidi, čuje, proba niti dodirne sve visine gdje samo duša leti. Odakle se sve vidi, patnja i bol, radost i sreća... Vidi se da je sve to prolazno. Kada ovo shvatimo i problemi prolaze mimo nas i idu do drugih koji još nisu naučili ovu lekciju.

Sve dok se lekcija ne nauči problem je tu i čeka na nas da se pojavimo s ovim razumijevanjem.

Ako niste od onih koji se ovako osjećaju i djelujete samo po principu strategija, i to je u redu, naravno svi smo različiti. Ovo je samo opcija i mnogi nisu još u mogućnosti da život vide ovako, jer nisu nikada ni znali da može tako. Do sada.

- Ovo se mora dogoditi

Pored svega što ste do sada ovdje pročitali postoji još nešto što je ekstremno važno za vaš uspjeh. Iz svoga života eliminišite toksične ljude, ljude koji vam uzimaju energiju svojim stalnim žaljenjem na sve oko sebe; one koji vas ne podržavaju ili pak na neki način sputavaju – to su tzv. ubice snova (šta god da im kažete da je dobra ideja, oni imaju argumente i objašnjenje zašto nećete uspjeti).

Riješite se takvih ljudi. Oni su na neki način ovisni o drami. Nikada ne propuštaju vijesti i jedva čekaju da podijele negativnosti sa vama. Sa sobom uvijek vode bitku o nečemu, puno tračaju, nisu optimistični, nisu ambiciozni itd.

Možeš biti žrtva ili šampion! Ne možeš biti oboje.

Mnogi ovo ne razumiju i neće nikada ni moći. Ako već čitate ovu knjigu, znači da ste šampion ili ste na putu da postanete. Da biste što prije došli do toga nivoa neophodno je da se otarasite ljudi koji vam guše vašu svjetlost.

Ne mora to biti ništa dramatično, niti radikalno. Jednostavno polako smanjujte vrijeme s njima, navodeći validne razloge za to.

Nauka je dokazala ustvari da su ljudi postali ovisni o potrebi da stalno imaju dramu ili da konstantno budu zauzeti nečim, što ustvari nije produktivno, niti kreativno, ali je puno lakše od onog što se treba uraditi. Međutim, i dalje imaju osjećaj da rade nešto od čega će se osjećati potvrđenim, važnim i sigurnim, što su ustvari najvažnije potrebe čovjeka. Pored toga, ta stalna žurba i osjećaji napetosti, otpuštaju im adrenalin. To je glavni razlog što su postali ovisni o takvom ponašanju.

Možete li ovo primjetiti kod ljudi, posebno onih koje poznajete veoma intimno, kod sebe?

Naravno sve ovo je u negativnom kontekstu, jer ništa na kraju nemaju od gubljenja vremena na besmislenu televiziju, vijesti, tračanje i konstantno žaljenje. Ali, oni neće to spoznati ako ne budu htjeli da se pogledaju u ogledalo. Kada biste im vi pokušali otvoriti oči i reći im to, samo biste imali problem. Stoga, samo se odmaknite, i to s poštovanjem prema njihovom izboru i životnom putu.

Nikada nećete moći napredovati u životu, ako ljudi oko vas ne napreduju! Nema šanse, jer nemate inspiraciju ni motivaciju. Zamislite da trebate igrati tenisa sa mnom, a ni vi ni ja ne igramo tenis. S ovim informacijama vi ćete izaći na teren bez imalo ustezanja i mi ćemo lupati one loptice kako stignemo. Ali ako znate da ćete igrati tenis za Serenom Williams (poznatom teniserkom) vi ćete se pripremiti, vježbati, vjerovatno i obući se dosljedno teniseru, jer znate da igrate s boljim od vas i da ćete dati sve od sebe.

Naš mozak kad zna da ima automatske posljedice (posebno negativne) uvijek će nas navesti da se pripremimo, jer ne voli da iskusimo bol, da se osramotimo, izgubimo i sl.

U slučaju igranja sa mnom znate da nema negativnih posljedica i mozak nema potrebe da se trudi i traži solucije, kao što je to radio kada zna da postoji mogućnost bola.

Mi ćemo uvijek uraditi više da izbjegnemo bol, nego da doživimo zadovoljstvo.

Uzmite par trenutaka da primjetite kod sebe ovu istinu.

Možete li vidjeti da uvijek pokušavate izbjeći bol?

Npr. lakše je ne ići na fitnes nego ići. Lakše je nastaviti pušiti nego prestati. Lakše je ostati u braku koji ne funkcioniše nego otići u nepoznato. Isto je i sa biznisom i sl.

Pored ove spoznaje i analiziranja sebe i ljudi kojima ste okruženi, pogledajte prostor u kojem vi živite. Šta trebate promijeniti da biste se u njemu osjećali lako, potpuno ispunjeni, kreativni... Šta možete eliminisati, a šta biste mogli unijeti, da to učini vaš prostor boljim i ispunjenim? Da nije nalik prostoru u kojem žive oni koje smo posmatrali i od njih se upravo odmakli.

Kada imate jasnu sliku sebe i svoga okruženja, tek tada možete praviti adekvatne promjene. Mi smo ti koji kreiramo svoj svijet i mi smo ti koji upravljaju svojim životom. Zato, birajte mudro.

Također, dokazano je tokom provođenja više istraživanja, da mi podsvjesno apsorbujemo emocije ljudi oko sebe. To znači da više nego ikada trebamo paziti s kime provodimo vrijeme i dijelimo prostor.

Dakle, ako ste oko negativnih ljudi, vi ćete s vremenom biti instalirani s istim emocijama i ponašanjem, a isto je i ako ste s pozitivnim.

Ako se krećete u krugu ljudi koji lako predaju bitku, koji brzo odustanu ili oko onih koji uvijek marširaju naprijed, postat ćete kao i oni, po dokazanom principu koji se zove – ugledanje. U mozgu postoje te hemijeske reakcije, koje nas navode da kad nešto gledate dovoljno dugo, počnete to i oponašati.

Kada sam jednom bila kod tetke u Zagrebu, nakon nepuna dva mjeseca skoro sam počela pričati koristeći se hrvatskim izgovorom i akcentom. Bila sam sama i oko mene je domininirao hrvatski jezik, tako da je moj mozak s lakoćom počeo prilagođavati ili ugledati.

Sigurno se možete i vi sjetiti neke situacije kada ste imali slično iskustvo?

Mi postanemo eho naših razgovora, prijatelja, misli, okruženja i djelovanja.

Ako se nalazite u okruženju gdje ste vi najuspješniji/najpametniji, dajete najviše, živite najbolje, možda je vrijeme da promijenite okruženje?

Jer po svemu što do sada znamo o mozgu, jasno je da se on može razvijati i da je savitljiv kao plastelin. To znači da možete postati bilo ko ako imate tu sliku pred sobom.

Najveći dar koji sebi i ovom svijetu možete dati je da ispunite svoje snove i da živite punim životom, a to ćete moći ako imate sliku toga pred sobom.

Dakle, udaljite se od toksičnih ljudi, mjesta, emocija i počnite disati punim plućima, na putu ka vašem idealnom životu.

Inače, u životu trebamo biti fleksibilni kao bambus, svjesni da stvari neće biti baš onakve kako smo mi zamislili. Također, neće biti ljudi ni događaji. Kada mi u sebi već imamo podešenu fleksibilnost, život je lakši za podnijeti.

Najveći razlog naše iritabilnosti je kada
ne možemo vjerovati sebi da ćemo uspjeti.
E. K.

Život je kao nemirna lađa. Nikada ne možemo reći zasigurno će biti ovako i nema druge. Nemoguće je! Sjećate se šta smo rekli prije: „Jedina stvar nad kojom imamo kontrolu je kako ćemo reagovati na nešto".

Ako smo zarobljeni uvjerenjem da moramo imati osjećaj kontrole nad svime, patit ćemo često, jer toliko je stvari nad kojima nećemo uspjeti imati kontrolu.

Odlučimo da želimo biti fleksibilni, kao bambus na vjetru (drvo koje se povija pod vjetrom i ponekad izgleda da se slomilo, ali nije; čim vjetar prestane puhati, ono se ispravi). Dogovorimo se sa sobom da ćemo biti fleksibilni, da ćemo imati razumijevanje, biti samilosni prema drugima, biti više otvoreni, vjerovati dok god nam se ne pokaže drugačije, usporiti kada treba i nastaviti kada treba itd. Onda kao takvi možemo sresti život s novim pogledom.

Često se dogodi da se bojimo odmaknuti od ljudi, mada znamo da njihovo prisustvo nije za nas dobro. To je normlalan strah, ali mu se treba pogledati u oči i napraviti odluku za naše dobro. Imati vjeru da ćemo biti OK bez tih ljudi. Na kraju krajeva nije li bolje biti sam nego u okruženju koje te čini da se osjećas kako ne želiš?

Da bi se donosile malo teže životne odluke neophodno je imati vjeru. Vjeru u proces. Također, ako povjerujemo da se skoro sve dešava s razlogom, onda možemo lako povjerovati da su i ljudi u našem životu tu bili s razlogom, da su otišli s razlogom i da ostaju s razlogom.

A mi, mi trebamo znati, trebamo vjerovati da nikada nismo sami i da sve što nam treba je već u nama. I da se uvijek neko brine za nas, o nama. Ako sumnjate u to, odgovorite na ova pitanja.

Ko vodi računa jesu li tvoji organi izvršili svoje funkcije? Ko polaže računa je li srce otkucalo još jedan otkucaj, dok si ti bio zauzet stvarima, koje da nije bilo toga otkucaja, ne bi imale nikakvog smisla? Ko je uredio sve da ti od male ćelije postaneš najsavršenija Božija kreacija? Po mojim vjerovanjima i saznanjima to je Bog/Viša Sila.

Sve sveto i sve što je najljepše, nalazi se u nama. U nama je mozak, najsavršeniji i još uvijek potpuno neobjašnjen kompjuter. Sa ovim činjenicama i saznanjem da je čovjek sposoban kopirati ili modelirati bilo šta što je drugi čovjek ostvario, mogućnosti su neograničene.

Vjeruj, dok god ne budeš imao dokaze da vjeruješ suprotno.

Koliko puta ste mislili da nešto ne možete uraditi i onda nekim čudom to uradite i shvatite da uopće nije bilo strašno koliko ste mislili. A možda vam je trebalo mnogo vremena da to ostvarite i onda shvatite, šta ste sve izgubili s tim čekanjem. Svima se sigurno ovo nekada dogodilo, strah je najveći neprijatelj naše sreće. Nekad nam ne da da se pomjerimo s mjesta. Strah nas ponekad ubijedi u nešto, što je potpuna neistina, samo zato da ga ne iskusimo.

Jasno je, strah će uvijek biti tu. Strah nam je dat na dar, da se pazimo i obraćamo pažnju na to šta radimo. Strah je tu da ne pravimo greške.

Postanite prijatelj sa svojim strahom i usudite se postati fenomenalni. Strah privlači strah.Vjera privlači mogućnosti.

- *Promijenite fokus*

Ti imaš stopostotnu odgovornost za to šta ćeš misliti o sebi i svijetu oko sebe. Mogu vam ja ili neki drugi savjetnik dati najbolji savjet na svijetu, ali ako vi ne uzmete taj savjet i ne implementirate ga, niko vam neće moći promijeniti svijest.

Sva čovjekova bol proizilazi iz njegovog sebičnog fokusa na svoje probleme. Iz stalnih pitanja: kako nisam tu gdje bih trebao biti; kako me zadesilo ovo ili ono; zašto ja... Takva i slična obeshrabrujuća pitanja nikad neće dovesti do solucije i moraju prestati.

Sve će se promijeniti kada promijenite fokus sa onog što ne želite na ono što želite. Odmah ćete početi poduzimati drugačije akcije. Imat ćete drugačije reakcije. Sve, baš sve će se promijeniti kada usmjerite fokus na ono što želite da se dogodi. Mozak će vas voditi drugim putevima. Putevima lične slobode i uspjeha.

Kada budete gledali očima mogućnosti, kad budete živjeli iz stanja ljubavi i milosti za sebe i sve oko sebe, imat ćete drugačiju realnost. Vi kreirate mogućnosti, ljubav, milost i odatle sve ostalo što želite u svom životu. Neminovno je.

Devetnaesti korak

SLUŠAJ SVOJE OSJEĆAJE

Koliko puta vam se dogodilo da ste unprijed znali šta trebate uraditi i kamo ići, ali niste poslušali taj osjećaj/ gut feeling. Niste, jer niste navikli da ga slušate. Možda i ne znate koliko je važno slušati taj glas! To je naša intuicija.

Neko je rekao: „Ako je molitva naš razgovor s Bogom, onda je naša intuicija kada Bog priča s nama".

Ako intuiciju počnemo slušati, onda ćemo je više i čuti. Ona je kao kompas, Bogom dat nama na dar.

Nama, običnim ljudima, mnoge stvari nisu poznate i nisu na dohvat ruke. To su tzv. tajne velikih ljudi. A, znate šta se često dogodi? Kada te tajne saznamo, onda dugo sumnjamo u njih, prije nego im damo adekvatnu šansu. To neće uraditi oni koji nisu zatrpani negativnim programima o sebi i svijetu. Ne, oni će uzeti sve što im se da.

Lična ograničenja ne daju čovjeku da sluša i svoju dušu, a kamoli nekoga drugoga. Sve je to program, ništa drugo. Poremetite njegova pravila, ako već niste i slušajte taj tihi glas ili osjećaj u sebi, šta vam govori, šta trebate, a šta ne.

Naravo, uvijek ima paradigma, mislim da je to Bog tako odredio da nam nije monotno - koliko je važno da slušate svoje osjećaje, isto tako je važno da ne slušate onaj negativni glas u sebi.

Glas u nama nikad ne prestaje. Uvijek ima nešto da nam kaže. Pored svih programa koje imamo pohranjene u sebi i zbog činjenice da mozak zapamti sve što vidi, nije ni čudo što je to tako. Ali, neophodno je naučiti se umjesto što slušamo taj glas, mi trebamo pričati, voditi glavnu riječ. Trebamo predlagati i određivati šta se treba dogoditi. Je l' možete odmah primijetiti koja razlika će biti u ishodima kada svjesno planirate, uređujete i odlučujete šta će se dogoditi, umjesto da slušate stari program: negodovanja, sumnje, strah i slično? Drastično drugačija priča, zar ne?

Ne samo priča nego cijeli tok odvijanja i djelovanja se mijenja sa ovom malom promjenom, koju predlažem da napravite kao zabavu sa sobom. Ne kao još jednu stvar na rasporedu, već baš kao malu zabavu za sebe.

- *Vaša moć je u sadašnjosti, ne u prošlosti i ne u budućnosti*

Prošlost je prošla. Budućnost nije zagarantovana. Sve što imamo je sadašnji trenutak. Sada možete napraviti odluku koja može promijeniti cijeli tok vašeg života.

Vaša sadašnjost treba najbolju verziju vas. Kao takva vaša realnost izgleda fantastično! Nije li!

Odlučite čvrsto da ćete biti najbolja verzija sebe i stanite u svoju sadašnjost već sada. Baš tako, sada, ovoga trenutka, dok čitate ovo. Sjedite kao najbolja verzija sebe, dišite kao takvi, nasmiješite se u sebi kao najboja verzija sebe, koja zna da je sve u njegovim/njenim rukama.

Dosta je bilo beživotnih i tužnih dana, brige šta će biti, misli o onome što je prošlo, o onome što se možda neće dogoditi. Sve to treba prestati smjesta, upravo sada, ovoga trena, ako već niste. To je samo igra vašeg mozga koja vas vraća tamo. Znate to od ranije, mozak vas vraća tamo gdje je navikao. Ali, sada mu vi dirigujte gdje želite da ide.

Zapišite sebi ovo i zapamtite:

Ja sam jedini moj problem i jedina solucija koju ću ikada imati.

Naša namjera je kao zakon koji pokreće sve. Odlučite i živite ovako. Nađite u sebi sve što vam treba od drugih i s time ste se oslobodili čekanja, ovisnosti i nadanja.

Ti si magnet. Ti privlačiš to što osjećaš, to što misliš i to u šta vjeruješ.

Sve počinje sa našim izborom i odlukom kako želimo da mislimo. Znam da sam ovo ponovila 100 puta u ovoj knjizi, ali neka sam, bar ste zapamtili jednom za svagda. Sve počinje s vama i završava s vama. Sve i svi drugi su manje važni za vašu sreću.

Što prije ovo shvatite prije ćete se početi oslobađati nepotrebnih lanaca koji vas godinama sputavaju da živite život kako želite.

Kada smognete hrabrosti i stanete u svoju istinu, oslobađate životnu silu u vama i dajete joj prostor da kreira.

Zamislite se u osamdeset petoj godini života. Sjedite u svojoj stolici za ljuljanje. Budite iskreni i odgovorite: jeste li zadovoljni kako ste proveli život ili, žalite?

Da li se kajete što niste uradili ovo ili ono; što niste probali postići nešto više; što niste voljeli više; usudili se; za čime žalite; šta nećete sebi moći oprostititi kada ste na kraju života shvatili da vas je strah spriječio?

Dozvolite sebi malo vremena da razmišljate o tom mogućem stanju. Da osjetite tu bol koju ćete osjetiti, ako dozvolite sebi da budete 85 godina stari, a da žalite za nečim što ste toliko voljeli, a niste probali.

U životu su stvari uvijek lijepo poredane, baš onako kako je najbolje za nas. Pošto sad ovo čitate, a ne kada vam je 85, imate sada šansu da vam se ne dogodi kajanje, da vam se ne dogodi to što ne želite da osjetite u osamdeset petoj. Sada je trenutak mogućnosti, u kojem treba da napravite odluku koja može promijeniti cijeli tok vašeg života.

Ljudi uvijek planiraju i govore šta hoće, a nikako da to ostvare. Razlog je što još uvijek nisu napravili čvrstu odluku: Kad ako ne sad?!

- Lični integritet

Svako malo obećanje koje ispunite, dovest će vas do lične slobode/ličnog integriteta.

Sad kad ste sve ovo pročitali, imate jasne korake, imate ideje šta biste mogli uraditi i kako doći do ličnog ili bilo kakvog uspjeha. Znam da sam već rekla da ima važnih i ključnih koraka, ali zaista, bez ovog neće biti lako uspješno graditi svoj svijet kako želite.

Radi se o ličnom integritetu. Integritet znači potpunost, nedjeljivost, besprijekornost, poštenje... Imati integritet znači imati bezuslovnu i nepokolebljivu obavezu prema moralnim dužnostima i ličnim vrijednostima. Integritet uključuje i poštenje, realnost, obazrivost i ostale moralne vrijednosti jedne osobe.

Imati integritet znači biti svjestan svoje potpunosti, kao ljudskog bića, kao i raznolikosti između drugih ljudi. Integritet je i rad na ličnom planu, rad na razvoju ličnosti u potpunosti.

Integritet je i mogućnost samokontrole vlastitih emocija i impulsa.

Još jedna od važnih definicija integriteta je sposobnost održavanja dostojanstva, kako ličnog tako i dostojanstva drugih ljudi.

Integritet je kada su stvari cjelokupne, kada je osoba stabilna u cjelosti na svim poljima, počevši od emocija do finansija. Da budemo iskreni to i nije baš jednostavno, ali je moguće. To bi nam trebao biti glavni cilj života, da budemo integrisani

Dakle, ništa neće trajati ako ne budete imali lični integritet, koji se može vrlo lako izgraditi. Naravno, vi već imate neku dozu toga, možda i previše, kada se radi o drugima. Za druge ćete sve uraditi, a za sebe najmanje. Je l' tako?

A kad se treba raditi na sebi i svojim ciljevima, onda se nađu neki razlozi. Ponekad čak izgledaju validni, ali sve su to izgovori našega mozga, koji ne želi da se mijenja. No, kada je čvrst integritet onda nema izgovora, je li tako?

Kada obećate sebi nešto posebno, ako je neki inat, onda to ne prekršite. Mi ovdje želimo izgraditi lični integritet, samo za sebe, koji će utjecati na naš cijeli svijet i sve u njemu.

Počnite tako što ćete sada sebi obećati da ćete zaista raditi na tome da postanete svoja osoba, neovisna od tuđih mišljenja, osoba koja se zna kontrolisati tj. koja je izgradila adekvatan mišić određenim vježbama.

Obećajte sebi da ćete početi poštovati svoju riječ više nego ste ikad ičiju poštovali. Ko je to više kvalifikovan da uređuje i vodi vaš život od vas? Ko to zna više o vama?

Naravno niko drugi sem vas. Stoga postanite lider kojem ćete vjerovati i kojeg ćete poštovati, kao i njegovu riječ, kada se radi o vašem životu.

Je l' može?!

Postepeno gradite u sebi stabilnu sigurnost svojih vrijednosti i poštovanja prema sebi i svome trudu i radu. Neka svaka, pa i ona najmanja urađena radnja, bude dio, odnosno put ka čvrstoj fondaciji stabilnog, nepokolebljivog ličnog integriteta.

Pa onda gledajte šta se događa u vašem životu kad uradite sve što ste zamislili. Kada ne budete radili ono što ne želite i kada vam ne budu trebale godine da se oslobodite nekih akcija. Gledajte sada kako je lako, jer imate obavezu prema sebi, imate integritet koji nije na prodaju i nije ni za koga, već je vaš ponos i dika.

Vaša lična snaga i volja za boljim sobom, dovela vas je do ovog stanja, kada znate da je ključ svega poštovati svoju riječ. Od sada ni po koju cijenu nemojte dozvoliti sebi da prekršite svoju riječ. Znajte da je to gore nego da vas bilo ko nazove najpogrdnijim imenom na svijetu. Gore ćete se osjećati podsvjesno kada znate da svjesno gazite ono što vam je najvrjednije i što iskreno znate da je vaša vrijednost, a dozvoliti sebi tako nešto je gore od bilo koje kazne.

Nemojte to sebi dozvoliti.

Uzmite to kao svetu hamajliju i nosite sa sobom, to uvjerenje da je vaš integritet najsvetija stvar koju posjedujete, da je nepokolebljiva, suglasna i čvrsta vrlina koju posjedujete. Iz ovoga ćete razviti u sebi karakter ličnosti koja stoji čvrsto na zamlji i čija psihologija vas je dovela do najvišeg vrha na ljestvici uspjeha.

Sjećate se statistike: 80% vašeg uspjeha u životu zavisi od vaše psihologije, tj. kako funkcionišete, a 20 % je mehanika.

Evo kako ćete izgraditi integritet pobjednika:

“Sva naša životna snaga treba biti usmjerena ka jačanju našeg integriteta”.

- Napravite krevet svakoga jutra, bez obzira kakvo vjerovanje imali o ovome. I dalje, zategnite krevet svakoga jutra. Naučno dokazana činjenica je da odmah gradite integritet sa ovim činom.

- Budite odgovorni za sebe.

- Uvijek uradite šta ste obećali sebi, bez obzira koliko je malo to obećanje.

- Svjesno napravite plan ka cilju i slijedite ga neminovno i bez kolebanja.

- Odajte sebi priznanje (budite svjesni i posvetite sebi malo pažnje) da ste vi uistinu fantastična osoba koja prati svoje redoslijede i svjesno gradi svoju moć.

- Trudite se da gradite integritet u svim sferama života. Cilj treba da bude ostvarenje suglasnosti kako tijela i uma tako svega ostaloga u životu.

- Imajte svakodevno jasnu listu ostvarenja koja su *pod moranje*, npr. tri stvari za posao, tri za vaše zdravlje i tri lične, kako smo spominjali ranije. Svrha i jeste da se izgradi i ojača lična moć i integritet svakodnevnom odanošću svojim ciljevima.

- Znajte i vjerujte da ste vi jedina osoba odgovorna da vas usreći.

Sada zamislite kako bi vaš život mogao izgledati kada biste išli svakoga dana kroz njega, s integritetom, sa ovom ličnom vrlinom?

Zamislite, kako bi vaše tijelo izgledalo, vaš dom, veze, biznis, energija koju zračite itd. Zamislite i vidite šta je sve moguće kada biste bili odani sebi i kada biste išli kroz svoje dane ovako!

Znate li šta je istina?

Istina je da će neko pročitati ovu knjigu i reći: „Nije loše! Ima smisla!“

I nikada neće implementirati ništa iz knjige. Neko će samo započeti čitati i nikada neće nastaviti, jer tako oni organizuju život.

Neko će reći da nije dobra knjiga. A neko će uzeti sve što je za njega i okrenuti svoj život naopačke za vrlo kratko vrijeme.

Šta god da bilo ko od vas uradi njegova je lična stvar. Šta će ko uraditi uveliko zavisi od osjećaja koje je imao tokom čitanja. A osjećaji koji su se pojavili tokom čitanja zavise od ličnih uvjerenja tih osoba. A sve to će vas na kraju odvesti do određene akcije, tj. čeka vas nešto od ovog što sam upravo navela gore.

Na vama je da učinite napor i poduhvat da ta akcija bude vama u korist. Moja najveća želja je da vam ova knjiga pomogne da nađete sve što ste do sada tražili i da vam pomogne da se riješite svega što vam više ne služi.

- Ne dozvolite tuđim propustima da umanje vašu moć

Ljudi će vas razočarati, to već znate. Bićete prevareni, izdani, razočarani, pogrešno shvaćeni i osuđivani, čak i da ste Majka Tereza. Ako odete na Google sigurno ćete moći naći kritike upućene čak i prema njoj, kao i prema bilo kojem drugom čovjeku, posebno prema onima koji su u očima javnosti. Tako da, nemojte ni pomišljati da nećete biti na meti kritike i ubuduće. Čim ovo shvatite, čak da ste i svetac ili svetica, neko će se naći kome neće odgovarati kako radite stvari i osudit će vas zbog toga.

A, ako se vi budete osjećali loše zbog toga i pridavali pažnju tome, to je onda svjesno gubljenje životne energije.

Kažem vam što prije odlučite da je nevažno šta drugi misle o vama i da to nema nikakve veze s vama (naravno ako nikog ne dirate), tim prije ćete uspjeti doći do željenog.

Ljudski propusti su neminovni. Ljudi ne znaju zašto rade to što rade, ne shvataju da im tračanje i ogovaranje daju iluzornu značajnost. Ne znaju da će kada se naviknu lagati na male golove, nesvjesno početi pucati i na velike.

Ljudi nisu s namjenom zli, ja to uisitnu mislim iako nekada ne izgleda tako. Ljudi su jednostavno u stanju učinti bilo šta iz straha za svoj opstanak ili da osiguraju nešto za sebe, bilo da se radi o osobi ili komadu zemlje.

Ljudi su u duši dobri, ali ih život i okolnosti učine takvima da postanu pakosni i zavidni. Niko ko je sretan i zadovoljan sobom i svojim životom neće vam učiniti nažao.

Ako se nađete u okruženju ljudi koji imaju dosta ljudskih propusta, prepoznajte ih, pokušajte shvatiti šta pokušavaju postići s određenim djelovanjem i potrudite se da im date šta traže: značajnost, ljubav i slično. Sjećate se da sve što radimo radimo da zadovoljimo naše ljudske potrebe, samo što neki to rade na negativne načine.

Shavatite ovo i pokušajte biti oslonac, jer nekada će to biti vaši najbliži. Budite primjer koji želite vidjeti.

Kad ste sve uvidjeli, sve pokušali, mnogo dali, a i dalje nema promjena, onda je vrijeme da uzmete naučene lekcije i da obratite pažnju na zvuk svojih cipela, dok ih slušate kako odlaze iz tog prostora, tog okruženja i od ljudi koji vam uzimaju životnu energiju.

Ako su to najbliži napravite razmak na neko vrijeme i jednostavno recite da vam njihovo ponašanje/djelovanje ne odgovara i da nije u skladu sa osobom koja vi pokušavate postati, a da vi nemate ništa protiv da oni to nastave raditi ako njima odgovara.

Jer nismo mi svi na istom putovanju. Nema istog puta za sve nas i to se treba poštovati. Isto tako treba se znati ko vam oduzima snagu, a ko je daje. Naravno, nećete biti ignorantni i to svjesno sebi dozvoliti, već ćete poduzeti adekvatne akcije da se odvojite od svega što vam ne koristi.

Svoju energiju usmjerite na svoje ciljeve, a ne na ispravljanje krivih Drina i mostova.

Vraćanje i prepričavanje kako i zašto je nešto bilo, je gubljenje zlatnog vremena koje se moglo utrošiti na nešto unosno i korisno za vas i dobrobit ovog svijeta.

Neki ljudi ovo nikad neće biti u stanju raditi, jer je njihov put zapravo put trnja, ljutnje, krivnje, neoprosta itd. Stoga, na vama je da ovo shvatite i mirno prođete mimo njih svojim putem uspjeha.

Pored ovih ljudi imate i predivne ljude koji se daju nesebično za dobrobit mnogih. Usudite se postati, ako već niste, jedan od ovih divnih ljudi.

Zašto smo rođeni ako ne da budemo potpora jedan drugome.
Ernest Hemingway

Vjerovatno najvrjedniji dar koji možemo dati je pomoći drugima da dođu do svojih ciljeva. I to ne samo njima, već i sebi samima.

Ove riječi su u mome životu 100% istina i proizašle su iz puta kojim sam prošla dovdje. Nastajale su kroz upoznavanje ljudskih sudbina, dijeljenje sreće i tuge s perfektnim strancima koje sam srela na seminarma, kroz svjedočenja ljudi s kojima sam radila/ mojim klijentima. Hemingwayev citat, iznad ovoga teksta, pokazao se kao jedna velika istina.

Mada sam i prije čula poznati citat „Možeš imati sve u životu, samo ako pomogneš dovoljno ljudi da dobiju ono što oni žele“ (Zig Zaglar), nisam bila u potpunosti svjesna značenja te misli sve dok nisam i sama počela osjećati kako to izgleda kada iskreno vidite da ste uzrok nečije sreće. Sve dok mi ljudi nisu kazali da svoju sreću vežu za nešto što sam im ja uradila ili doprinijela.

Dragi čitatelju, pozivam Te da posvetiš veliku pažnju tome kako doprinosiš drugima. Postani svjesni učesnik u kreiranju njihove sreće. Ako ništa, eksperimentiši bar sedam dana s iskrenom željom da od srca pomogneš, bez očekivanja ikakve naplate za uslugu.

Garantujem ti promjenu bio-hemije u tijelu, osjećaj ogromne ispunjenosti i zahvalnosti što si to uradio, plus mnogo toga što ću ostaviti Tvojoj mašti na raspolaganje.

Dragi čitaoci, otvorite svoje srce, predajte se Sili koja vas je i dovela do ovog tenutka i dozvolite sebi da vjerujete u čuda. Ako ne vjerujete u njih, kako se onda mogu dogoditi, a znate i sami da se mnogima dogode.

Meni su se dogodila tolika čuda da vam to ne mogu ni dočarati riječima. Skoro sve o čemu sam maštala nekada, ostvarilo se. Neki od tih događaja su zaista bili samo želja kojoj nisam pridavala mnogo pažnje, neki su bili jake želje kojima sam davala dosta mentalnog prostora, ali svi su došli kada sam se najmanje nadala.

Uporno sam išla naprijed i nadala se najboljem. Nekada sam i sumnjala, naravno. Pravila se da već imam to što želim, jer samo puno čitala o tome, te znala da je neophodno imati tu vibraciju i držati se kao da već posjedujete to što želite.

Dugo sam čistila kuće i naravno nisam tada izgledala kao da već imam sve što želim, ali sam se znala smijati sama sa sobom kada me nekad, ljudi kojima čistim kuće, mimoiđu bez pozdrava, jer me nisu prepoznali kako izgledam vikendom. Nekad sam se šalila s njma i govorila da sam ja Pepeljuga i da samo po danu izgledam tako kako me oni znaju, a da sam navečer princeza. Uistinu, tako sam se nekad i osjećala.

Kad su mi djeca već porasla žurila sam kući da se presvučem i da ih dočekam lijepo obučena, a ne uvijek u radnoj bijeloj majci koja je često imala fleke od izbjeljivača, koji se koristi za kupatila.

Na početku sam krila šta radim, jer sam se bojala da će me smatrati manje vrijednom – šta mislite koji dio mene je tako mislio? Ego! Nesigurni dio nas, koji uvijek sumnja i stvara pretpostavke i to uvijek negativne.

Imala sam sreću da radim kod veoma ugledne američke porodice. Čovjek je bio javna ličnost i to mi je bilo prvi put da se srećem redovno i pomalo komuniciram s nekim tako uglednim i imućnim. Na moje veliko iznenađenje cijela je porodica, skupa s njim, bila tako divna prema meni i nikad nisam osjećala ništa drugo sem njihovog poštovanja i ljubavi.

Čak su me svake godine pozivali na party koji je njegova kompanija priređivala za oko 200-300 najuglednijih ljudi u gradu, poslovnih partnera i njihovih najbližih prijatelja.

Kad su me prvi put pozvali, ja sam se zabrinula kako ću ja to sve očistiti. S osmijehom su mi rekli da me ne zovu da čistim već da budem njihov gost.

Upitala sam: – Ja?!

– Da, naravno. Svi naši najdraži i najvažniji ljudi će biti tu, a i ti spadaš u naše najvažnije, zato bi nam bilo veoma drago da dođeš, rekli su.

Do tada sam imala dojam da bogati ljudi ne gledaju isto na sve ljude, da su oni viši od nas i da im nije stalo do toga kako se mi obični ljudi osjećamo. Naravno, pogrešno sam samo usvojila vjerovanje drugih ljudi. Ja se do tada nisam susretala s takvim ljudima, a nosila sam nečije vjerovanje o njima. Mislila sam da njihova djeca ništa ne rade i samo uživaju u bogatstvu svojih roditelja. To nije bio slučaj kod ovih ljudi. Ova porodica mi je pokazala divnu sliku kako se treba ophoditi prema ljudima, bez obzira na status.

Možda su oni imali više uticaja na moj uspjeh nego ću to i ja, a i oni, ikada znati. Njihov odnos prema meni me nije činio da se osjećam manje vrijednom, već suprotno.

Bila sam kao oni. To mi je sigurno pomoglo da se osjećam bolje i da imam bolje mišljenje o sebi. Sada, kad ovo pišem, suze su mi potekle, jer im nisam nikada to rekla, a mislim da nisam ni sama bila svjesna, sve do sada, koliko su oni svojim odnosom prema meni, uticali na tok moga života.

Zauvijek ću ostati zahvalna toj porodici. Što mi je pokazala šta je to dostojanstvo i što su mi bili uzor, zapravo najbolji primjer kako izgleda uspjeh, kao i kako doći do njega. Mislim da mogu spomenuti da se radi o velikom lancu trgovina za hranu „Kroger“, što da ne. To je divna kompanija koja sada upošljava veliki broj ljudi iz BiH, a bili su i donatori za nekoliko projekata u Bosni. Jedan od tih projekata sam i sama vodila i predstavljala, a to je projekat „Jedan krov za sve – centar za nezbrinutu djecu, stare i nemoćne“, koji se gradi u Goraždu.

Svako od nas, svjesno ili nesvjesno, utiče na ljude oko sebe. Želja mi je da na ljude sa kojima se susrećemo, ostavimo dobar utisak. Ako, nakon sastanka s nama neće biti viši, neće sigurno biti ni niži.

18. decembar 2016.

Upravo sam se vratila s jednog od najpoznatijih seminara mog mentora Tony Robbinsa. Seminar traje punih šest dana po 13-15 sati dnevno, a zove se *Sastanak sa sudbinom*. Kao što možete zamisliti veoma je zahtjevan emotivno, psihički i fizički.

Svrha tolike intenzivnosti je da se sruše svi mostovi koji vode do duše i sopstva. Kada se umorimo na svim poljima tada ego posustane i ostanemo samo mi, onako goli/umorni/iskreni, onakvi kakvi jesmo. To ustvari otvori vrata naše duše i tada možemo vidjeti sve što nismo mogli do tada, jer naš ego uvijek stražari i čini nas da se pretvaramo, da glumimo ili razrjeđujemo istinu.

Seminar je podešen da idemo duboko u podsvijest i da otkrijemo stvari koje se ne mogu lako ili uopće otkriti svjesnim umom, neophodno je ići u podsvijest npr. da se otkrije koje nam je najranije sjećanje.

Ako sada pomislite koje je vaše najranije sjećanje, imat ćete sliku nečeg svakako, no s određenim procesima se otkrije i sjećanje prije toga ili čak sjećanje dok smo još bili u utrobi majke.

Ako se sjećate, dokazano je da mi od trećeg mjeseca začeća poprimamo sve majčine osjećaje, tako da vas ne čudi da je moguće sjetiti se sjećanja iz utrobe. Bilo je divno čuti ljude koji su to vidjeli ili su imali osjećaj toga. Seminari ovakve prirode su nešto najbolje što čovjek sebi može priuštiti. Zaista, ko ne nađe načina i vremena da upozna sebe, ispod svih maski koje svaki čovjek nosi, propušta priliku da upozna istinskog sebe. Autentičnu dušu, smještenu ispod svih slojeva, koje čovjek usvoji tokom života.

Ovdje je važno spomenuti činjenicu da seminari ovakve prirode zahtijevaju od nas odricanja, vremena i novca.

Da bi se čovjek odlučio na ovakav izazov, on to treba uistinu željeti, mnogo više nego što ga košta da uloži.

Tu su bili ljudi iz 69 zemalja svijeta, a prevođeno je na pet jezika. Nakon toliko vremena provedenog zajedno u timu, koji broji oko dvadeset ljudi, gdje svaki dan dijelite mišljenja, vježbe i utiske, dovede do toga da postanete bliski s tim ljudima.

Moje iskustvo sa ovih seminara je uvijek predivno. Ustvari, ovi seminari su mi pomogli da vidim ljude kao sebe, da vidim ljude baš kao najmilije.

Tonyjev seminar mi je pomogao da pređem preko osjećaja nepripadnosti i preko dugogodišnjeg osjećaja da ne želim stvarati konekcije s ljudima koji pričaju moj jezik a nisu moje vjere. Nisam imala ništa protiv ljudi, ali jednostavno nisam mogla preći preko nekih vjerovanja, koja su ostala od rata.

Nisam čak mogla uspostaviti konekciju ni sa mojim drugaricama iz škole sve do 2013. godine.

Moram napomenuti da nisam imala mržnju prema tim ljudima, samo odbijanje. I ono se samo odnosilo na ljude s naših prostora.

I onda, kako to Bog odredi, desilo se nešto posebno. Tokom 2013. godine sam bila na Tonyjevom seminaru i u mom timu je bio Dejan. Imao je srbijanski akcenat i bio je veoma živahne prirode. Upoznali smo se na brzinu i ja sam produžila dalje. Da bi se sljedećega dana našli rame uz rame. Meni je to bilo veoma neugodno. Jednostavno, imala sam i dalje odbijanje. Ja sam zamolila osobu s druge strane da zamijenimo mjesta, tako da ne moram biti uz Dejana. On je to primijetio i pitao me je zašto sam to uradila.

To mi je bilo još neugodnije, iskreno ne sjećam se šta sam odgovorila.

Tako smo nastavili narednih pet dana dijeliti iskustvo i utiske. Na seminaru sam tada naučila da naš bol proizilazi iz priče koju sebi ponavljamo. Priča je nešto što ponavljamo u mislima ili naglas i sad to osjećamo kao istinu.

U razgovoru i promatranju Dejana shvatila sam da je on divan čovjek i da iskreno želi pomoći drugima. Imali smo dosta zajedničkih osobina.

Kroz procese na seminaru otpustila sam dosta neriješenih emocija kao i vjerovanja koje sam nosila sa sobom. Kako se to dogodilo, sada sam mogla bez odbijanja vidjeti Dejana, kao nekoga veoma bliskoga meni, nekoga ko je veoma sličan meni.

Zidovi koje sam izgradila kao zaštitu protiv ljudi koji pričaju moj jezik, a nisu moje vjere, su nestali. Vidjela sam samo dušu sličnu mojoj, koja radi najbolje što može i koja kao i ja ima svojih neriješenih i ograničenih stvari, ali isto tako veoma odlučno ide naprijed da postane najbolja verzija sebe.

Nakon šest dana, postali smo prijatelji, tj. bliski više nego sam ja to mogla i zamisliti.

Ja nisam njemu rekla koliko sam imala odbijanje od njega. Naravno, kako sam mogla, a i šta bi čovjek pomislio o meni. Ništa nisam znala o njemu ni njegovom porijeklu, a osjećala sam toliku odbojnost, sve to zbog određenog vjerovanja, odnosno predrasuda. Toliki teret mi je pao s leđa, kada sam shvatila da, ne samo da nemam odbojnost prema njemu, već da je nisam imala više ni prema drugim ljudima kao prije.

Jednostavno, na seminaru sam se oslobodila toga, iako nisam bila svjesna odmah, nikad poslije toga nisam imala slične osjećaje.

Poslije ovog iskustva, dala sam određeno, sasvim novo značenje ratu i ljudima u ratu, koje me nije boljelo, niti sprječavalo da u ljudima tražim ono šta su oni danas.

Dejan i ja smo i dalje prijatelji. Vidjeli smo se još nekoliko puta na seminarima i iskreno obradovali ponovnom viđenju. Ja sam Bogu zahvalna za susret s Dejanom, za ono što mi je taj susret donio.

Od tada sve ljude gledam i vidim drugačije. Danas sve ljude gledam očima milosti, razumiijevanja i ljubavi. Barem se trudim da ih gledam tako, čak i kada ne zaslužuju.

Kao što sam rekla gore, seminari su mi pomogli da vidim sve ljude kao jednog, jer vjerovali ili ne, mi jesmo svi isti.

Svi imamo iste i glavne tri želje: da budemo sretni; da budemo zdravi i da budemo uspješni. Svi samo pokušavamo da se zaštitimo i da učinimo svoj život boljim. Tu se nekad izgubimo i ponekad se ne vidi naša ljudskost, jer nas obuzme strah od preživljavanja i opstanka, kao i dosta drugih strahova. No, jedno je istina: niko od nas nije rođen zao.

Niko.

Zli ljudi su postali zli zbog okolnosti, programa, dogme, u rijetkim slučajevima genetike.

Razlog što se zlo nastavlja i širi je zbog neznanja i nedovoljno učenja o povezanosti. Nekome nije u cilju da se širi ljubav, te se sva pažnja stavlja na širenje zla. Svaka kultura ima svoja usađena i ograničena vjerovanja, tako da ni to ne pomaže da vidimo jedni druge kao jedinku, kao iste, već kao nosioce suprotnosti i različitosti.

Nemojte me pogrešno razumjeti, različite kulture donose nam bogatstvo različitosti, ali isto tako imaju neobične, pa čak i bizarne stvari u koje ljudi vjeruju.

Samo ću reći još ovo, da dokažem svrhu. Neko vjeruje u miša kao svetost; neko vjeruje da je krava sveta i moli joj se; neko vjeruje u ikone ili ne vjeruje ni u šta; neko vjeruje ako mačka pređe preko puta da će mu se nešto loše dogoditi; neko vjeruje da bi žene trebale, kako bismo ih smatrali lijepim, imati određenu težinu i velike članke (neka zemlja u Africi), neko da ako pređe preko kabla od usisivača nešto če mu se loše dogoditi itd. I tako u beskraj idemo s predrasudama i ograničenim vjerovanjima.

Svaka kultura ima mnoštvo vjerovanja, koja meni i vama mogu biti smiješna ili nevjerovatna. Isto tako, kad sam ja na početku govorila Amerikancima da ne peru kosu rano ujutro, prije polaska na posao jer ih može ubiti promaha, znate koje poglede sam dobijala. I njihovo čuđenje.

Poenta svega je da mi trebamo shvatiti da su drugi ljudi usađeni u svoja vjerovanja na isti način kako smo mi u svoja.

Na seminaru je bilo desetak ljudi koji su rekli da su suicidni ili su već pokušali samoubistvo. Ovo nije bilo prvi put da sam srela takve ljude i prisustvovala intervenciji koju je poduzeo voditelj seminara. Susreti sa tim ljudima su teški, jer na jednoj strani suosjećate s njima, a na drugoj ne uspijevate razumjeti te ljude. Ne možete shvatiti koliko je težak taj čin, ta trauma ili bol, koji ih tjera da se zbog toga hoće ubiti?

Na kraju svake intervencije bilo je jasno tim ljudima da njihova moć leži u njima. Trauma ili bol koji je učinio da se ljudi osjećaju tako, je prošla. Bol se više ne događa, sve je prošlo. Jedini bol koji se događa je samo u njihovoj svijesti, u njihovim mislima, kada se vraćaju u te trenutke.

Bilo je također jasno da niko sem nas samih ne može prekinuti taj ciklus u nervnom sistemu. Svjesnim promatranjem i jasnoćom da su sada u ovom trenutku sigurni da se ništa loše ne dešava, te s tim ponavljanjem se počne mijenjati viđenje te nekada bolne situacije, koja se sada svjesno gleda u oči. Postalo je jasno da ona ne živi više kao takva, već kao sjećanje koje se preokreće u snagu.

Jer, kada je osoba bila u stanju preživjeti nešto takvo, može i sagraditi svoj život po svome.

Ljudi koji su dozvolili sebi da vide svoj bol, kao takav i kao iskustvo koje se dogodilo, ne zato što su bili kažnjeni, već jednostavno kao putovanje duše koja je to odabrala – u stanju su kompletno otpustiti bol i izvući najsnažniju lekciju života. Nikada neću zaboraviti osjećaj kada sam shvatila da je način na koji je moj život tekao ustvari uzrokovan mojim razmišljanjima i izborom akcija koje sam poduzimala. Bio je to trenutak oslobađanja. Osjetila sam prvo ljutnju, a zatim neobjašnjivu radost i polet, jer sam znala da mogu odatle ići svjesno gdje god hoću. A znala sam jasno gdje ne želim ići nikada više.

Kao što znate, meni je trebalo neko vrijeme da ovo shvatim, jer je sumnja živjela u meni, bila je dio mene i moje fiziologije. Zato je bilo teško. Tada nisam znala ovo što ću vam sada reći, a ostavila sam to za kraj, jer je bilo neophodno da sve ovo ispred pročitate, da vam otvori um, osvijetli put i da snagu. Vjerujte da je i meni tek nedavno došla na um ova istina, koju sada nosim gdje god da krenem. Sada, kad ste prošli ove korake, dozvolite sebi da povjerujete da ih imate dostupne ako i kada vam se vrate stari negativni redoslijedi razmišljanja i djelovanja.

Imaju tri razloga zbog kojih se mnogi vrate gdje ne žele biti emotivno i fizički:

1. Ne možete uzeti niti opipati svoj stari bol i negativne događaje. Oni više nigdje ne postoje sem u vašim mislima, ali vas kontrolišu i ne daju da živite ispunjen život. Samo znate da su tu negdje, dio su vas... Je li tako? Dio su vas, jer su postali navika, psihička i fizička, vaš emotivni dom, odnosno naviknuto stanje tijela i uma. Isto tako ste možda nekada u životu doživjeli neku drugu spoznaju i osjetili promjenu. Doživjeli ste takozvani breakthrough. Prodrli ste kroz nešto što vas je sputavalo i ometalo. Možda i sada to osjećate. E, to stanje je stanje tijela i uma. Niste dobili premiju na lotu. Ništa se posebno nije dogodilo. Jednostavno se osjećate fantastično i osnaženo bez nekog posebnog razloga. Ne možete opipati ni ovo stanje, niti ga uzeti – samo je tu prisutno. Vi znate da je ono tu i da je živo. Je li tako? Znate da se nešto promijenilo u vama. Osjećate se drugačije.

Mnogi se lako vrate u negativna stanja, jer je to lakše za mozak. To je dugo ponavljana neurokonekcija. Isto tako tijelo ima naviknuto stanje tj.

biohemijske reakcije, u kojima je naviklo da boravi i zato se također lako vrati u stare redosljede. Tijelo i um komuniciraju. Ako vi možda ponavljate u glavi misao: „Dobro sam!", ako vam se tijelo ne osjeća tako i nije dobilo poruku da ste dobro, vratiće vas u stari negativni redosljed. Naučno je dokazano da se ćelije tako ponašaju i da nije dovoljno samo da u glavi imate nešto već treba postojati suglasnost tijela i uma. (Iz knjige „Breaking The Habit of being yourself" - www.drjoedispenza.com)

2. Mnogi sebe vide isključivo kao običnog čovjeka, koji je navikao da živi, da se bori i da umre. Ne kažem da to nije istina, ali pored toga mi smo puno više od tog i takvog čovjeka. Mi smo duša koja se nastavlja i nikada ne prestaje. I ovo je putovanje koje je naša duša izbrala, da iskusi i proživi za svoj razvoj.

Možda niste ubijeđeni da je to sve baš tako, ali pomislite šta bi se desilo kada biste povjerovali da jeste? Baš sve ovako kako sam rekla. Da prihvatite da je sve što vam se dogodilo i što će da se dogodi, zapravo doprinos za razvoj vaše duše.

Šta kada biste stvarno povjerovali da je tako? Ne bi li sve izgledalo drugačije i ne bi li se vi oslobodili toliko tereta i išli kroz život sa drugačijim pogledima.

Mogo toga bi bilo drugačije i vi biste drugačije reagovali na život. Dakle, ljudi se lako vrate u negativno i poistovijete sa svojim izazovima, jer ne vide veću sliku, ne vide da su puno veći od bilo kojeg svog izazova. A treba se to vidjeti, znati i osjetiti. Na kraju krajeva, ako vam priča o duši i nema smisla pomislite na ovu činjenicu – vi ste unikat.

Ne postoji na svijetu ni jedno ljudsko biće identično vama. Niko, baš niko na svijetu nije isti kao vi. Niko nema takav osmijeh i takav pogled. I ako vam vaš unikatni otisak prsta ništa ne predstavlja i ne daje vam snagu (da niste trebali biti ovdje zasigurno ne biste ni bili), onda baš ne vidite veću sliku. U tom slučaju ljudi se lako vrate u stare redosljede i ostanu tu. Dok osoba koja se osjeća kao unikat ili zna da je unikat, koja je svjesna da je ovo putovanje duša, ona ima sasvim drugačiji pogled na realnost. I s tim doživljava svijet drugačije.

3. I treći razlog zbog kojeg se ljudi lako vrate u stara negativna stanja je što mnogi misle da trebaju uskladiti svoje postojanje prema određenom obrascu. Misle da se trebaju uklopiti u određenu/ očekivanu sliku, u onakvu kako ih drugi vide. Stoga se cijeloga života trude da prikažu tu sliku javnosti, a često to i nije ono što im duša želi. Međutim, to predstavljanje za javnost postane njihova navika i oni budu takvi i onda kada stvari nisu takve. Kada se na kraju ne uspiju osjećati kao ta ličnost, odnosno i onda kada ne ostvare ugled ličnosti koju pokušavaju glumiti, onda počnu patiti. Znači, ljudi koji se trude biti odani toj ličnosti, umjesto da budu odani svojoj duši, ne samo da se lako vrate u negativne redosljede već lako padnu i ostanu dolje. Ali, spoznaja za koga se ovaj život živi i spoznaja da smo svi isti ispod maski, umanje iluzornu značajnost koju mislimo da nam daje ta formirana ličnost.

Znate kako se kaže: „Kada nešto ne znaš, ne možeš se ni kriviti“.

Ja nisam znala. Vi sada znate.

Uzmite ove informacije i bježite. Bježite s njima u svoju svijetlu budućnost.

Tolika me radost obuzela sada, jer vjerujem da hoćete i da ćemo se jednog dana sresti i pričati o ovome danu.

Posljednja strana priče

Na kraju smo ove moje knjige kojoj je trebalo dugo vremena da izađe na svjetlo dana. Ko zna zašto je to sve tako bilo. Danas su mnogi svjesniji i voljni da stanu u svoju moć. Možda je zato ovako dugo čekala.

Želja mi je i nada, da nađete u svojoj duši načina i da dozvolite sebi, da bez obzira na sve, ostatak svoga života učinite najboljom pričom koju ste ikada čuli. Uzmite savjet od mene ili od nekoga drugoga, to je sasvim svejedno. Važno je okrenuti svoj život naopačke i to s radošću. S vjerom da je sada sve drugačije. Sada znate da niste ono što vam se dogodilo. Niste sami na svijetu. Znate da ste dovoljni i savršeni, upravo takvi kakvi jeste. Život je divna bajka, koja se samo jednom dogodi nama u ovom životu. I upamtili ste: bez obzira na sve, ovaj život nam je dat da ga živimo i uživamo u njemu na najbolji mogući način.

Ako vam ja mogu poslužiti kao primjer na bilo koji način, sjetite se da sam došla iz ničega, iz razvedenog braka, iz rata, iz depresije, bolesnog tijela i duše, s ovisnošću na nikotin, bez ičije podrške osim Božije...

Sada stojim pred vama i kažem vam još jednom: niko sem vas vam nije potreban da biste preokrenuli svoj život.

Samo vjera u Boga i vaša želja za boljim, dovoljna su snaga na vašem putu uspjeha.

Odlučite da ćete biti fenomenalni. Njegujte vrijeme – ono je vaš najvjerniji prijatelj. Uvijek imajte na umu kraj i kako se želite osjećati na kraju. Kada dođe vrijeme da sklopite oči, moći ćete ih sklopiti mirne duše znajući da ste dali sebe životu. Znam da ne želite žaliti za onim što je moglo biti, a nije. Ničija duša to ne želi. Da želi ne bi ni bila ovdje. Uzmite, bar pokušajte uzeti moje vjerovanje o putovanju duša.

Sve će onda izgledati drugačije. Sjetite se da, ako želite da se stvari promijene, vi trebate promijeniti način na koji gledate na njih.

A vjerujete, nije to ni teško, samo trebate odlučiti. Naravno, kao i sa svim drugim u životu. Jedna odluka može promijeniti tok vašeg života. Vjerujte da je tako jednostavno.

Znajte ko ste i zašto ste ovdje. Dozvolite sebi da iskusite život. Olabavite malo bar svoja vjerovanja. Zabavite se, plešite, slavite, pa šta god. Radite ono što volite. Smijte se i osjetite sve to. Kada, ako ne sada!!! Mlađi nećete sigurno. Dogovorite se sa sobom da to ko ste zapravo je više nego dovoljno i svaki novi dan je prekrasan dan. Svaki dah je kao ceremonija koja se treba slaviti. Pa zar nije?

Budite sebični i njegujte se. Osjetite senzualnost u sebi. To je najjača energija koja postoji. Kultivišite je u sebi i plešite i kada niko ne gleda.

Oprostite svima, ali ozbiljno oprostite! Dozvolite svim negativnim emocijama da napuste vaše tijelo i osjete lakoću i novorođenu snagu.

Pored svega ovoga što sam napomenula za kraj, nemojte zaboraviti da vjerujete. Vjerujte u neviđeno. Maštajte! Na kraju krajeva sve je poteklo iz nečije mašte.

Život će se dogoditi prema onome što budete vjerovali. Volite sebe potpuno i budite iskreni sa sobom. Budite fenomenalni i znajte da ste vi sebi najveća i najbolja šansa, kao što je jedna moja studentica rekla nakon rada na sebi.

Postanite neodoljivi tako što ćete biti vi!!!

Iskreno i svim srcem se nadam da ćemo se negdje sresti, ako ništa, onda bar u mašti, neograničenoj ljepoti i putovanju ovih naših duša.

Za vaš uspjeh,
Elvisa Kovačević

Recenzija za rukopis SPOZNAJA - postignite svaki svoj cilj

Knjiga "Spoznaja" je skup strategija, psiholoških procesa, ličnog iskustva i dugogodišnjeg izučavanja pozitivne psihologije autorice Elvise Kovačević.

Ovaj zanimljivi rukopis je velikim dijelom put do samospoznaje, tj. dubokog razumijevanja sebe, otkrivanja vlastitih blokada i granica koje smo sami sebi postavili, kao i put do oslobađanja od istih kako bi se otvorili putevi ka Uspjehu.

Čovjek ide kroz život po strogim zakonima INERCIJE, postupajući i radeći onako kako je naučio, ne mijenjajući se, jer njegovo okruženje ga niti razumije niti podržava.

"Spoznaja" pomaže čovjeku da stekne uvid u svoja negativna vjerovanja i postupke, koje stalno ponavlja bilo iz navike bilo zbog potrebe da se ne razlikuje od svog okruženja.

Činjenica je da mnogi od nas odrastu a da nisu ni svjesni pogrešnih saznanja o sebi i vlastitim sposobnostima, i zato nikad ne ostvare svoj puni potencijal.

U knjizi je autorica sa naučnog aspekta objasnila kako ponavljanjem navika stvaramo neuro-konekcije (neuro-veze) koje se ne mogu lako promijeniti, čak ni kad to želimo.

Veliki broj ličnih problema moguće je riješiti razumijevanjem psihologije ljudskog ponašanja i shvatanjem zašto radimo to što radimo, posebno zašto radimo to što ne želimo da radimo.

Saznanja iz ove knjige pomoći će nam da razumijemo i zašto drugi rade to što rade i kako se efektivno postaviti prema njima da bismo obostrano imali pozitivan ishod.

Savjeti koje je autorica prikupljala duži niz godina od najboljih učitelja psihologije uspjeha i ostvarenja su praktični i lahko izvodljivi i daju jasne putokaze koji vode ka ličnom uspjehu.

Priče iz knjige su edukativne i inspirativne, i daju nam sliku svijeta u kojem je je sve moguće.

Lična transformacija autorice i uticaj koji sada ima na ljude s kojima radi inspiracija su svima, sve je moguće - ako u to vjerujete.

Kao što je i kazano u knjizi, jedna odluka može promijeniti cijeli tok života. Čovjek je samome sebi najveća prepreka. "Spoznaja" autorice Elvise Kovačević nudi nam jednostavne korake za prevazilaženje tih prepreka.

Svako ko želi još više od života i ko se odluči za nešto novo i veće u svom životu biće inspirisan da to i uradi nakon čitanja ove knjige.

Pozivam čitaoce da se usude i krenu na put ostvarenja svojih snova.

"Spoznaja" je put, inspiracija i nada svima da se može kad se istinski želi i vjeruje.

Esad Boškailo, M.D.
Associate Professor of Psychiatry,
University of Arizona, Phoenix Medical School
Assistant Professor of Psychiatry,
Mayo Medical School, Scottsdale Arizona
Associate Residency Training Director at MIHS, Phoenix, AZ

„Spoznaja" - knjiga koja budi ljudski um

Najsretniji je onaj čovjek koji iz svoje duše oslobodi sve sumnje i strahove. Tako kažu činjenice, a potvrđuje autorica Elvisa Kovačević u svojoj knjizi „Spoznaja". Elvisa se potrudila da na svojim vlastitim iskustvima predoči ono što je potrebno svima nama kako bismo dosegli vrhunac sebe, vrhunac onog što jesmo i onog što trebamo biti. Ništa se ne događa bez razloga, jer razlozi su ustvari uzroci zbivanja. Na nama je da odlučimo koje razloge da upotrijebimo kao sredstvo personalnog odbrambenog sistema, koje će nam poslužiti u svrhu boljitka nas samih. Autorica je izučavala psihološke strategije i primjenjivala teoriju na sopstvenim emotivnim padovima, ali i usponima, zatim se poslužila uputama svog mentora Tonny Robbins, koji uistinu ima ogroman uticaj na realizaciju cjelokupnog životnog preporoda autorice. Ono što je mene, kao nekog ko je s namjerom iščitao ovaj tekst, zaista dojmilo, jeste to da Elvisa želi svoje iskustvo podijeliti sa svima koji imaju isti ili sličan problem, problem nas samih u nama samima. Vrlo je jednostavno doći do zaključka, da smo mi ustvari svoji najveći i prijatelji, ali i neprijatelji, samo je važno kako definisati same sebe, i na koji način se opredijeliti za ophođenje prema vlastitim životima.

Vrlo je važno odrediti cilj. Cilj kao svrhu, cilj kao željenu tačku. Sve prepreke u tom slučaju postaju nevažni elementi koji se prevazilaze uz određenu dozu napora. Prolazeći kroz knjigu „Spoznaja", upoznala sam jednu novu osobu, koja se bori za svoj dio svjetlosti pod nebeskim svodom. Njen odabrani put borbe je neobičan, ali njoj svakako vrlo važan i uspješan. Autorica nas vodi kroz svoju životnu priču spontano, uključujući pshološke tretmane, koji će čitaoca navesti na razmišljanje o činjenju istih postupaka ka boljitku nas samih.

Profinjenost odabranih segmenata je pokazatelj obilnog iskustva i znanja implementiranog u jednu činjeničnu cjelinu. Za autoricu je najvažnije da se ljudsko biće oslobodi straha, negatvne energije i da shvati vlastitu vrijednost. Nije slučajno da je ova knjiga nastala baš na ovaj način!

Elvisa je bila uplašena djevojčica, iskompleksirana svojim fizičkim izgledom, svojom nedoraslošću da bude dijelom okrutnog svijeta. Ipak njena volja za životom pothranjena ljubavlju prema vlastitim kćerkama, odvodi autoricu u svijet novih spoznaja, te svojom upornošću savladava sve svoje sumnje u samu sebe i iz ambisa nestvarnosti postaje heroina sopstvene oslobođenosti.

Rastarećena od bremena negativiteta, njen život postaje smisao, postaje centar prosvijetljenosti, razumijevanja, pozitivnih okolnosti i naravno uspjeha. Ona nas upućuje na to da se upustimo u novu avanturu upoznavanja onog što u nama spava, što nas sprečava da budno pogledamo na stvarnost.

Svaki korak u ovom uputstvu ima smisao, primjer, jednostavnost realizacije. U autoričinom svijetu, ne postoje kompleksne i nerješive situacije, samo je pitanje koliko smo mi spremni na to da se suočimo sa realnošću, koliko smo spremni da se suočimo sami sa sobom. Njen idealni kutak jeste njena volja za njenom spostvenom ličnošću i ona to želi svojim savjetima prenijeti na sve one koji žive u nekom sivom svijetu bez nadanja u bolje sutra.

Autorica nam nudi mehanizme rješavanja dilema oko ljudskih unutrašnjih nejasnoća, s kojima živimo i s kojima se nesvjesno nosimo. Ona je izvor rješenja, informacija zasnovanih na ličnim iskustvima, ali i naučnim istraživanjima. Ona vodi računa o kreacijama svoje misli, jer svaka misao stvara budući trenutak. Ona nas uvodi u najdublje kutke našeg bića za koje do sada možda i nismo znali, ona je uzrok monogih pitanja koje postavljamo sami sebi na kraju čitanja ove knjige. Ona je uzrok naših razmišljanja o tome, ko smo mi ustvari? Za šta smo sve spremni? Da li smo dorasli novim iskušenjima? Da li smo spremni da upoznamo sami sebe?

Elvisa Kovačević je u ovoj svojoj prvoj knjizi napisanoj na ovu temu, zaista pokazala da vjeruje u ono što radi, da vjeruje u sebe, da vjeruje u logiku, koju je bila spremna sama iz sebe da izvuče i da je prepozna. Oslobodila se svih bolova koji su je sprečavali da bude ono što jeste, uklonila je sve dileme i prepreke u spoznaju svog vlastitog bića. Sada ovom knjigom nesebično širi upute čitaocima kao glavni uzor uspjeha u spoznaji sebe.

Smatram da je ova knjiga bila neophodna našem društvu, jer u sebi nosi pozitivne elemente neophodne za buđenje onog najljepšeg i najdubljeg u ljudima. Također, ova knjiga upućuje na to da trebamo vjerovati u sebe bez obzira na okolnosti u kojima se pronađemo, jer samo kao takvi možemo doseći željene ciljeve.

Poruka ove knjige je da treba širiti radost, činiti sve potrebno da se radost konzumira što je moguće češće i da se učini sve da se pronađu adekvatni načini za postignuće ovog osjećaja.

Elvisa Kovačević je učinila sve da, svojim iskustvom donesenim u ovoj knjizi, probudi ljudski um, te da ga podstakne na razmišljanje o primjenjivanju priloženih uputstava, kako bi se došlo do spoznaje, do poimanja uloge nas u nama samima. Naravno, to je i bio jedan od glavnih ciljeva autorice.

„Svaki cilj ima razlog, svaki razlog ima svoj uzrok, a svaki uzrok uslovljava ishod".

Senada Cvrk Pargan, BSM

Spisateljica, predsjednica BZK „Preporod" Sjeverne Amerike

Izvod iz recenzije za rukopis SPOZNAJA - postignite svaki svoj cilj

...Devetnaest koraka bez čarobne formule i hokus-pokusa do ostvarenja svakog cilja. Iznenađujući je osjećaj koji te mentalno ojačava i proširuje ti horizont, pogled na život i vlastite sposobnosti, stranicu po stranicu.

Savjetnik koji je neophodan za pročitati i svoj život optimirati. Koktel objašnjenja i savjeta za zdrav razum i sreću.

Ilijana Lučić,
ekonomista za opće i zdravstvene finansije, Njemačka

Izvori:

moji mentori i treninzi koji su bili vodiči na mom putu spoznaje.
www.tonyrobbins.com
Robbins-Madaness coach training program - training.rmtcenter.com
Cloe Madaness - www.cloemadaness.com
Firewalking Institute Of Research Of Learning And Education - www.firewalking.com
Dr Bruce Lipton - www.brucelipton.com
Dr Joe Dispenza - www.drjoedisepnza.com
Barbara Marx Hubbard - www.barbaramarxhubbard.com
The Silva Method - www.silvamethod.com
Healing With The Masters - www.healingwiththemasters.com
One World Academy - www.oneworldacademy.com
Vipassana - www.dhamma.org

50% profita ove knjige ide direktno na racun Istina TV / www.istinatv.com, za izgradnju Centra za nezbrinutu djecu i žene žrtve nasilja. Centar se zove Jedan krov za sve i gradi se u Rešetnici općina Goražde.

BILJEŠKA O AUTORICI

Elvisa Kovačević, rođena je 1975. godine, u Bugojnu, u Bosni i Hercegovini, gdje je i odrasla. Posljednje dvije decenije živi i radi u Americi. Njen profesionalni razvoj otpočeo je prije deset godina izučavanjem psihologije uspjeha, psihoterapije i uloge duhovnosti u kontroli uma.

Certifikovana je kao strateški intervencionist SI Coach (učitelj strateške intervencije), te savjetnik za lični uspjeh i razvoj. Također, certifikovani je expert lične transformacije. Trenutno radi sa ljudima i kompanijama koji žele više od sebe i svoga biznisa.

Svoj trening savjetnika je završila sa Tony Robbinsom, najpoznatijim učiteljem psihologije uspjeha u svijetu, koji je transformisao živote milionima ljudi u 30 zemalja širom svijeta, kao i njen sam.

Želja da slijedi njegove stope i donese ovo znanje među svoj narod odvela ju je na Havaje gdje je na institutu „Fire Walking Institute of Research and Education", kao i njen mentor Tony Robbins, završila trening instruktora za ličnu transformaciju. Kroz drevne metode ona uspijeva promijeniti svijest svake osobe koja posjeti njen seminar.

Uz to Elvisa Kovačević je certikovana od strane Cloe Maddanes, psihoterapeuetkinje koja je među 50 najpriznatijih u svijetu, na polju porodične terapije. Vodeći posebnu pažnju o svom profesinalnom razvoju završila je „Silva Method", koji se bavi naukom uma. To je jedno zahtjevno i kompleksno područje koje Elvisa Kovačević kao istraživač i dalje aktivno proučava. Njezino obrazovanje uključuje i trening sa revolucionarnim vizionarom Barbarom Marx Hubbard o kreiranju harmonije u ličnim i profesionalnim odnosima.

Elvisa Kovačević je osposobljena da pomaže u procesu lične transformacije, što vrlo često znači otkriti barijere koje nas drže u stanju nezadovoljstva i negativne komunikacije, bilo sa drugim ili sa samim sobom. Uz njenu profesionalnu podršku i maksimalnu posvećenost, Elvisa svojim holističkim pristupom omogućava svojim klijenitma u samospoznaji i ličnom razvoju, kako bi na taj način iskusili svoju ličnu moć.

Keirala je mentalne vježbe: Vježba svjesne prisutnosti i Pogled u budućnost, čiji efekti kad se koriste redovno imaju značajne povoljne utjecaje na psiho-fizičko stanje osobe.

Elvisa Kovačević radi sa kompanijama koje žele omogućiti proces lične transformacije svojih zaposlenih, a vrši i privatno savjetovanje. Svoj uspjeh mjeri po ličnim pobjedama kiljenata, a srce joj zatreperi svaki put kada je svjedok njihovih svjedočenja i ličnih prodora kroz izazove.

Njeni seminari su podešeni tako da osoba pređe svoje lične prepreke radikalnim elementima, čija je svrha da potpuno promijene redosljede u mozgu tj. poremete ustaljene konekcije i neuro-puteve u mozgu, što je i najvažniji način promjene.

Svjedok je i primjer da je moguće kreirati željeni život ako, i kada, osoba odluči da uzme put lične transformacije.

Humanista je i aktivista za bolje sutra.

Njen posao ju je vodio širom Amerike, pa sve do Kine, gdje je održavala sminare za ličnu transformaciju i napredak.

Uživa u prirodi, voli da putuje i upoznaje različite kulture i načine života, a najviše uživa da mašta u svom velikom, harmoničnom unutrašnjem svijetu.

Elvisa Kovačević je majka, supruga, učitelj, speaker, aktivni ambasador za područje sjeverne Amerike projekta u BiH zvanog "Jedan krov za sve". U slobodno vrijeme uživa da putuje i upoznaje druge kulture i njihov način života. Voli da mašta, meditira, provodi vrijeme s porodicom i prijateljima, čita i gleda inspirativne dokumentarce i izučava nove tehnike promjene.

Urednik je i voditelj online Talk show-a „Od običnog do fantastičnog", gdje za goste ima naše uspješne ljude širom svijeta, a svrha je da njihov put uspjeha bude inspiracija i motivacija za više, brojnim slušateljima.

Njena misija je, biti agent za promjene, ohrabriti i pokazati da je moguće ostvariti svoje snove, i ostaviti ovaj svijet boljim, a istovremeno provoditi konstantno usavršavanje i unapređivanje sebe.

Živi u Americi sa mužem i dvoje djece.

Dio prihoda od prodaje ove knjige namijenjen je za humanitarni projekat „Jedan krov za sve", čiji je Elvisa Kovačević aktivni ambasador.

Svi zainteresirani imaju mogućnost privatnog savjetovanja sa Elvisom. Možete saznati šta *coaching* može učiniti za vas - zakažite 30 minutnu gratis konsultaciju putem e-maila: elvisak30@yahoo.com

Više informacija možete dobiti na:

www.elvisasi.com

www.creatingnewyou.com

Facebook stranice:

www.facebook.com/Putuspjeha,

Talk Show - od običnog do fanatastičnog.

“Biti u harmoniji sa sobom je dugo putovanje vrijedno uzimanja, jer vjerujte, sve izgleda drugačije kad stignete tamo”.

Elvisa Kovačević

Made in the USA
San Bernardino, CA
17 March 2018